남들 차트 볼 때
나는 따박따박
배당 월급 받는다

남들 차트 볼 때
나는 따박따박
배당 월급 받는다

소득의 파이프라인 늘리는 배당투자 A부터 Z까지

차창희 지음

매일경제신문사

　부자가 되고 싶다면 부자처럼 생각하고, 부자처럼 투자하면 된다. 사실 주식투자의 답은 정해져 있다. '투자의 귀재' 워런 버핏처럼 생각하고, '월가의 전설' 피터 린치처럼 투자하면 된다.

　주식투자로 돈을 버는 가장 기본적인 원리는 이자에 이자가 붙는 '복리'다. 삼성전자 주가가 3만 원일 때 매수한 투자자가 있다고 생각해보자. 현재 삼성전자 주가(7만 6,000원) 기준 이 투자자의 수익률은 153%다. 만약 삼성전자 주가가 추가로 3% 오른 7만 8,280원이 되면 수익률은 어떻게 될까? 3%포인트만 더해진 156%가 되는 게 아니라, 161%가 된다. 이게 복리의 마법이다.

　복리를 누리려면 기본적으로 장기투자를 해야 한다. 워런 버핏은 코카콜라 주가가 3불대일 때부터 매수했다. 현재 코카콜라 주가는 68불이다. 코카콜라 주가가 1%만 올라도, 워런 버핏의 수익률은 23%포인트로 훌쩍 뛴다. 여기에 배당금 재투자가 더해지면, 마치 눈덩이를 굴리는 것처럼 복리 효과는 더욱 커진다. 이를 배당투자의 '스노우볼링' 효과라고 한다.

"장기투자했다가 주가가 하락하면 어찌 하느냐"는 반론이 있을 수 있다. 자본시장은 100년 넘는 역사 동안 꾸준히 우상향해왔다. "이번엔 다르다"는 생각은 위험하다. 중간 중간 굴곡은 있겠지만, 시장의 성장을 믿어야 주식투자로 성공할 수 있다. 장기적으로 실적, 배당 성장이 가능한 우량주를 선별하는 게 그 다음의 일이다.

안타깝게도 한국 개미 투자자들은 심각한 레버리지, 인버스 투자 중독에 빠져 있다. 미국 증시에서 추종지수의 일일수익률을 3배로 추종하는 디렉시온 데일리 세미컨덕터 불 3배SOXL, 디렉시온 데일리 세미컨덕터 베어 3배SOXS, 프로셰어스 울트라프로 QQQTQQQ, 프로셰어스 울트라프로 숏 QQQSQQQ ETF 등 레버리지, 인버스 상품은 항상 서학개미의 순매수 순위 상단에 기록되어 있다. 심지어 엔비디아, 테슬라 등 개별주의 레버리지 상품도 투자한다. 하루에 주가가 5% 내리면, 15% 폭락하는 셈인데, 개미들은 겁이 없다.

이런 식의 투자로는 부자가 될 수 없다. 변동성이 커서 매일 주식 애플리케이션을 들여다보느라 업무에 집중하지 못한다. 늦은 새벽 시간까지 주식 커뮤니티를 들락거릴 것도 뻔하다. 음의 복리 현상에 의해 주가가 투자한 것과 반대 방향으로 움직일 경우 레버리지, 인버스 상품의 수익률은 녹아내린다. 나스닥 100 지수가 30% 폭락했다가 향후 30% 상승했다고 해도, 레버리지 상품은 본전에 도달하지 못한다.

투자의 길은 장기복리 효과를 극대화하는 방향으로 가야 한다. 그래야 성공할 수 있다. 우리가 지금 배당투자를 해야 하는 이유는 첫째 배당금 재투자로 복리 효과를 더욱 높여줄 수 있는 점, 둘째 지루한 장기투자 과정에서 성취감을 줄 수 있다는 점, 셋째 밸류업이 중요한 자본시장의 과제로 떠오른 상황에서 배당투자는 적기가 됐다는 점, 마지막으로 배당은 주주가치 제고와 연관되어 있어 향후 주가 상승과 연계될 수 있다는 점 정도로 정리할 수 있다.

이 책은 한 번의 투자로 벼락부자가 되고 싶은 투자자를 겨냥하지 않는다. 배당투자를 이제 막 시작하는, 시작해볼까 고려하는 투자자들을 위해 그들에게 꼭 필요한 기본적인 내용들을 담고 있다. 주식투자가 일확천금을 단기간에 얻을 수 있는 기회가 아닌, 장기적으로 반려주식을 키우는 것처럼 생애주기에 맞춰 함께 가는 개념으로 받아들여지길 바란다.

1부 | 배당투자의 세계관

2부 | 배당투자 날개 달아준 밸류업

3부 | 핵심 배당주를 소유하라: 개별주

4부 | 모든 배당주를 소유하라: ETF·공모펀드

5부 시장에서 살아남는 꿀팁

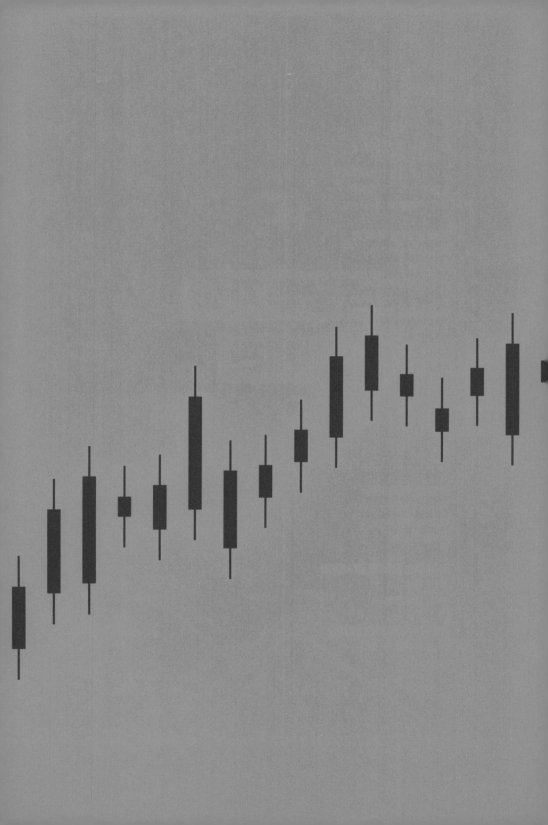

1부

배당투자의
세계관

배당투자
개념 잡기

배당투자의 정의: 생존도구

#1 A펀드매니저

"국내 월배당 상장지수펀드ETF로 포트폴리오를 꾸려 아들 계좌로 투자한 지 3년이 다 되어 갑니다. 지금은 매월 15만 원씩 분배금(배당금) 수익이 발생하고 있네요." 국내 한 자산운용사 A펀드매니저의 사례다. A펀드매니저는 지난 2021년 자녀가 세상에 태어난 후 자녀의 미래를 위해 월배당 ETF에 적립식 분할 투자를 하고 있다. 취재 현장에서 만난 A펀드매니저는 시장의 우상향과 복리의 힘을 믿는 투자자다. 매월 수령하는 배당금은 인출해 사용하지 않고, 그대로 월배당 ETF에 재투자한다. 복리 효과를 노린 장기 적립식 투자에 나서다 보니 단기적인 시세 변동에는 일체 신경을 쓰지 않는다. 아들이 성인이 되는 날, A펀드매니저는 눈덩이처럼 불어난 투자금이 담긴 증권 계좌를 깜짝 선물로 공개할 예정이라고 한다.

#2 B직장인

금융권에 종사하는 B직장인도 과거부터 꾸준히 미국 시장에 상장된 월배당 리츠인 리얼티인컴(티커명 O)을 꾸준히 매수하고 있다. 지난 2022년부터 고금리 환경이 지속되면서 리파이낸싱(차환) 우려가 발생하며 리츠 주가는 하락했다. 하지만 B직장인은 한치의 흔들림도 없다. 매월 받는 배당금을 B직장인은 현재 관리비 납부 등 가계 자금으로 활용하고 있다. 미국 주식의 경우 평일 밤 11시 30분(서머타임 미적용)에 정규시장이 시작한다. 잠을 설칠만도 한데 투자 신념이 확고한 B직장인은 매일 시장 상황을 신경쓰지도 않는다. "죽을 때까지 해당 주식은 팔지 않겠다"는 게 그의 결연한 각오다.

#3 C본부장

미국의 주요 지수를 추종하는 인덱스펀드 운용에 강점을 보이는 국내 한 자산운용사 C본부장은 고배당액티브펀드에 투자한지 17년차다. 금융위기 전에 투자를 시작했는데도 누적 수익률은 6배를 넘어섰다. 취재 현장에서 만난 그는 본인의 투자 철학에 대

주식투자 스노우볼링

해 '꾸준함'과 '무심함'이라고 표현했다. C본부장은 좋은 투자 대
상을 선정한 후 장기적으로 해당 대상에 투자할 수 있는 인내심만
갖췄다면 몇 십 년 후 어마어마한 수익을 손에 거머쥘 수 있다고
강조했다. 본인이 투자한 고배당액티브펀드의 연평균 수익률은
약 10%에 불과하지만 수령한 배당금 재투자를 포함한 누적 수익
률은 마치 겨울철 눈덩이를 굴리면 크기가 커지는 것처럼 급격히
불어났다. 그는 이것을 '스노우볼링의 장점'이라고 말한다. 스노
우볼링은 복리 효과를 노린 배당투자의 가장 기본이자 전부인 철
학이다. 앞으로 10년간 추가로 현재의 투자 습관을 지속한다면

C본부장의 계좌 수익률은 얼마까지 불어나게 될까?

　　최근 배당투자가 대세가 되고 있다. 과거 주요 배당을 지급하는 상장사들의 배당기준일은 연말에 몰려 있는 게 일반적이었다. 연말에 배당락이 발생하고, 이듬해 상반기에 1번 배당을 주는 걸 일반적으로 받아들이는 투자자들이 대다수였다. 하지만 A펀드매니저, B직장인, C본부장의 사례처럼 이제는 매월 현금흐름을 창출하길 원하는 개인투자자들이 급증하면서 주요 상장사들은 반기 배당, 분기 배당 등 배당기준일을 유연하게 조정하고 있다. 특히 ETF를 통한 배당투자가 유행을 끌면서 글로벌 자산운용사들은 월배당 상품들을 대거 출시하고 있다. 미국 주식투자를 즐기는 서학개미들이 급증하면서 미국 시장에 상장된 월배당 ETF에도 손쉽게 접근할 수 있는 현실이다. 배당 상품들이 다양해지면서 투자자의 취향, 투자전략에 따라 수많은 배당투자전략이 탄생한다. 이제 네이버 블로그나 유튜브를 보면 적립식 배당투자를 하는 이들의 사례를 어렵지 않게 찾아볼 수 있다.

　　배당투자의 정의에 대해 알아보기에 앞서 배당투자가 유행하게 된 배경에 대해 살펴보고자 한다. 특정 현상에 대해 텍스트적 정의를 간단하게 내려버리는 것보다 해당 현상이 나타나게 된 원인과 과정에 대해 짚어보는 게 강렬한 인상으로 남기 때문이다. 현재 배당투자는 시장을 견인하는 주요 투자 전략 중 하나로 자리매김했다. 사실 배당투자는 애널리스트, 펀드매니저 등 주식투자를 업으로 삼고 있는 전문가들에게는 낯선 개념이 아니다.

'오마하의 현인'으로 불리는 워런 버핏도 일찍이 복리식 배당 투자의 위력을 깨달은 인물 중 한 명이다. 하지만 지난 2020년 이전에만 해도 일반적인 개인투자자들에게 배당투자는 익숙한 투자 개념이 아니었다. 주식투자는 주가가 상승할 가능성이 큰 종목을 매수한 다음 일정 수준의 자본 차익을 얻은 후 팔아 수익 실현에 나서는 게 일반적인 방식으로 개인투자자들에게 받아들여졌다.

국내에 주식투자가 본격적인 유행을 끈 것은 지난 2020년 팬데믹 발발 이후다. 경제위기를 막기 위해 각국의 중앙은행들이 금리를 '제로 금리' 수준으로 내리면서 시장에 유동성은 급증했고, 갈 곳을 찾던 자금이 주식 시장에 유입되면서 주가는 폭등했다. 팬데믹 충격에 1439.43포인트까지 급락했던 코스피지수는 불과 10개월 만에 사상 최초로 3,000포인트를 돌파했다. 국내 증시에 집중 투자하는 동학개미, 미국 증시에 집중 투자하는 서학개미가 본격적으로 등장한 순간이다. 무슨 종목을 매수하든 주가는 폭등했고 모든 투자자들의 얼굴엔 웃음꽃이 폈다. 당시 시장이 얼마나 호황이었냐면 진지하게 전업 투자를 고민하는 직장인들이 꽤 많이 등장한 것으로 기억한다. 금융소득이 노동소득을 앞지른 시기였기 때문이다.

취재 활동을 하면서 증권사, 자산운용사 종사자들을 만날 때마다 자주 듣는 얘기가 2008년 리먼 브러더스 파산 사태가 터지기

전 여의도 증권가는 하루하루가 축제였다는 사실이다. 주가가 꾸준히 오르니 점심시간 때부터 식당에서 술판을 벌이는 증권맨들이 많았다고 한다. 사실 2020~2021년 여의도도 이와 다르지 않았다. 땀 흘려 돈을 버는 노동의 가치가 한없이 평가 절하되는 순간이었다.

산이 높으면 골도 깊은 법이다. 호황기를 지나면 불황기가 찾아온다. 역사적 활황기에 시장을 배운 이들은 얼마 지나지 않아 하락장이 시작되면서 상처를 입기 시작했다. 시장에 넘쳐흐르는 유동성은 결국 독이 됐고 물가상승률은 각국 중앙은행들의 통제를 벗어나 폭등했다. 결국 미국 연방준비제도Fed를 필두로 글로벌 주요 국가들은 2022년부터 기준 금리를 고강도로 인상했고 고금리 환경 속 경기침체 우려가 불거지면서 약세장이 찾아왔다. 황소 Bull Market가 떠난 자리를 곰Bear Market이 대신했다. 급등주로 도파민의 맛을 본 투자자들은 대거 손실을 입었고 적지 않은 투자자들이 끝내 버티지 못하고 시장을 떠나기도 했다.

지난 4년 동안 우리는 상승장, 하락장을 모두 겪었다. 꽃길과 가시밭길을 모두 경험하며 나를 포함해 대다수 투자자들이 느낀 건 중요한 점은 결국 '시장에서 살아남아야 한다는 사실'이다. 1부에서 짚어볼 핵심은 이게 전부다. 혹자는 배당투자를 제2의 월급받기로 정의 내릴지 모른다. 이것도 배당투자의 철학을 관통하는 핵심이지만 이 책에선 '배당투자 = 생존도구'로 표현하고자 한다. 이게 보다 더 정확한 정의라는 판단이다. A펀드매니저, B직장인, C본부장처럼 배당투자에 나서는 이들은 공통적인 특징을 가지고 있다. 단기 시세 차익을 위한 차익 거래를 노리기보다 꾸준히 현금 흐름을 창출하고 복리 효과를 누릴 수 있는 우량주, 우량 ETF를 발굴해 장기 적립식 투자를 하는 것이다.

시장은 9번 승리해도 마지막 10번째에 패배하면 수익금과 원금이 '0'에 수렴될 수 있는 무시무시한 곳이다. 지난 2023년부터 미국 증시를 통한 3배 레버리지 투자가 유행하면서 수많은 서학개미들이 기초자산의 일일수익률을 3배로 추종, 역추종하는 레버리지, 인버스 ETF를 대거 사들이기 시작했다. 내 주변에도 국내 증시 개별주 투자로 주식을 시작했다가 미국 증시 레버리지 투자로 주식투자를 그만 둔 지인이 있다. 그 지인은 매일 시장 상황을 예측해 레버리지와 인버스 상품을 사고파는 식으로 반복했는데 결국 수천만 원의 손실이 누적되어 시장을 떠났다. 특수한 상황이라고 오해하면 안 된다. 한국예탁결제원에 따르면 지난 2023년 서학개미들의 미국 증시 순매수 1위 종목이 3배 레버리지 ETF였다. 주위에서 흔히 찾아볼 수 있는 투자 실패의 사례다.

돈을 버는 것만큼 내 돈을 온전히 지키는 것도 중요하다. 그런 점에서 배당투자는 장기 적립식 투자를 통해 오랫동안 투자자가 시장과 호흡하며 수익을 올릴 기회를 주는 생존도구라고 볼 수 있다. 'ETF의 아버지'라고 불리는 한국투자신탁운용의 배재규 대표는 사석에서 "시장에서 꾸준히 수익을 거두려면 우량한 주식을 사고 잊고 있는 것"이라고 얘기한 바 있다. 적립식 매수는 일상을 온전히 즐기다가 매수일이 다가오면 매수 버튼만 딸깍 누르면 할 일 끝이다. 더 이상 시장에 기웃거려야 할 이유가 없다. 초기에 받는 배당수익은 티끌처럼 초라할 수 있지만 C본부장처럼 꾸준히 재투자하며 장기간 굴려나간다면 어느 순간 태산이 되어 있을 것이다. 매월, 매 분기, 매년 소정의 수익을 쌓아 올리면서 장기적으로 시장 평균을 웃도는 성과를 거둘 수 있다면 우리는 시장에서 승리할 수 있다. 이 과정만 반복해도 투자자 상위 10% 안에 든다고 나는 확신한다. 100명 중 10위 안에 들어간다는 건 그 자체만으로 성공적인 투자자라는 뜻이다. 이처럼 배당투자는 시장에서 승리하기 위한 투자 전략으로 대세가 될 수밖에 없다.

배당투자자의 마인드

'시장에서 살아남기 위해 복리 효과를 노린 장기 적립식 투자'로 배당투자를 정의할 수 있다고 앞서 살펴봤다. 이 문장을 본 투자자들 중 여러 의문이 든 이들이 적지 않을 것이다. 왜 굳이 장기 적립식 매수를 배당주로 해야 하나? 기술·성장주 투자로도 시장에서 살아남을 수 있지 않나? 등의 의문이다. 물론 배당투자자들은 기술·성장주 매수를 통한 차익 실현에 집중하는 투자 방법과 비교했을 때 큰 수익을 올리기 힘들 수는 있다. KT&G, SK텔레콤보다는 에코프로, 에코프로비엠의 주가 상승 동력이 큰 것이 사실이다. 그 사실 자체를 부정하진 않는다. 여기서 중요한 건 상승 여력이 아니라 배당주와 기술·성장주를 대하는 투자자들의 마음가짐이다. 당신이 배당주에 투자할 때의 투자전략과 기술·성장주에 투자할 때의 투자전략은 100% 다를 것이다. 이는 어찌 보면 당연한 일이다. 배당주를 살 때 2차전지(배터리) 종목처럼 급등을 기대하지 않는다. 마찬가지로 2차전지 종목에 투자할 때 배당수익을 기대하고 매수하지는 않을 테니 말이다. 우리가 짚어봐야 할 것은 기술·성장주에 투자할 때는 중·단기 시세 차익을 노리고 사들이는 경우가 많다는 점이다. 이런 태도는 생각보다 큰 투자 마인드 차이를 만든다.

배당투자와 기술·성장주의 투자 마인드 차이를 알아보기 위해서는 지난 시장의 흐름에 대해 살펴볼 필요가 있다. 반복되는 시장의 역사를 살펴보면서 투자 마인드의 차이가 불러오는 결과를 이해할 수 있기 때문이다. 주식 시장 관련 가장 강조하고 싶은 말은 '시장은 늘 우리를 시험한다'는 것이다. 당신은 과연 시장의 시험을 잘 통과하고 있는가? 신인 래퍼를 발굴하는 국내 한 인기 힙합 예능 프로그램인 〈쇼미더머니〉에서 심사위원들은 참가자 래퍼의 랩을 듣고, 합격자에게는 목걸이를 걸어주며 "○○씨는 우리와 함께 갑시다"라고 말한다. 탈락자에게는 "우리와 함께 갈 수 없습니다"는 말로 작별 인사를 대신한다. 시장도 마찬가지다. 고물가, 고금리, 전쟁, 파산, 질병 등 다양한 이유를 갖다 붙인 경제 위기, 금융위기를 통해 시장은 함께 갈 수 있는 투자자(승리자)와 그렇지 않은 투자자(패배자)를 걸러낸다. 위기를 못 참고 중도 이탈한(주식을 판) 투자자에게 시장은 "우리와 함께 자본시장의 우상향을 누릴 수 없습니다"라고 얘기한다. 놀랍게도 세상이 멸망할 것과 같은 고통의 시간이 지나간 후 시장은 회복했고 결국 전고점을 꾸준히 넘어서 왔다. 그게 100년 이상 자본시장의 역사다.

세부적으로 시장이 극복해온 여러 암초들을 살펴보자. 1997년 외환위기(IMF 사태) 당시 코스피지수는 최고 1,145.66포인트에서 277.37포인트까지 급락했다. 하락률로 따져 보면 무려 -75.79%에 달한다. 지수가 이 정도로 급락했다면, 개별 종목들의 상태는 더 처참했을 것이다. 하지만 시장은 드라마틱하게 회복했다. 2008년 리먼 브러더스 파산 사태 때도 코스피지수는 한 해 동안 최대 52.97% 급락한 바 있다. 당시에도 "세상이 망했다"는 비관주의가 판을 쳤지만 결국 시장은 살아남았다.

2020년 3월 팬데믹 발발 이후 글로벌 증시 패닉 사태 때도 결과적으로 아무 일도 벌어지지 않았고, 우리는 모두 마스크를 벗었다. 팬데믹 후 불과 2년이 지난 시기에 고물가, 고금리 상황에 러시아와 우크라이나 전쟁까지 터지면서 "저성장이 뉴노멀(새로운 표준)이 됐다"는 비관주의가 또 나오기 시작했다. 코스피지수가 2,000포인트 아래까지 떨어질 것이란 분석도 나왔다. 하지만 시장은 살아남았고, 글로벌 증시는 오히려 사상 최고가를 경신했다. 비관주의자는 유명세를 얻고 돈은 낙관주의자가 번다는 격언이 떠오르는 이유다.

공포를 먹고 '우상향'하는 자본시장

단위: pt

자료: 구글

갑자기 〈쇼미더머니〉 얘기를 하고, 시장의 흐름과 굴곡을 들여다보는 게 의아할 수 있다. 핵심은 시장의 우상향을 믿고 어떠한 역경 속에서도 주식을 팔지 않고 우리가 온전히 버틸 수 있냐는 것이다. 이것이 배당투자의 핵심을 관통하는 세계관이다. 먼저 실적과 배당이 꾸준히 성장하는 우량주 그룹을 선정한다. 그리고 시장의 리스크, 변동성에 유연하게 대응하기 위해 투자금을 나눠 적립식 분할 매수에 나선다. 배당금이란 당근은 시장의 우상향을 믿고 현금흐름창출, 복리효과 극대화를 위한 원동력이 된다. 이것이 배당투자의 전부다. 사실 어떤 배당주에 투자하느냐보다 어떤 마인드를 가지고 배당투자에 나서는지가 훨씬 중요하다.

배당투자는 기본 특성상 장기투자에 적합한 투자 방식이다. 만약 투기적인 투자 행위를 지양하고 있는 현명한 투자자라면 투자는 생각보다 지루할 수 있다. 매일 시장 상황을 신경 써야 할 이유가 하나도 없기 때문이다. 이러한 지루함을 극복할 수 있도록, 급등주의 유혹에 빠지지 않도록 도와주는 도구가 바로 배당금인 것이다.

매월 배당금이 입금됐다는 안내 메시지를 증권사로부터 받게 될 때의 그 쾌감을 아는가? 처음에는 불과 몇 천 원, 몇 만 원에 불과할지라도 장기간 수익이 쌓이다 보면 추후에는 몇 십만 원, 몇 백만 원까지 커질 수 있다. 여기에 주가 상승에 따른 평가 차익은 덤이다. 이것이 복리의 힘이자 지난 100여 년 동안 자본 시장이 꾸준히 성장할 수 있었던 원천이다. 배당투자자들은 리스크를 최소화하는 투자방법으로 잘 버티면서 시장의 상승 가도에 올라타기만 하면 된다.

누군가는 "어차피 시장은 회복할 텐데 목돈을 일시에 고배당주에 넣으면 더 많은 배당금을 받게 되는 것 아닌가요?"라고 반문할지도 모른다. 이 책에서 주장하는 바람직한 배당투자는 목돈을 일시에 투자하는 '몰빵 투자'가 아니다. 골프를 칠 때도 준비 자세인 어드레스(셋업)가 잘못되면 후동작이 아무리 훌륭해도 결국 공은 엉뚱한 곳으로 날아가 버린다. 목돈이 움직이는 순간 조급해지기 때문에 시작부터 스텝이 꼬여버리게 된다. 이렇게 되면 앞에서 강조한 시장의 굴곡에 고개를 숙이고 패배할 가능성이 커진다. 내가 감당할 수 있는 범위 내에서 투자 가능 자금을 10등분, 20등분, 30등분으로 쪼개 활용하거나 매월 월급의 일정 비율을 적립식으로 매수하는 것을 투자전략으로 추천하는 이유다. 분할 매수는 시장이 오르든 내리든 투자자에게 여유를 주며 현명한 의사결정을 할 수 있도록 돕는다.

　장기 적립식 투자의 장점은 최초의 투자 의사결정이 설사 잘못됐더라도 시정할 여지가 생긴다는 것이다. 예를 들어, 1억 원을 간략하게 1차 매수 1,000만 원, 2차 매수 3,000만 원, 3차 매수 3,000만 원, 4차 매수 3,000만 원으로 나눠 분할 매수한다고 가정해보자. 만약 삼성전자의 1차 매수를 지난 2021년 최고점인 9만 6,800원에 실행한 투자자라면 향후 8만 전자, 7만 전자, 6만 전자 때 2~4차 분할 매수에 나섰을 것이다. 이 경우 최종 삼성전자의 평균 매수평균단가는 7만 2,680원이다. 분기별로 나오는 삼성전자 배당금을 재투자했다면 매수평균단가는 더 내려갈 것이고 향후 수익권으로 전환했을 때 수익금은 더 커질 것이다. 삼성전자는 지난 2022년 9월 정확히 저점을 찍고 반등했다. 구간을 나눠 분할 매수에 나섰다면 이 투자자는 고점에 물리는 경험을 했지만 정확히 9개월 후인 2023년 6월 탈출할 수 있게 됐다. 반면 9만 6,800원에 투자금 전액을 몰빵한 경우 탈출을 위한 구조대는 2024년 상반기 기준 아직도 도착하지 않았다.

　시장에서 살아남기 위한 투자를 하는 배당 개미들의 가장 큰 특징은 시장 상황에 무심하다는 점이다. 대다수 주식투자자들이라면 평일 오전 8시 30분부터 엉덩이가 들썩이기 시작할 것이다. 국내 주식 시장이 열리는 오전 9시가 되면 모두들 스마트폰만 들여다보기 시작한다. 회사에 출근한 직장인들도 이 시간쯤 되면 하나 둘 화장실로 이동하기 시작한다. 상사 눈치를 보지 않고 개장 상황을 확인해야 하기 때문이다. 사람은 돈에 예민하다. 투자한 돈의 규모가 클수록 스마트폰에서 눈을 떼지 못한다. 하지만 장기 적립식 투자를 신봉하는 배당투자자들은 다르다. 매월 정해진 시점에 정해진 금액을 기계적으로 매수하기만 하면 된다. 그리고 시장 상황은 보지 않는다.

그렇게 지내다보면 배당금을 수령했다는 증권사의 안내 메시지를 수령하게 되고 이때 배당금을 재투자하면 그걸로 끝이다. 이후에는 편안하게 일상을 즐기면 된다. 매일매일 시황에 목숨을 거는 투자자들은 시장에서 살아남기 어렵다. 진정한 배당투자자라면 하루, 일주일, 한 달 등 단기 시세 변동에 신경 쓸 필요가 없다. 배당이 꾸준히 증가하고 사업 펀더멘털이 우수한 우량주에 투자했다면 무서울 게 없다. 시장은 결국 무수히 많은 역경을 이겨내고 장기 우상향할 것이기 때문이다.

타점 투자의 역설

앞에서도 언급했지만 배당투자는 기술·성장주 투자와 비교하면 자본 차익 측면에서 수익률이 뛰어나진 않을 수 있다. 다만 우리가 심각하게 고려해야 할 점은 타점을 노린 차익 실현 위주의 투자 마인드를 가지고 앞서 살펴본 시장의 굴곡들을 겪으면서 매번 버틸 수 있냐는 것이다. 기술·성장주 차익 실현 투자를 즐겨하는 이들은 시장이 상승할 때는 보유 중인 주식을 평생 가져갈 것처럼 얘기한다. 하지만 시장이 금세 약세로 접어들게 되면 이들은 주식을 팔게 된다. 차익 실현이라는 대전제에 집착하다 보니 시장의 우상향을 믿지 못하고 평가수익률이 마이너스로 전환되는 걸 가만히 앉아 두고 볼 수 없기 때문이다. 약세장에 접어들지 않더라도 일정 부분 수익이 발생하면 팔고 또 다른 저가 매수 종목을 찾아 나선다. 기술·성장주 자체의 MDDMaximum Drawdown(최대 낙폭)가 가치주로 분류되는 배당주보다는 큰 편이기도 하다. 하락장 혹은 상승장 도중에도 종종 찾아오는 조정기 때 배당주보다 크게 하락하는 기술·성장주의 낙폭을 버틸 수 있는 이들은 많지 않다.

몇 가지 데이터와 사례를 추가로 확인해보자. 국내 한 증권사의 투자 데이터에 따르면 2024년 6월 기준 엔비디아에 투자한 약 6만 6,000명의 평균 수익률은 122%인 것으로 나타났다. 엔비디아 주가는 지난 2022년 10월 10.81달러(액면분할 기준)로 저점을 찍고 2024년 6월 140.76달러까지 급등했다. 주가 상승률은 13배(1,200%)에 달한다. 122%도 정말 큰 수익률이지만 실제 상승 폭 대비 투자자들의 수익률은 그에 크게 미치지 못한다는 것이다. 우리는 엔비디아처럼 급등하는 주식을 볼 때마다 "아, 그때 10달러에 살걸…"이라는 말을 많이들 한다. 하지만 엔비디아 주식을 10달러에 매수하는 데 성공했다고 해도 140달러까지 홀딩할 수 있는 이는 드물다.

 또 하나의 사례가 있다. 과거 2020년 팬데믹 당시 국내 컨테이너선 해운주인 HMM 주가가 최저 2,120원에서 1년 만에 5만 1,100원으로 급등한 적이 있다. 엄청난 상승률에 국내 주식투자자들 사이에서는 '흠슬라(HMM+테슬라)'라고도 불렸다. 필자의 지인도 HMM을 5,000원에 매수한 적이 있다. 해당 지인이 HMM을 5만 원에 팔았을까? 2배 상승한 1만 원에 팔았다. 결과적으로 최고점을 고려하면 5분의 1에 불과한 헐값에 판 셈인데 그 당시 지인은 100% 수익을 올렸다는 생각에 기뻐하며 필자에게 술을 샀다. 향후 HMM 주가가 5만 1,100원으로 고점을 찍은 후 내림세를 탔을 때 이 지인은 과거의 재미를 본 기억에 따라 HMM 저가 매수에 나섰다. 최고가에서 약 20% 정도 하락한 가격에 매수를 했는데 이후 HMM 주가는 장기 내리막을 타며 1만 원대까지 떨어졌다. 해당 지인에게 HMM 주식을 손절했느냐는 질문은 차마 하지 못했다. 엔비디아와 HMM 얘기의 핵심은 차익 실현의 마인드로는 애초에 장기 적립식 투자가 불가하며 시장의 우상향을 온전히 누릴 수 없다는 것이다.

 개인적으로 타점 투자의 한계를 가장 잘 보여주는 투자 용어를 '껄무새(앵무새처럼 '할 걸'이란 말만 반복하고 행동엔 나서지 않는 투자자)'라고 생각한다. 특정 가격까지 주식이 떨어지면 매수하겠다고 다짐하지만 실제 주가가 해당 타점까지 하락해도 행동으로 옮기지 않다가 후회하는 투자 행태를 뜻한다. 지난 2021년

1월 삼성전자가 10만 전자를 목전에 둔 9만 6,800원까지 상승했다. 이후 삼성전자 주가는 메모리 반도체 업황 둔화에 따른 수익성 악화로 인해 하락세를 겪으며 8만 전자, 7만 전자, 6만 전자, 5만 전자 순으로 내리막길을 걸었다는 걸 국내 주식투자자라면 누구나 기억할 것이다. 삼성전자의 '층수'가 한 칸씩 내려갈 때마다 개인투자자들이 매번 내놓는 말이 있다. 8만 전자일 때는 "7만 전자 내려가면 매수하겠다"는 식의 말이다. 대부분 애널리스트들은 언제나 삼성전자 매수를 외치고 있기에 실제 증권가에서도 꽤 나오던 발언이다. 심지어 삼성전자가 2022년 9월 5만 1,800원까지 떨어진 상황에서도 "4만 전자 가면 진짜 사겠다"는 말들이 나왔다.

단연코 이런 생각을 가진 투자자들은 절대로 삼성전자를 매수하지 못했을 것이라고 본다. 연달아 떨어지는 삼성전자의 층수를 보면서 개인투자자 입장에서는 4만 전자, 3만 전자까지 하락할지도 모른다는 불안감이 심리를 지배했을 것이다. 이들은 타점 매수를 즐겨하는 투자자들이다. 과거 주가 흐름을 본 후 특정 가격대에 주가가 하락할 때 매수를 하겠다는 전략이다. 문제는 타점 매수를 즐겨하는 투자자들은 실제 공포가 시장을 지배했을 때 저가 매수 행동에 나서지 못한다는 점이다. 매번 기회가 지나간 후 "아 그때 매수할 걸"이란 말만 반복하는 껄무새만 시장에 남았다.

타점 매수의 치명적 단점은 내가 주식을 매수한 후 타점 밑으로 주가가 흐를 때다. 물론 프로그램 매매를 사용하는 자산운용사나 잔뼈가 굵은 고수 투자자들은 여러 지점의 타점을 설정해 분할 매수에 나설 테지만 대다수 투자자들은 그렇지 못한다. 타점을 기다린다는 것은 저가 매수에 나선다는 뜻인데 저가 매수의 본질은 주가 반등에 따른 차익 실현의 욕구가 바닥에 깔려 있기 때문이다. 뒤늦게 떨어지는 칼날을 잡았다는 사실을 알고 손절에 나서거나 손실이 누적되는 경우가 대부분이다. 아쉽게도 대부분의 개인 투자자들이 주가가 상승하는 종목에 올라타기보다 주가가 하락하는 종목의 저가 매수에 집중하고 있다. 이는 데이터로 증명되는데, 뒤에서 다루도록 한다.

투자자와 점쟁이

당신이 매번 제2, 제3, 제4의 엔비디아를 발굴할 수 있는 능력을 갖췄다면, 최고점에 정확히 주식을 팔고 나올 수 있다면 장기 적립식 배당투자를 하지 않아도 시장에서 승리할 수 있다. 2024년 초 미국 주식에 투자한 이들은 두 그룹으로 나뉘어졌다. 그 기준은 엔비디아를 샀느냐 테슬라를 샀느냐였다. 엔비디아 주가는 2024년 상반기 기준 연중 149.47% 급등했다. 반면 테슬라 주가는 20.36% 하락했다. 엔비디아를 산 투자자들은 달콤한 수익의 맛을 봤다. 반면 테슬라 주주들은 미국 증시가 최고가를 달릴 때 신저가의 아픔을 겪어야 했다. 그렇다고 테슬라가 소위 '잡주'도 아니다. 미국의 기술 발전을 이끄는 '매그니피센트7(M7)' 종목 중 하나인데 이

토록 성과에 큰 차이가 났다. 매수의 시기에 따라 주주들의 계급
도 나뉜다. 테슬라를 주당 400달러에 산 투자자와 100달러대에
산 투자자의 주가 급락기 심리 상태는 180도 다를 것이다.

　여기서 중요한 질문이 있다. 향후 수십 년 주식투자를 하면서
우리가 매번 엔비디아를 고를 수 있을까? 설령 테슬라를 선택했
다고 치더라도 우리가 매번 테슬라를 400달러가 아닌 100달러에
주울 수 있을까? 혹자는 실적 성장성을 고려해볼 때 당연히 테슬
라보다는 엔비디아를 매수하는 게 유리했다는 분석을 내놓는다.
하지만 이건 사후 누구나 내놓을 수 있는 결과론적 분석이다. 우
리가 고려해야 하는 점은 엔비디아보다 테슬라를 매수한 개인투
자자들이 훨씬 많다는 점이다. 실제 한국예탁결제원의 데이터에
의하면 지난 2023년 말 기준 서학개미들이 가장 많이 보유한 주
식은 엔비디아가 아닌 테슬라였다. 서학개미들의 테슬라 보유 규
모는 무려 137억 달러에 달했다. 환율을 1,383원으로 계산하면,
약 19조 원에 해당하는 어마어마한 수치다.

　우리가 지난 2022년 삼성전자 주식을 완벽한 단기 저점이던
5만 원 초반 대에 정확히 담을 수 있는 능력을 보유했다면, 테슬라
가 아닌 엔비디아를 장시간 시장에 머무르면서 항상 선택할 수 있
는 치트키를 가지고 있다면, 타점을 노린 투자를 해도 무방하다.
많은 투자자들이 저점을 잡기 위해 차트를 통한 기술적 분석을 활
용하기도 하고 주가수익비율PER, 주가순자산비율PBR 등 다양한 투
자지표를 쓰기도 한다.

인터넷, 유튜브를 보면 최근 들어 기술적 분석을 통해 매수, 매도의 맥점을 잡는 차티스트(차트+아티스트)들이 많이 늘었다. 물론 기술적 분석으로 단기 저점을 맞춰 큰 수익을 올릴 수도 있다. 하지만 매번 그렇게 맥점을 정확히 찌를 수 있다면 기술적 분석을 신봉하는 투자자들은 모두 부자가 됐어야 한다. 모두 아는 것처럼 결과는 그렇지 않다. 확정적으로 부자가 될 수 있는 기회인데 남들에게 떠벌리고, 정보를 공유할 필요도 없다.

자신만만하게 "내가 저점을 맞출 수 있다"고 말하는 사람이 있다면 그건 투자자가 아니라 점쟁이다. 누군가는 삼성전자를 9만 원에 샀고, 누군가는 5만 원에 샀을 것이다. 대다수의 투자자들은 엔비디아 대신 테슬라를 샀다. 저가 매수의 유혹은 달콤하다. 내가 매수 버튼을 딸깍 누르자마자 불같이 반등하는 주식들을 상상하면 도파민이 급격히 분비된다. 모두 자신이 선택한 주식이 저점에서 정확히 상승해 장기 보유를 통해 어마어마한 수익을 거두는 장면을 상상한다. 하지만 대다수 저가 매수에 나서는 투자자들 대부분은 장기 보유를 하지 않는 게 팩트다. 절반가량이 저가 매수에 성공한다고 해도 일주일 이내 해당 주식을 팔아치운다. 애초에 저가 매수에 성공하겠다는 집착은 장기투자와 결이 맞지 않기 때문이다. 도파민에 중독된 투자는 결국 급등주 올라타기와 급락주 저가 매수 투자로 이어질 수밖에 없다. 안정적인 투자는 역설적으로 지루하기 때문이다. 조급하면 시장에 패배할 가능성이 높아진다. 다시 한 번 강조하자면 10번 덤벼서 단 한 번만 패배해도 모든 걸 잃을 수 있는 게 주식 시장이다. 단 1번을 투자하더라도 패배 확률을 최소화시킬 수 있는 투자 방식을 택해야 한다.

소액이라도 좋다. 오히려 시작은 소액으로 하는 게 심리적으로 편안하다. 우선 투자금을 잘게 쪼개거나 매월 조금씩 월급에서 투자금을 할당해 우량 배당주 그룹에 투자해보자. 이후 수령하는 배당금으로 커피를 사먹거나 사랑하는 아내나 자녀에게 선물을 하거나 지인에게 한 끼의 맛있는 식사를 대접하는 데 써도 좋다. 투자를 통한 삶의 효용감이 본인에게 돌아오는 과정은 장기 배당투자를 이끌어갈 수 있는 원천이 된다. 여유가 좀 생긴다면 더 나아가 배당금을 소비하지 말고 보유 중이던 배당주나 배당 ETF에 재투자해보자. 작고 소중한 배당금이 장기간 복리식으로 쌓이게 된다면 그 위력은 엄청나다.

만약 자본 차익을 거두는 것을 주력 투자 전략으로 삼는 투자자라도 포트폴리오 다변화 측면에서 일부는 배당주를 담는 것을 추천한다. 기술·성장주의 경우 주가가 오를 때는 화끈하지만 약세장에서는 급락세를 보이기도 한다. 배당주도 시장 상황에 따라 주가가 영향을 받지만 기술·성장주만큼 주가가 급격한 변동성을 보이지는 않는다. 자산배분은 내 계좌의 수익률을 지켜주는 마법이라는 걸 명심하자. 주식 시장에서 마법은 마법사만 부릴 수 있는 게 아니다. 평범한 투자자도 의지를 갖고 마음을 먹는다면 누구나 이 마법을 활용할 수 있다.

왜 지금
배당투자인가?

배당투자의 장점

앞에서 배당투자의 정의와 함께 최근 개인투자자들 사이에서 배당투자가 대세가 된 배경에 대해 살펴봤다. 그렇다면 왜 지금 배당투자를 해야 하는가에 대한 얘기를 해보고자 한다. 배당투자의 장점을 얘기하기에 앞서 한 가지 사례를 소개한다. 국내 주요 반도체 기업을 꼽으라면 누구나 삼성전자와 SK하이닉스를 얘기할 것이다. 삼성전자와 SK하이닉스는 메모리 반도체라는 공통의 사업을 통해 글로벌 시장에서 경쟁하고 있다. 주가 흐름도 비슷하게 흘러가는 것을 알 수 있는데 조금 더 자세히 들여다보면 약간의 차이점은 포착된다.

과거 주가 흐름을 보면 주로 약세장일 때 삼성전자의 주가 하락폭보다 SK하이닉스의 주가 하락폭이 큰 것을 볼 수 있다. 물론 2024년 들어서선 AI 열풍에 따른 고대역폭메모리HBM 사업 분야에서 초기 엔비디아에 독점 납품한 SK하이닉스의 주가 흐름이 삼성전자보다 월등히 좋았다. 삼성전자는 2024년 하반기에야 엔비디아에 HBM 납품을 위한 품질 테스트를 진행하고, 공급을 본격화해 SK하이닉스 대비 늦었다. 삼성전자가 메모리 분야에서 SK하이닉스에 밀리는 건 흔치 않은 일이다. 따라서 우리는 두 회사의 현재가 아닌 과거 주가 추이를 살펴봄으로써 분산의 힘에 대해 알아보고자 한다.

지난 2022년 고물가에 따른 경기둔화 우려에 삼성전자 주가는 29.37% 하락했는데, 같은 시기 SK하이닉스 주가는 42.75% 급락했다. 2020년 3월 팬데믹 충격 당시에도 삼성전자 주가는 최대 24.19% 하락에 그친 반면 SK하이닉스 주가는 30.07% 떨어진 바 있다. 동일한 반도체 기업인데 주가 변동성에 차이가 나는 이유는 무엇일까?

그럴 일은 없겠지만 K-반도체 사업이 글로벌 시장에서 경쟁력을 완전히 잃게 됐다고 가정해보자. 이 경우 삼성전자와 SK하이닉스의 기업가치는 어떻게 될까? 삼성전자는 메모리, 파운드리 등 DS(반도체) 부문을 포함해 스마트폰 사업을 추진하는 MX(모바일경험), TV사업을 담당하는 VD(영상디스플레이), 가전 사업을 맡는 DA(생활가전)를 포함하는 DX(디바이스경험) 사업 부문도 보유하고 있다. 메모리 반도체는 정보기술IT 수요 확대, 둔화 여부에 따라 실적 변동성이 큰 시클리컬(경기민감) 산업이다. 실적이 크게 요동칠수록 주가 또한 상승과 하락을 반복할 수밖에 없는데, MX, VD, DA 사업 부문이 반도체 둔화 시기 실적 충격을 다소 메워줌으로써 삼성전자 주가는 상대적으로 '반도체 올인' 기업인 SK하이닉스 대비 안정적인 모습을 보인다. 실제 메모리 반도체 업황이 불황이었던 지난 2023년 삼성전자는 6조 5,670억 원의 영업이익을 기록하며 영업손실 전환을 막는 데 성공했지만 SK하이닉스는 7조 7,303억 원 적자를 기록했다.

즉, SK하이닉스 대비 사업 포트폴리오 다각화를 이룬 삼성전자가 위기 시 실적 변동성을 줄일 수 있다는 의미다. 배당투자도 마찬가지다. 우리가 주식투자를 통해 돈을 버는 방법은 주가 상승에 대한 차익 실현과 배당금 수령 두 가지가 있다. 수익 창출 도구로서 차익 실현, 배당수익 두 가지를 동시에 가지고 갈 수 있다는 점이 배당투자의 첫 번째 장점이다. 전쟁터에 나설 때는 총 하나를 보유하는 것보다 총과 함께 수류탄, 대검도 소유하는 것이 전투력 향상에 도움이 된다. 탄창이 바닥나는 경우에도 대검이 있다면 백병전으로라도 싸울 수 있다. 반대로 한 가지 투자전략에 집중하는 경우는 리스크가 높아진다. 이왕이면 두 가지 무기를 거느리고 시장과의 수 싸움에 나서는 게 생존에 유리하다.

또 배당투자는 투자자들에게 안정적이고 정기적인 수입을 제공한다는 점에서 심리적 측면에서 도움을 준다는 게 두 번째 장점이다. 이는 매월 현금흐름이 필요한 은퇴자에게 더욱 유용하다. 차익 실현에 집중한 투자의 경우 해당 종목을 일부 팔아야 수익을 손에 거머쥐고 생활비로 쓸 수 있다. 반면 배당투자의 경우에는 주식을 매도하지 않더라도 매월, 분기, 반기마다 나오는 배당금을 생활비로 활용할 수 있다. 일정 수준의 현금흐름은 추가 투자를 위한 투자금으로 쓸 수 있다는 점에도 주목해야 한다. 목돈을 모두 투자 대상에 투입했을 때라면 추후에 또 다른 투자 매력이 높은 종목을 발굴했더라도 기존 주식을 일부 팔지 않고서는 추가 매수에 나설 수 없다. 반면 배당투자의 경우 창출되는 현금을 바탕으로 추가 매수가 가능하다. 실제 많은 배당투자자들이 기존 투자금은 안정적인 우량 배당주, 배당 ETF에 투자하고 수령하는 배당금은 미국 증시의 3배 레버리지 상품에 넣어 초과 수익을 노리곤 한다.

배당투자는 자연스럽게 우량 기업에 투자할 수 있다는 게 세 번째 장점이다. 13년 동안 월가에서 펀드매니저로 마젤란펀드를 운용하며 28배가 넘는 놀라운 수익률을 기록한 '월가의 전설' 피터 린치는 "당신이 불안한 이유는 쓰레기 같은 회사에 투자했기 때문"이라고 일침을 가한 바 있다. 충분한 공부 없이 불확실한 종목에 투자했다면 일시적 주가 하락에도 마음이 콩알만 해진다. 반대로 우량한 종목에 투자했다면 그만큼 든든한 게 없다. 주가가 하락하면 "오히려 좋아"를 외치며 매수 기회로 삼을 수 있다.

일반적으로 배당을 지급하는 기업들은 과거부터 꾸준한 실적 성장을 이뤄온 재무구조가 탄탄한 우량주인 경우가 대부분이다. 초창기 기업들은 배당금을 지급하기보다 투자의 재원으로 자본을 활용한다. 이후 사업 모델이 성숙기에 진입하게 되면 배당을 확대해 주주가치를 끌어올리며 주가 부양에 집중한다. 현재 한국 시장에서도 고배당주로 알려진 기업들은 대부분 금융주, 통신주, 자동차주 등으로 경기순환주기에 관계없이 안정적인 실적 성장을 이루고 있다. 배당 매력은 주가의 하방을 지지해주는 방어선이 되기도 한다. 주가가 내리면 배당수익률이 올라가니 자연스럽게 배당투자 수요가 유입되면서 주가는 다시 오르게 된다. 이처럼 우량한 재무구조, 비즈니스 모델을 가진 배당주의 경우 기본적인 속성 자체가 시장에서 살아남기 좋은 특성을 가진다.

끝으로 사실 배당투자의 가장 큰 장점은 복리 효과다. 복리란 자본 차익으로 인한 수익금과 배당금이 원금에 더해져 추가적인 수익이 발생했을 때 나타나는 효과다. 한 마디로 쉽게 설명하면 이자가 이자를 낳는 구조라고 보면 된다. 단리와의 차이점에 대해 살펴보면 단리는 원금에 대한 이자만을 계산하는 방식이다. 반면 복리는 원금에 대한 이자의 이자까지 계산해 향후 주가가 상승하게 되면 수익률이 눈덩이처럼 불어나는 효과를 불러온다. 만약 당신이 1억 원을 20년 동안 배당수익률이 5%인 종목에 투자한다고 가정해보자. 배당금 재투자를 통한 복리 투자를 했을 경우 최종 수익금액은 2억 6,533만 원에 달한다. 총 수익금은 1억 6,533만 원으로 누적 수익률은 165%다. 수익금이 불어나는 과정을 보면 복

1억 원 연 5% 복리 투자의 놀라운 결과물

#	수익(원)	총액(원)	수익률(%)
1	+5,000,000	105,000,000	5
2	+5,250,000	110,250,000	10.25
3	+5,512,500	115,762,500	15.76
4	+5,788,125	121,550,625	21.55
5	+6,077,531	127,628,156	27.63
6	+6,381,408	134,009,564	34.01
7	+6,700,478	140,710,042	40.71
8	+7,035,502	147,745,544	47.75
9	+7,387,277	155,132,822	55.13
10	+7,756,641	162,889,463	62.89
11	+8,144,473	171,033,936	71.03
12	+8,551,697	179,585,633	79.59
13	+8,979,282	188,564,914	88.56
14	+9,428,246	197,993,160	97.99
15	+9,899,658	207,892,818	107.89
16	+10,394,641	218,287,459	118.29
17	+10,914,373	229,201,832	129.2
18	+11,460,092	240,661,923	140.66
19	+12,033,096	252,695,020	152.7
20	+12,634,751	265,329,771	165.33

자료: Fical.net

리의 위력에 대해 알게 된다. 첫 1년차 배당수익은 500만 원에 불과했지만 10년차 때는 775만 원, 20년차 때는 1,263만 원까지 배당수익이 불어나는 것을 확인할 수 있다.

이 같은 복리 투자 관련해서는 72의 법칙이라는 게 있다. 복리 효과를 적용해 투자자산이 2배가 되는 데 필요한 기간을 계산하는 방법이다. 숫자 72를 복리 이자율(배당수익률)로 나눠 계산한다. 만약 배당수익률이 5%일 경우 투자자산이 2배가 되기 위해서 필요한 기간은 72 ÷ 5 = 14.4년이다. 실제 앞에서 살펴본 복리 투자의 예시에도 배당금 재투자 15년차에 투자금은 2억 789만 원까지 불어났다. 이처럼 대부분 배당투자자들은 복리 효과를 극대화하기 위해 수령한 배당금을 재투자하는 편이다. 장기투자자 관점에서 투자 포트폴리오의 총 수익률 향상에 배당 재투자는 막대한 영향을 미친다.

금리 인하기에 배당주 투자는 바보다?

우리가 앞으로 대비해야 할 장세는 금리 인하 시기다. 고강도 금리 인상 사이클은 사실상 종료됐고 금리 인하의 시기에 대한 판단만 남았을 뿐 향후 방향성은 확실하기 때문이다. 팬데믹 발발 이후 전 세계적인 돈 풀기가 지속되면서 넘치는 유동성에 물가는 폭등했다. 2022년 한때 미국의 소비자물가지수CPI는 8%나 상승하기도 했다. 이에 미국 연준은 물가 상승률을 장기 목표치인 2%대로 낮추기 위해 기준금리를 고강도로 인상했다. 지난 2022년 초 0.25%에 불과했던 미국의 기준금리는 2023년 7월 5.5%까지 치솟았다.

하지만 연준이 언제까지나 장기간 고금리를 유지할 수는 없다. 높은 금리는 자본을 빌려 성장의 재원으로 활용하는 기업에게 치명적인 비용 부담으로 돌아오기 때문이다. 레버리지를 활용한 투자 위축으로도 이어져 전반적인 산업의 활력이 떨어지는 결과로 이어진다. 금융 기업들의 경우 보유 중인 채권의 평가가치가 금리 상승에 따라 급락하면서 큰 손실을 안게 되기도 한다. 좀처럼 떨어지지 않는 끈끈한 물가가 지속되면서 금리 인하 시기가 지속적으로 미뤄지고 있지만 언젠가 연준은 경기 침체 방지를 위해 '보험성' 금리 인하에 나설 것이다.

이런 상황 속 배당투자에 회의적인 일부 투자자들은 "금리가 내릴 때 누가 바보처럼 배당주에 투자합니까?"라고 반문할지 모른다. 이들은 금리 인하 시기가 배당주에게 최악이라고 평가한다. 오히려 금리가 내려갈 때는 자본력을 끌어와 성장 여력을 극대화할 수 있는 기술·성장주에 투자하라는 지적이다. 일리가 있는 주장이다. 앞에서도 언급했지만 개별주를 기준으로 단순 비교한다면 절대적인 기대 상승률은 가치주로 분류되는 배당주보다 기술·성장주가 높을 수 있다. 하지만 우리가 배당주의 기업가치 변화를 산정할 때 고려해야 할 점은 기술·성장주와의 상승 동력 격차가 아니라 시중 금리와 비교했을 때 상대적인 매력도다.

미국의 10년물 국채금리는 지난 2023년 10월 5%까지 상승했다. 모두가 알다시피 2023년 글로벌 증시에서 배당주는 인공지능AI 반도체를 중심으로 한 기술·성장주의 질주에 비해 성과가 한

없이 초라했다. 시중 금리가 5%에 달하는 상황이라면 연 환산 배당수익률이 5%인 고배당주의 배당 매력이 크게 떨어지기 때문이다. 우리가 투자원금을 온전히 지킬 수 있는 초안전자산인 은행예·적금과 더불어 단기채권에 목돈을 거치해도 3~5%의 수익을 가져갈 수 있는데 5%의 배당수익을 기대하고 위험자산인 주식에 투자하는 건 어찌 보면 매력이 크게 떨어지는 일이다.

　그렇다면 시장 금리가 과거와 같은 1~2% 수준으로 크게 떨어진다면 상황은 어떻게 될까? 상황은 반전되어 5%의 배당수익률이 매력적인 숫자로 다가올 것이다. 배당수익률이 5%에 그대로 정체되어 있는 것도 아니다. 기업은 성장을 지속한다. 배당주의 실적과 배당성장이 유지된다면 '꿩(차익) 먹고 알(배당) 먹고' 투자전략은 금리 인하 시기에도 상당히 유용하게 다가올 것이다. 실제 우량 배당주의 경우에도 금리가 내려가면 적극적인 투자를 통해 기업가치가 개선되기 때문에 주가 차익과 더불어 배당 이익을 동시에 추구할 수 있게 된다. 여기에 배당 재투자라는 복리의 마법을 이용해 주가 차익을 극대화할 수 있다. 그럼에도 여전히 '배당주 = 금리 인하기 최악의 투자'라는 생각을 가진 이들을 위해 몇 가지 데이터를 확인해보도록 하자. 우리는 기술·성장주와 배당주 중 기대 수익률이 뭐가 더 크냐를 비교할 때가 아니라 실제로 금리 인하기에 배당주의 퍼포먼스가 알려진 것처럼 부진한지 여부만 확인해보면 된다.

　미국 10년물 국채의 금리와 미국 스탠더드앤드푸어스(S&P)

미국 10년물 국채금리와 S&P 500 고배당 지수의 추이

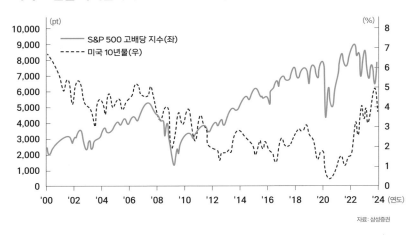

자료: 삼성증권

500 고배당 지수의 추이를 한 번 보자. 미국 10년물 국채 금리는 지난 2000년부터 2020년까지 장기 우하향 추이를 보이고 있다. 기준금리가 꾸준히 하락하면서 기준금리를 바탕으로 시장에서 거래되는 시장금리 또한 장기적으로 하락했다는 뜻이다. 금리가 하락했음에도 S&P 500 고배당 지수는 중간 진폭을 겪으면서도 우상향하고 있다. 금리 변동성을 이겨내면서 고배당 종목들은 안정적인 실적 성장에 대해 배당 여력을 확대하며 주가를 올렸다는 해석이 가능하다.

다음으로 국내 대표적인 배당 우량주로 손꼽히는 KB금융의 주가 추이에 대해 살펴보자. 한국의 기준 금리는 지난 2015년부터 2017년까지 하락 추세를 보였다. 2015년 3월 기준금리는 종전 2.00%에서 1.75%로 내렸고, 같은 해 6월 1.5%로 추가 인하

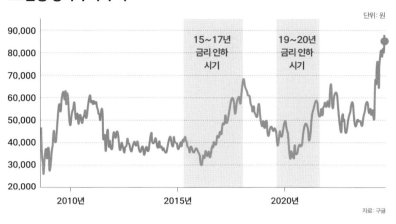

KB금융 장기 주가 추이

단위: 원

15~17년
금리 인하
시기

19~20년
금리 인하
시기

자료: 구글

됐다. 다음해인 2016년 6월 1.25%로 한 차례 더 내려 1% 초반대 금리가 2017년 11월까지 유지됐다. 완연한 저금리 시절이었는데 대표적인 배당주인 KB금융의 주가 흐름은 어땠을까? 2015년 3월 KB금융의 주가는 3만 9,300원이었는데, 2017년 11월 5만 9,900원까지 상승했다. 이 금리 인하 시기에 KB금융의 주가 상승률은 52.42%에 달한다. 또 지난 2019년 7월 한국의 기준금리가 1.75%에서 2021년 7월까지 0.5%로 내려간 사이클이 있었다. 이 시기에도 KB금융의 주가는 18.2% 올랐다.

두 사례만 봐도 금리 인하에 따른 배당투자의 매력이 반감된다는 주장은 보편적으로 통용되는 사실은 아닌 것으로 보인다. 중요한 건 금리 변동성이 아닌 배당 증액 가능성과 실적 성장일 것이다. 실제 KB금융의 경우 당시 주가도 올랐지만 KB금융의 주당

배당금DPS은 2015년 980원에서 2017년 1,920원으로 2배가량 성장했다. 주가가 꾸준히 상승했지만 배당도 덩달아 성장하며 연 환산 배당수익률은 동일하게 3% 수준을 유지했다. 참고로 지난해 KB금융의 DPS는 3,060원에 달했다.

사실 DPS의 성장률은 단순 절대적인 배당수익률보다 중요하다. 배당수익률이 꾸준히 5%를 유지하는 A종목보다 배당수익률이 3%로 낮더라도 향후 꾸준히 증액이 가능한 B종목의 투자 매력이 더 높다고 볼 수 있다. 성장이 뒷받침되기 때문에 언젠가 B종목의 배당수익률이 5%를 넘어 6%, 7% 등으로 배당 매력이 커질 것이기 때문이다. 실제 시장에서는 DPS가 꾸준히 증가하는 종목일수록 주가 상승 여력이 크다고 평가받는다.

유안타증권의 보고서에 따르면 지난 2022년 기준 3년 연속 DPS가 증가한 종목들의 경우 배당기준일이 지나 배당락이 발생한 후에도 1개월 수익률이 7%에 달했다. DPS가 1년, 2년 연속 증가한 종목들의 1개월 수익률은 각각 3%, 5%로 장기적인 배당성장이 주가에 미치는 영향을 알 수 있다. 보통 배당락이 발생하게 되면 다음 배당기준일이 다가올 때까지 주가는 지지부진한 모습을 보이기 마련인데, 배당성장에 대한 기대감은 추가적인 자금 유입으로 돌아온다는 해석이 가능하다. DPS 성장 기업의 경우 투자를 통해 배당금 수령과 더불어 주가 차익까지 노려볼 수 있다는 의미다.

정리하자면 중요한 건 금리가 아니라는 사실이다. 실적 성장에 따른 주가 상승과 배당성장을 동시에 누리는 것이 배당투자의 묘미라는 점을 기억하자. 금리 인하기 배당투자의 매력은 더욱 커질 수 있으며 배당투자자는 결코 바보가 아니다. 배당투자가 장기적으로 시장 평균을 웃도는 초과 수익을 거둘 수 있는 유용한 도구라는 것은 확실하다. 배당투자의 중요성과 필요성에 대해 강조하고 있을 뿐 기술·성장주와 배당주를 이분법적으로 대립시키고 배당투자가 절대적으로 옳다고 주장하는 건 결코 아니다. 대다수 개인 투자자들이 생각하는 차익 실현 위주 투자의 위험성에 대해 강조한 것으로 시장에서 살아남기 유용한 배당투자 방식을 적극 활용할 필요가 있다는 취지다. 흑백논리로 한쪽의 방식만을 선택하는 것은 편협한 투자다.

경제적 자유라는 최종 목적지까지 도달하는 데 이동수단은 중요하지 않다. 포트폴리오 다각화 측면에서 우리는 배당주도 담고 초과 수익을 노리기 위한 기술·성장주도 담을 수 있어야 한다. 자산배분을 통한 리스크 분산은 시장의 변동성을 이겨낼 수 있는 힘을 준다. 다만 이 책에서는 많은 투자자들이 보다 편리하고, 안정적으로 시장과 함께 공존할 수 있도록 배당투자에 초점을 맞춰 다룰 뿐이다.

주주환원 With 성장

배당투자를 해야 하는 또 다른 이유로 점차 시장에서 중요성이 부각되고 있는 주주환원을 언급하지 않을 수 없다. 최근에는 코리아 디스카운트(한국 증시 저평가) 현상이 주목받으며 주주가치를 제고할 수 있는 기업을 선별하는 게 주식투자의 핵심 트렌드가 됐다. 정부는 코리아 디스카운트 해소를 위한 기업가치 밸류업Value-Up 프로그램을 추진하고 있는데, 이에 대한 자세한 내용은 뒤에서 다루기로 한다.

주식투자 대상을 선정할 때 핵심적으로 고려해야 하는 게 바로 주주환원이다. 주주환원이란 상장사가 자사의 주식을 보유한 주주들의 권익을 보호, 제고하기 위한 정책을 뜻한다. 기업의 주인은 오너 일가, 전문경영인이 아닌 주주다. 자본주의 사회에서 주주들이 해당 기업에 투자를 결정한 궁극적 이유는 결국 돈을 벌기 위해서다. 자사주를 매입, 소각해 주가가 오르거나 배당금을 지급하면 주주들은 돈을 번다. 따라서 복리 효과를 극대화할 수 있는 배당투자 매력이 충분한 종목은 기본적으로 주주환원에 충실한 회사라고 볼 수 있다.

단순 자사주 매입, 소각이나 배당 확대를 바라고 주주환원에 신경 쓰는 기업에 투자해야 한다는 건 아니다. 주주를 먼저 생각하는 기업이라면 유상증자나 물적분할 등 주주가치를 침해하는 정책을 펼칠 가능성이 상대적으로 낮다. 한때 '알짜 사업'으로 평가받았던 2차전지 기업들이 대거 물적분할을 예고해 논란이 된 적이 있다. 대표적으로 LG화학의 경우 LG에너지솔루션이란 거대한 황금알을 낳았다. 물론 기업 입장에서는 분할 상장을 통한 자금 유치가 절실한 상황이었겠지만 중복 상장에 대한 주주가치 희석은 주가 하락으로 이어졌다. 지난 2021년 초 105만 원까지 주가가 상승하며 황제주(주당 100만 원) 자리에 올랐던 LG화학 주가는 분할 후 40만 원 이하까지 하락했다. 이런 종목들은 장기 적립식 투자에 적합한 배당 황금주에 해당되지 않는다. 현재 국내 증시에 상장한 종목 수만 2,000개가 훌쩍 넘는다. 주주환원만큼 장기 배당투자를 위한 종목 '옥석 가리기'에 적합한 요소는 없다.

최근 들어 자사주 매입의 중요성도 커지고 있지만 전통적으로 대표적인 주주환원 정책으로 배당이 언급되어 왔다. 만약 배당금을 단 한 푼도 지급하지 않던 회사가 "앞으로는 배당금도 주겠다"고 선언하면 주가는 어떤 반응을 보일까? 시장은 대체로 배당 지급을 호재로 받아들이게 된다. 그동안 성장에 회사의 재원을 대부분 쓰다가 향후에 성장의 과실 일부를 주주들에게 나눠주겠다는 의미이기 때문이다. 대표적으로 미국의 빅테크 기업 중 하나인 메타 플랫폼스(구 페이스북)의 사례를 얘기하려고 한다. 2024년 2월 메타는 2023년 4분기 총 순이익으로 시장의 기대치를 크게 웃도는 140억 달러를 기록하게 된다. 이에 고무된 메타는 첫 배당금을 지급한다고 투자자들에게 발표했다. 주당 50센트의 적은 금액으로 당시 주가를 고려한 배당수익률은 0.1%에 불과했지만 시장은 환호했고 메타의 주가는 시간 외 거래에서 14% 급등한 바 있다.

기존 배당금을 지급하고 있었더라도 향후 배당금을 확대하겠다는 정책을 세운다면 이 또한 주가에 긍정적인 영향을 미친다. 글로벌 미디어 기업인 월트디즈니컴퍼니는 2024년 초 배당금을 전년 대비 50% 증액 결정했다고 발표했는데 이후 디즈니 주가는 시간 외 거래에서 6% 상승했다. 적극적 주주환원 정책이 시장에서 어떻게 평가받는지 확인해볼 수 있는 대목이다. 반대로 주주환원에 진심이 아닌 기업들은 시장에서 점차 외면받는 시대가 됐다. 투자자 입장에서도 굳이 주주가치를 올리는 데 힘쓰지 않는 회사에 투자할 이유는 없을 것이다.

다만 우리가 한 가지 인지해야 할 점은 무조건 배당을 확대한다고 해서 투자하기 좋은 회사는 아니라는 것이다. 성장을 고려하지 않은 분배는 독이기 때문이다. 배당은 회사의 이익잉여금에서 나온다. 이익잉여금은 회사가 한 해 벌어들인 순이익 중 배당을 하고 남은 유보금을 의미한다. 그럼 이런 의문이 생각나게 된다. '배당투자를 위해서라면 재무제표상 이익잉여금이 빵빵한 종목을 고르면 되는 것 아닌가?'라는 생각이다. 여기서 회사의 곳간을 모두 배당으로 소진하는 경우를 생각해보자. 회사의 이익잉여금은 배당 지급으로도 쓰이지만 미래 성장을 위한 투자의 재원이기도 하다. 성장 없이 배당만 지급하는 회사는 전혀 매력적인 투자 대상이 아니다. 배당금은 꼬박꼬박 잘 지급하는데 마이너스 성장을 기록한다면 해당 기업의 주가는 내리막길을 걸을 것이고, 배당수익 이상으로 주가가 하락할 수 있기 때문이다.

상장사는 아니지만 '제 살 깎아먹기 배당'의 표본인 한국전력 발전 자회사들의 사례를 소개한다. 국내 대표 공기업인 한국전력은 지난 2021년부터 2023년까지 3년 연속 적자를 기록했다. 탈원전에 따른 값비싼 에너지 생산으로 수익성이 악화된 데다 물가 상승을 자극할 우려에 정부가 전기요금을 적극적으로 인상하지 못하면서 손실이 눈덩이처럼 커졌다. 한국전력의 지난 3년 동안 누적 적자 규모만 해도 43조 원에 달한다. 천문학적 적자에 시달리던 한국전력은 결국 산하 발전 자회사들에 중간배당을 요구하면서 돌파구를 모색했다. 한국전력은 한국수력원자력, 한국남동발전, 한국남부발전, 한국서부발전, 한국중부발전, 한국동서발전 등 발전 자회사 6곳을 거느리고 있는데 경영 악화 해소를 위한 중간배당금 지급 협조를 요청한 것이다. 최초 한국전력이 발전 자회사들에 요구한 중간배당금 규모는 4조 원에 달했는데 이는 그동안 자회사들이 쌓아온 이익잉여금으로 충당할 수밖에 없었다.

문제는 이 발전 자회사들이 보유한 이익잉여금이 전액 현금은 아니라는 점이다. 사채 발행, 즉 빚을 내 모회사인 한국전력에 자금을 지원할 수밖에 없다는 의미다. 모회사인 한국전력을 대신해 발전 자회사들이 감당 불가능한 수준의 배당을 지급하고 어마어마한 부채를 떠안는다면 이는 회사의 성장을 가로 막는 행위다. 우리는 우량 배당주를 선정할 때 이러한 성장을 해할 정도로 과도한 배당을 시행하고 있는 기업을 걸러내야 한다. 다행히 한국전력의 발전 자회사들은 국내 증시에 상장되어 있진 않다. 만약 상장 사였다면 주가는 급락했을 것이고 주주들에 의해 배임 의혹에도 시달렸을 가능성이 있다.

배당투자는 장기적으로 시장 평균(대표지수)을 웃도는 수익률을 기록하기 위한 투자 방식이다. 배당금 수령도 중요하지만 완만한 주가 우상향도 중요하다는 점을 앞에서 강조했다. 기본적으로 자본시장에서 투자하기 좋은 주식은 꾸준히 성장하는 기업이다. 무리한 배당으로 제 살을 깎아 먹는 기업보다는 배당도 적정한 재무 수준에서 잘 지급하고, 성장에도 힘을 써서 향후 배당 확대 여지가 있는 기업에 투자하는 게 옳다.

배당과 성장에 대한 갈등이 나타난 또 다른 재미난 일화가 있어 소개한다. 국내 대표 바이오 기업인 셀트리온의 사례를 보자. 최근 셀트리온은 셀트리온헬스케어와 합병을 통해 '통합 셀트리온' 체제의 시작을 알렸다. 2024년 초 열린 정기 주주총회에서 한 주주가 두 회사의 합병으로 인해 순자산액이 2배 이상 증가한 것을 근거로 배당 확대 계획에 대해 최고경영자CEO에게 질문했다. 당시 서정진 셀트리온 회장은 질문의 취지에는 공감하면서도 회사의 미래를 위한 투자 재원 확보의 중요성을 강조하며 사실상 반대 의사를 밝혔다. 셀트리온이 회사를 합친 목적 또한 글로벌 시장에서 생존하기 위한 성장 효율성을 달성하기 위한 것인 만큼 투자 재원의 확보도 중요한 과제일 것이다.

배당 확대와 성장 집중, 무엇이 정답일지는 아무도 모른다. 향후 시장이 그 결과를 알려줄 뿐이다. 미래 주가 흐름의 답을 알고 있는 사람이 있다면 시장에서 어마어마한 부를 축적한 부자가 되어 경제적 자유를 이뤘을 것이다. 답은 모르지만 성공 가능성이 높은 투자를 하면 된다. 주주환원에 신경 쓰고 성장과 분배의 균형을 잘 맞춰 장기적으로 투자 매력이 높은 종목 후보군을 추려내 투자하면 된다.

정리하자면 배당 확대 등 주주환원 정책은 상장사의 주인인 주주(투자자)의 권익을 보호하고 가치를 올려준다는 점에서 중요하다. 주주환원에 진심인 상장사의 주가가 상대적으로 불친절한 곳 대비 주가 상승 동력이 큰 것도 사실이다. 우리가 시장에서 살아남기 위한 장기 적립식 배당투자를 목적으로 한다면 소정의 배당수익률을 유지하고 있고, 향후에도 배당 증액 가능성이 큰 우량 배당주를 선별해 포트폴리오에 담아야 할 것이다. 이 과정에서 투자자들은 해당 기업의 주주환원 여력과 정도를 포트폴리오 구성 과정에서 필수적으로 고려해야 한다. 여기에 더해 단순 배당수익률이 높다고 좋은 투자 대상은 아니라는 점을 명심해야 한다. 배당수익률도 중요하지만 기업가치를 향상시킬 수 있는 본질적인 요인은 결국 성장인 만큼 성장과 배당의 재원 분배를 잘할 수 있는 종목을 선별할 필요가 있다. 성장과 주주환원을 동시에 추구하는 기업의 경우에만 주가 상승에 따른 복리 효과도 더불어 얻을 수 있을 것이다. 장기투자에 적합한 배당 황금주를 찾는 방법과 후보군에 대해서는 3부에서 자세히 밝혀보고자 한다.

무시무시한
복리 효과

배당킹 버핏

　주식투자자라면 누구나 가치투자의 귀재인 워런 버핏의 이름은 알 것이다. 미국의 투자전문회사 버크셔해서웨이를 장시간 이끌어온 버핏은 복리투자로 인해 막대한 부를 축적한 대표적인 인물이다. 만약 버크셔해서웨이에 투자했다면 수익률 측면에서는 어땠을까? 지난 1996년 이후 버크셔해서웨이의 누적 수익률은 1,557%에 달한다. 버크셔해서웨이의 연평균 주가 상승률은 약 19.8%다. 이는 미국의 대표지수인 S&P 500 지수의 연평균 수익률(9.9%)을 2배가량 웃도는 엄청난 성과인데, 달리 표현하면 버핏은 시장을 항상 이겨왔다는 소리다. 비결은 무엇일까? 버핏의 가장 강력한 투자 철학은 복리 효과를 노린 배당금 재투자다.

버핏은 복리의 힘을 믿고 인내심을 갖고 기다릴 줄 아는 투자자였다. 우리는 앞에서 복리 투자의 원리와 함께 투자금이 불어나는 효과에 대해 알아봤다. 참고로 버크셔해서웨이의 연간 배당 수익금은 약 60억 달러다. 원화 기준 8조 원이 넘어가는 금액이다. 버크셔해서웨이가 보유한 포트폴리오 종목들을 살펴보면 소위 '배당킹' 종목들을 대거 보유하고 있다는 점을 알 수 있다. 애플은 10년, 쉐브론은 37년, 뱅크오브아메리카BofA는 29년, 코카콜라는 무려 61년 동안 배당금을 연속 증액해온 역사를 가지고 있다. 장기 적립식 배당투자의 덕으로 버크셔해서웨이의 시가총액은 2024년 6월 기준 9,520억 달러(원화 기준 1,320조 원)를 기록하고 있다. 버크셔해서웨이의 글로벌 시가총액 순위 8위로 국내 개인투자자들에게도 흔히 알려진 TSMC, 일라이릴리, 브로드컴 그리고 삼성전자보다도 시가총액이 큰 회사다.

버핏이 오마하의 현인(버크셔해서웨이의 본사는 오마하에 위치해 있다)이라는 칭호를 얻고 수많은 가치투자자들에게 영웅으로 자리 잡게 된 이유는 오랫동안 시장의 굴곡을 이겨내고 생존했기 때문이다. 버핏의 투자 포트폴리오 중 배당투자자라면 가장 눈길이 가는 종목은 바로 코카콜라일 것이다. 버핏은 블랙먼데이가 발생한 이후인 지난 1988년부터 코카콜라를 분할 매수하기 시작했다. 이후 코카콜라 주가는 1990년대 후반까지는 급등했지만 2011년까지는 장기 하락, 횡보하면서 좀처럼 빛을 보지 못했다.

버핏의 코카콜라 복리식 투자

단위: USD

주가 횡보기에는
분기 배당으로 버티기

블랙먼데이 후
1988~1989년
분할 매수 시작

	추정 매수가	2023년 배당금	배당수익률
	블랙먼데이 전후 평균 매수가 $3.25	분기별 $0.46 연간 $1.84	2023년 66%

자료: 삼성증권

하지만 버핏은 암흑기에도 매 분기마다 지급되는 배당금의 힘으로 버텼다. 삼성증권에 따르면 블랙먼데이 전후 버핏의 코카콜라 매수 평균단가는 약 3.25달러로 추정된다. 2024년 6월 기준 코카콜라 주가는 63.65달러로 자본 차익으로만 원금 대비 10배 이상의 수익을 거둔 셈이다.

더욱 놀라운 건 배당이다. 2023년 코카콜라는 분기별 0.46달러, 연간 1.84달러의 배당금을 지급했다. 버핏의 매수 평균단가를 고려할 때 최대 배당수익률은 56%에 달할 것으로 추정된다. 복리 투자 효과로 인해 버핏의 코카콜라 투자 배당수익률은 해마다 늘어난다. 물론 코카콜라도 가만히 있진 않는다. 전쟁통에도, 경기 침체가 찾아와도 콜라는 마신다는 말이 있다. 그만큼 코카콜라의 사업 포트폴리오는 강력하다. 꾸준히 실적이 성장하고 배당 증액으로 투자자에게 화답하기 때문에 배당 재투자로 인한 눈덩이는 기하급수적으로 커지게 된다. 이것이 장기 적립식 배당투자의 힘이다. 이 엄청난 투자 성과를 얻기 위해 버핏이 한 일은 우량한 종목을 선별해 투자하고 그냥 가만히 있는 것이었다.

최근 들어 기술·성장주 투자를 신봉하는 일부 개인투자자들은 버핏의 가치주 투자 성향에 대해 '시대착오적'이라고 평가하기도 한다. 버핏은 최근 들어 기록적인 상승률을 보인 엔비디아, 테슬라, AMD, 코인베이스 같은 기술·성장주에 잘 투자하지 않기 때문이다. 버크셔해서웨이가 가장 많은 비중을 투자하고 있는 종목도 애플이다. 애플은 기술·성장주로 분류되기도 하지만 국내 증시에서 삼성전자와 같은 포지션으로 이해해야 한다. 삼성전자는 코스피지수를 대표하는 종목으로서 한국경제 상황을 반영해 주가가 움직이는 종목이다. 애플 또한 미국 경제의 회복과 침체를 대표하는 종목으로 전체적인 증시의 상황을 한눈에 보여주는 역할을 하며, 고성장성으로 폭발적인 주가 상승률을 보이는 기술·성장주의 표본으로 보긴 어렵다. 따라서 AI 투자 열풍으로 인한 상승 랠리에 버핏이 올라타지 못했다는 비판 여론이 발생한 것도 사실이다.

사실 버핏이 기술·성장주에 적극적으로 투자하지 않는 데에는 이유가 있다. 버핏은 지난 1990년대 후반~2000년대 초반 증시가 폭락했던 닷컴 버블을 정통으로 겪은 투자자다. 당시 버핏은 대다수 투자자, 심지어 월스트리트조차 광적으로 IT 관련 주식을 사들이는 모습을 "무도회장의 신데렐라 같다"며 비판한 바 있다. 신데렐라 동화에서 자정이 넘어가면 말들은 쥐로 변하고, 마차는 호박이 되는데 모든 투자자들이 "나만 아니면 된다", "자정 전에 빠져나올 수 있다"고 자만하고 있었다는 지적이다. 결국 닷컴 버블이 터지면서 거품에 올라탄 수많은 투자자들은 시장에 패배하고 말았다. 사실 혜성처럼 등장했다가 소리 소문 없이 상장폐지 돼 사라진 기술·성장주들도 적지 않다. 한 증권가 인물은 이를 두고 "100곳에 씨를 뿌려서 10곳이 살아남고, 이중 2곳이 주가가 10배가 오르는 걸 노리는 도박 행위"라고 빗대기도 했다.

버핏은 오랜 기간 시장과 싸워오면서 시장에 살아남는 법을 일찍이 깨달았다. 미국은 혁신을 대표하는 국가다. 매년 판을 뒤흔드는 혁신 기업들이 탄생하고 증시에 화려한 데뷔를 하고 있지만 버핏은 과거에도 그랬고 현재에도 가치주에만 투자하고 있다. 또 버핏은 한 번 보유한 종목과의 우정을 찐득하게 지키는 타입이다. 그는 경영자를 신뢰하며 투자한 기업의 사업 포트폴리오를 존중한다. 버핏이 투자를 결심하는 종목의 특징은 '경제적 해자'를 갖춘 기업이다. 비즈니스 모델의 수익성, 경영진의 능력과 도덕성, 적정주가수준 등을 모두 고려해 경제적 해자를 가진 기업을 선별하고 업종별로 분산해 담는다. 단기간 부진한 성과가 발생하더라도 인내하고 기다릴 수 있는 이유다.

버핏은 '시간이 돈'이라는 말을 실제로 투자에 적용한 인물이기도 하다. 아마 버핏은 주가가 급등했다가 급락세를 보이는 주식을 대상으로 그때그때 차익을 실현하는 거래보다는 장기적인 복리투자의 마법을 노리는 게 시장에 살아남기 위한 적기의 투자방식이라고 생각한 것으로 보인다. 이에 크게 동감한다. 수십 년 동안 월스트리트의 살아 있는 전설로 평가받는 버핏이 이 방법으로 투자를 하고 있다. 우리 같은 일반 개인투자자들이 따르지 않을 이유가 있을까?

배당투자자는 주가가 내릴 때 더 즐겁다

대다수 주식투자자들은 투자한 종목의 주가가 내리면 슬프다. 이는 어찌 보면 당연한 이치다. 눈앞에서 나의 소중한 투자금이 삭제되고 있는데 어떻게 기쁠 수가 있단 말인가? 주가 하락이 투자자들에게 호재는 아니지만 배당투자자는 이를 기회로 바꿀 수 있다. 버핏과 같은 장기 적립식 투자의 시각으로 다시 생각해보면 훌륭한 주식을 싸게 살 수 있다면 좋은 일이기 때문이다. 단기적인 시선에서 차익 실현을 위한 거래에 집중하는 투자자들은 절대 이러한 투자 마인드를 가질 수 없다. 만약 단타의 마인드로 특정 종목을 매수한 뒤 주가가 지속해서 하락한다면 아마 조급한 마음에 손절하고 관심 종목에서 삭제할 것이다.

배당투자자 입장에서 주가가 내릴 때 더 즐거운 가장 큰 이유는 기대 배당수익률이 높아지기 때문이다. 같은 금액의 배당금을 지급한다고 가정하면 주가가 하락 시 해당 주식을 더 낮은 가격에 매입할 수 있게 되어 이득인 셈이다. 배당수익률이 5%인 주가 1만 원의 종목이 있다고 생각해보자. 단기 실적 부진으로 실적이 20% 하락하게 되면 주가는 8,000원이 된다. 이때 기존의 배당 지급 규모가 유지된다면 배당수익률은 종전 5%에서 6.25%로 1.25%포인트 상승하게 된다. 배당 매력이 커지면 재차 매수세가 유입되고 주가는 반등한다. 보통 장기간 배당을 지급한 고배당주는 주가가 하락하더라도 배당수익률이 주가의 하방을 지탱해주기 때문에 상승하려는 힘을 보여준다. 시장에서 배당수익을 노린 매수세가 유입되기 때문이다. 반대로 배당금을 지급하지 않는 종목들은 상대적으로 주가의 하락세를 막아주는 방어선이 부실하다.

고금리 우려에 시장이 주저 않았던 지난 2022년 S&P 500 지수와 S&P 500 배당귀족 지수의 퍼포먼스를 비교해보자. 당시 S&P 500 지수는 19.44% 하락했는데 S&P 500 배당귀족 지수의 하락률은 8.41%에 불과한 것을 알 수 있다. 미국의 대표 우량주들을 모아 놓은 지수인 만큼 S&P 500 지수의 하락장 때 주가 방어력도 상당히 준수하다는 것을 알 수 있다. 하지만 S&P 500 배당귀족 지수는 이보다 훨씬 뛰어난 주가 방어력을 보여준 셈이다. 앞에서도 언급했지만 주가가 내리면 배당수익률이 올라가면

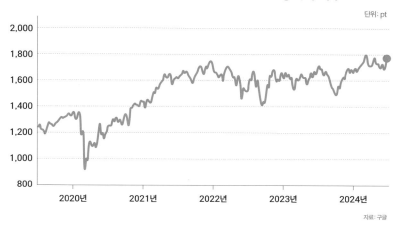

단위: pt

자료: 구글

서 반발 매수세가 유입되고 이것이 우량 배당주들의 주가 하방을 지탱하는 힘이 된다. 그렇다면 장기 성과 측면에서는 어떨까? 기술·성장주를 포함하고 있는 S&P 500 지수의 장기 성과가 무조건 좋을 것이라고 생각하는 이들이 적지 않을 것이다. 하지만 결과는 반대다. 배당금 재투자를 가정했을 때 S&P 500 지수의 지난 30년 동안 누적 수익률은 1,649%였고 S&P 500 배당귀족 지수는 2,504%에 달했다. 30년 동안의 연 환산 수익률은 S&P 500 지수가 10%, S&P 500 배당귀족 지수는 11.5%다.

이처럼 장기 적립식 투자를 즐기는 배당투자자 입장에서 주가가 내리면 전혀 슬픈 일이 아니다. 오히려 평균 매수단가를 낮출수 있고 미래 복리 효과를 더욱 높일 수 있는 기회가 된다. 우리는 시장의 우상향을 믿는 투자자들이다. 부득이하게 10년 동안 약세장이 유지된다고 하더라도 10년 후에는 전고점을 넘어 시장이 성장할 것을 믿는 투자자들이다. 시장이 한 단계의 허들을 넘어 재도약하는 순간, 오랫동안 횡보장에서 쌓인 투자금과 낮아진 평균 매수단가는 미래 큰 수익의 원천이 된다.

투자금이 1,000만 원일 때 10% 수익률을 거두면 수익금은 100만 원이지만 투자금이 5,000만 원일 때 수익률이 5%면 수익금은 250만 원이 된다. 여기에 배당금 재투자로 인해 이자에 붙은 이자 수익은 덤이다. 시장에 남느냐 떠나느냐를 결정짓는 건 상승장에서가 아니라 약세장에서다. 상승장에서는 누구나 돈을 벌지만 약세장에서는 반대로 누구나 돈을 잃을 확률이 높다. 얼마나 약세장에서 투자금을 잘 보존하느냐가 시장에 오랫동안 남을 수 있는 기준이 된다. 그런 점에서 '아, 주가가 내리더라도 오히려 기회로 삼을 수 있겠구나'라는 투자 마인드는 엄청난 결과의 차이로 이어진다.

코스피 투자는 노답? 배당투자였다면?

코스피지수 3,000포인트 돌파를 견인했던 동학개미들이 고국을 버리고 미국 증시로 떠나게 된 순간이 두 번 있었다. 한 번은 지난 2021년 상반기부터 코스피지수가 하락하기 시작하면서부터다. 당시 미국 증시는 신고가를 기록 중이었는데 한국 증시는 내림세로 전환된 것이다. 수출 경쟁력이 주력인 한국 경제의 특성상 다가올 고물가, 고금리 여파에 대한 우려감이 시장에 일찍이 반영된 것인데 크게 실망한 동학개미들은 국내 주식을 대거 팔고 서학개미로 이름표를 바꾸기도 했다. 또 한 번은 2024년 초 AI 열풍에 미국 증시가 재차 역사적 신고가를 경신하고 코스피지수는 2,000포인트 초·중반에서 횡보하고 있었을 때다. 20년 이상 2,000대 포인트를 벗어나지 못하는 '박스피(박스권을 그리는 코스피지수)'의 모습을 보면서 수많은 개인투자자들은 '아, 역시 한국은 투자하면 안 되는 곳'이라고 볼멘소리를 내며 한국 시장을 떠났다.

일부 개인투자자들의 생각대로 '노답'인 한국 증시에서 배당금 재투자를 통한 장기투자를 진행했다면 결괏값은 어땠을까? 한국거래소가 발표하는 기초지수 중 국내 증시에서 대표적인 고배당주를 담은 코스피 고배당 50 지수가 있다. 이 지수는 한국 증시의 대표적인 종목인 삼성전자를 비롯해 기아, POSCO홀딩스, KB금융, 신한지주, 하나금융지주, 삼성화재, KT&G, SK텔레콤 등 고배당 대표 종목들을 편입하고 있다. 대표적인 배당투자 관련 지수인 만큼 코스피 고배당 50 지수의 장기 성과를 한국 시장의 평균 퍼포먼스라고 볼 수 있는 코스피지수와 비교해보자. 특히 배당금을 수령한 후 자동 재투자를 한 복리 투자 개념인 TRTotal Return 수익률을 기준으로 한 번 살펴보자.

코스피 고배당 50 TR 지수는 지난 2012년 최초로 시장에 출시됐다. 2012년 이후부터 2024년까지 약 12년 동안 코스피 고배

코스피 고배당 50 TR VS 코스피 TR 장기 수익률

자료: 한국거래소

당 50 TR 지수의 누적 수익률은 202%에 달한다. 같은 기간 코스피 TR 지수의 누적 수익률은 77%에 불과하다. 이 수익률의 차이를 어떻게 설명할 것인가? 요즘 MZ세대에서 유행하는 말처럼 '힘의 차이'가 느껴지는 대목이다. 코스피 고배당 50 TR 지수는 자본 차익에 유리한 기술·성장주보다 주가 상승 동력은 상대적으로 떨어지지만 배당수익률이 높은 종목들로만 구성되어 있다. 일부 개인투자자들이 추종하는 기술·성장주는 사실상 없다고 봐도 무방하다. 대부분의 기술·성장주들은 배당금을 지급하지 않기 때문이다.

반면 코스피지수에는 고배당주를 포함해 기술·성장주들이 대거 포함되어 있다. 그럼에도 코스피 고배당 50 TR 지수의 누적 수익률이 코스피 TR 지수 대비 3배가량 높다. 고배당 종목들의 주가 상승 동력이 장기적인 관점에서 보면 기술·성장주 대비 전혀 떨어지지 않는다는 것이다. 여기에 배당금을 자동으로 재투자한 만큼 수익률의 복리 효과가 더해져 시장 평균을 크게 웃도는 성과가 나타났다.

배당금 재투자를 하지 않은 단순 누적 수익률은 어땠을까? 코스피 고배당 50 지수는 지난 2009년 7월 출시됐다. 2009년 7월부터 2024년 4월까지 코스피 고배당 50 지수의 누적 수익률은 171.84%다. 같은 기간 코스피지수의 누적 수익률은 이에 훨씬 못 미치는 83.6%에 불과하다. 박스권에 갇힌 박스피의 부정적인 영향력이 느껴지는 부분이다. 반면 고배당 종목들로 이뤄진 지수는 주가가 3배에 가깝게 성장하면서 굳이 배당금을 재투자하지 않아도 장기 성과에서 배당투자가 시장 평균을 압도적으로 이기고 있다는 점을 알 수 있다. 투자하면 안 될 대상으로도 묘사되는 한국 시장도 배당 테마를 위주로 투자했다면 훌륭한 성과를 거둘 수 있었다. 여기에 배당금 재투자를 통한 복리 효과를 노렸다면 스노우볼링을 통해 수익률을 상승시키는 효과는 상당하다.

장기 적립식 배당투자를 위한 복리 효과는 숫자가 말해주는 유익한 투자 방식이다. 시장에서는 과거에 성과가 뛰어났던 투자 방식이 향후에도 좋은 결과를 보여줄 가능성이 크다. 설령 일부 배당 종목들의 사업 펀더멘털이 무너지고, 주주환원 정책이 약화되더라도 걱정이 없다. 장기 적립식 투자의 핵심은 분산 투자이기 때문이다. 주기별로 포트폴리오 체크를 통해 성장이 멈춘 종목은 제외하고, 또 다른 배당성장주를 편입하면 그만이다.

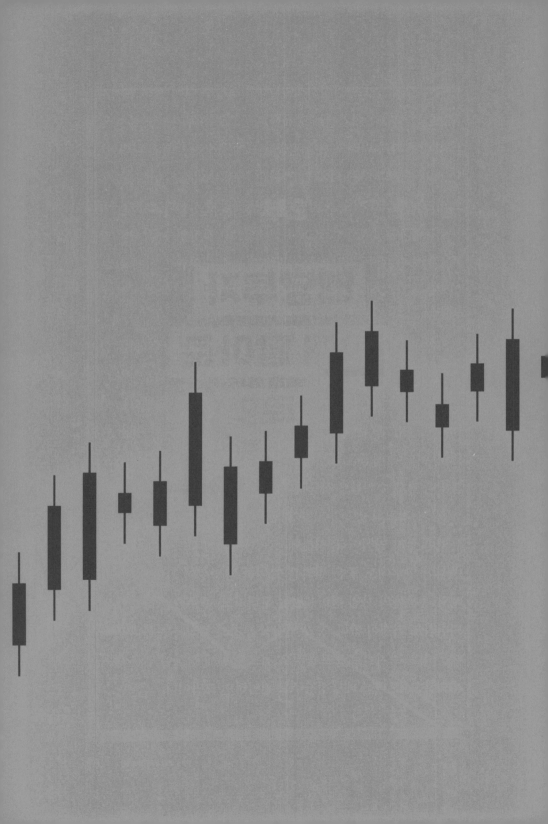

2부

배당투자 날개 달아준 밸류업

밸류업 정책,
무엇이 달라지나

잃어버린 34년 탈피한 일본

2024년 들어 미국, 일본, 유럽, 인도 등 주요 글로벌 증시가 모두 역사적 신고가를 기록했다. 한국의 코스피지수는 왜 항상 똑같은 자리일까? 이러한 의문을 가진 동학개미들이 적지 않을 것이다. 한국 증시의 상승 동력이 떨어진다는 소위 코리아 디스카운트 현상은 지난 수십 년 동안 한국 증시의 상승을 억제해왔다. 개인투자자들의 불만이 극에 달하자 드디어 정부가 나섰다. 한국 정부는 '기업 밸류업 프로그램'이라는 정책을 2024년 초에 선보이며 증시 부양 드라이브를 걸었는데, 기업가치가 지나치게 저평가된 종목들의 주가가 상승하는 긍정적 효과가 나타나기도 했다.

앞에서 배당투자에 나서야 하는 이유 중 하나로 주주환원이 중요시되는 시대적 흐름을 언급한 바 있다. 정책이 증시에 미치는 영향도 무시할 수 없기 때문이다. 그런 점에서 배당투자 관련 최근 한국 증시에 불고 있는 밸류업 바람에 주목할 필요가 있다. 밸류업은 기업들의 배당금 확대, 자사주 매입 및 소각 등 주주환원 정책 강화를 유도해 배당투자의 장기 복리효과 극대화에 적합한 정책이기 때문이다.

사실 이 밸류업 정책의 모태는 일본이다. 한국의 밸류업 정책 세부 내용을 하나하나 따져 보면, 일본의 증시 부양 정책 사례를 벤치마킹한 것과 크게 다르지 않다. 왜 한국 정부는 일본의 사례를 참고했을까? 모든 글로벌 자금이 일본으로 몰렸다는 지난 1980년 후반~1990년 초반, 일본의 버블 경제 시절 닛케이지수는 1985년 1만 포인트에서 4년 만인 1990년 4만 포인트까지 급등했다. 하지만 이후 버블이 붕괴되면서 닛케이지수는 파국을 맞이한다. 1990년 4만 포인트에서 2004년 1만 포인트 이하까지 추락하게 되는데 하락률로 따지면 80%에 이르는 어마어마한 장기 하락장이 이어졌다. 일본의 잃어버린 시간은 2012년까지 지속됐다.

2000년대 중·후반까지도 증권가에서는 떠오르는 신흥국 시장으로 주목받았던 중국 증시 말고 일본 증시에 투자한다고 하면 '빠가(바보)' 소리를 들었다. 오랫동안 일본 기업들의 주가가 각 기업의 고유 자산가치에도 크게 못 미치자 결국 일본 당국은 증시

잃어버린 34년을 극복한 일본 증시

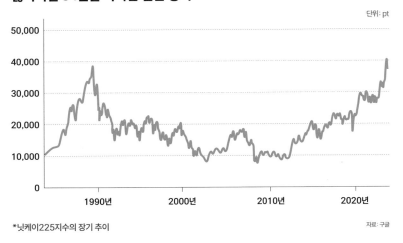

단위: pt

*닛케이225지수의 장기 추이

자료: 구글

부양 프로젝트를 시작한다. 밸류업 정책은 10년 이상 일본 증시의 펀더멘털 개선에 긍정적 영향을 미쳤고, 마침내 2024년 2월 닛케이지수는 34년 2개월 만에 버블 경제의 흔적을 넘어 역사적 신고가를 경신하게 된다. 이것이 최근 한국에서도 불고 있는 밸류업 바람의 시초다. 따라서 한국 밸류업 정책의 세부 내용과 기대 효과에 대해 살펴보기에 앞서, 일본 증시가 어떤 정책의 묘미를 살려 장기 하락장을 극복하고 지난 아픔을 깨끗이 씻어내는 상승장으로 전환할 수 있었는지 먼저 알아볼 필요가 있다.

일본의 밸류업 정책은 일본 금융당국, 상장사들이 단기 주가 부양이 아닌 기업의 펀더멘털 개선을 목표로 지난 10년 이상의 긴 호흡으로 접근한 대형 프로젝트다. 일본의 밸류업 정책은 2012년부터 아베 신조 전 총리의 '아베노믹스'로 대표되는 일본의 기업 성장 동력 강화의 한 일환으로 진행됐다. 장기간 정부 주도의 강력한 기업 성장 모멘텀 덕분에 증시 부양을 위한 기초 체력(실적 성장)이 키워졌고, 마침내 2023년 3월 도쿄증권거래소의 중장기 기업가치 개선 프로젝트 발표로 일본 상장사들의 밸류업이 꽃을 피우게 된다. 일본의 밸류업 정책 진행방향은 큰 틀에서 자본비용 효율화 및 수익성 확대, 기업지배구조 개선, 공시 확대, 주주 소통 강화(주주환원 확대), 세제 혜택 강화 등 다섯 가지로 분류해볼 수 있다. 중요한 건 이 모든 주요 정책을 강제적으로 밀어붙이기보다 상장사들의 자발적인 참여를 유도하면서 기업가치를 끌어올리는 노력이 장기적으로 이어질 수 있도록 정책당국이 움직였다는 점이다.

가장 먼저 도쿄증권거래소는 자본비용과 주가를 의식한 경영 기조를 확립해나갔다. 본질적으로 주가가 상승하기 위해서는 기업가치가 선행적으로 개선되어야 한다. 이를 위해 일본은 기업의 자본비용을 효율화하면서, 수익성을 높일 수 있는 방안을 기업들이 자체적으로 고려하고 마련할 수 있도록 유도했다. 우선 기업의 경영진이 투자자의 관점에서 현재 자본비용, 수익성에 대한 현황과 문제점을 파악한다. 이후 현재의 문제점 개선을 위한 중장기 계획을 세우고 매년 주주들을 대상으로 진행상황에 대한 공시를 의무적으로 해야 한다.

국내 일부 개인투자자 중에는 일본 정책당국이 벌인 밸류업 정책이 PBR 1배 이하 기업의 주가 부양에 초점을 맞춘 것으로 오해하는데, 이는 빙산의 일각일 뿐이다. 당시 일본은 설령 PBR이 1배가 넘는다고 하더라도 동종업계 내 경쟁사와의 자본비용, 수익성을 비교분석해 개선의 여지가 있다면 이를 시행하도록 유도했다. 또 매출, 영업이익 등 실적 추이뿐만 아니라 현금과 현금성 자산의 비중을 살펴 기업이 성장의 재원을 지나치게 아껴두고 있지 않은지 목돈을 무의미하게 쌓아놓고 있지 않은지 여부도 살펴보도록 했다.

또 일본은 상장사들의 이러한 기업가치를 끌어올리려는 노력이 효율적으로 이뤄질 수 있도록 감시와 견제를 강화했다. 일부 기업들의 비효율적인 지배구조를 개선하기 위해 스튜어드십코드를 재정비한 것이다. 스튜어드십코드란 주인의 재산을 관리해주는 집사Steward처럼 연기금 등 주요 기관투자자들이 지분을 보유한 상장사들의 의사결정 과정에 적극적으로 참여해 책임 경영, 책임 투자를 이끌어내는 자율 지침이다.

이 같은 일본의 거버넌스 개선 효과는 증시의 큰손이자 세계 최대의 국부펀드인 일본공적연금GPIF이 주도했다. 한국의 국민연금과 동일한 포지션인 GPIF는 지분을 보유한 상장사에 대한 의결권을 위탁 행사하는 운용사들이 주주총회 때마다 적극적인 의결권을 행사하도록 유도하기 위해 지침을 구체화하고 세분화했다. 밸류업은 GPIF에도 절실한 정책 과제 중 하나였는데 지분을 보유한 상장사들의 기업가치가 상승해 주가가 오르게 되면 GPIF의 연금 자산이 불어나는 효과가 있기 때문이다. 이는 한국과 마찬가지로 고령화로 인해 연금 자산의 고갈을 걱정하는 일본의 입장에서도 연금 고갈 시기를 늦출 수 있는 전략으로 시장과 원윈Win-Win할 수 있는 기회이기도 하다.

일본은 외국인 투자자들의 시장 접근성을 끌어올리는 데도 집중했다. 장기적인 증시 밸류업을 위해서는 제한된 국내 투자자금으로는 한계가 명확하기 때문이다. 해외 자본이 꾸준히 유입되기 위해서는 외국인 투자자들이 불편해하는 언어적 장벽을 철폐하고, 편의성을 확대하기 위한 정책적 배려가 필요한 상황이었다. 이를 위해 일본은 기업의 결산 실적 정보, 수시 공시 등 모든 자료를 일본어 외 영어로도 공시하도록 제도적으로 의무화하기에 이르렀다. 공시 확대는 주주와의 소통 강화를 의미하기도 한다. 일본 상장사의 경영진은 정책당국의 밸류업 기조에 협업하기 위해 주주와 적극적인 대화와 소통에 나섰다. 기업가치 향상의 성과에 따라 인센티브 규모가 결정되는 임원 보수제도를 도입하기도 했다. 실적 부진이 발생하더라도 주요 경영진들이 무더기로 보수한도를 상향하거나, 높은 보수를 가져가는 걸 차단한 셈이다.

또 주주와의 대화에 전담 부서인 기업 IR팀이 아닌 경영진과 이사회가 직접적으로 관여할 수 있도록 유도해 주주들이 배당 확대를 원하는지, 자사주 매입을 원하는지 등 구체적인 주주환원 정책의 내용과 강도를 수시로 소통할 수 있도록 선순환 구조 만들기에 주력했다. 이 가운데 PBR이 낮아 자산가치가 장부상 가치(1배)

에 미치지 못하는 상장사 위주로 향후 기업가치를 끌어올리는 방안을 적극적으로 수립하고 이행하는 사회적 분위기가 조성된다. 정책 효과로 PBR이 1배 미만인 일본 상장사의 기업가치 제고 방안 공시 비중은 2023년 중순 45%에서 같은 해 말 78%로 급증한 것으로 나타났다.

이 같은 노력에 일본 증권가에서는 주주환원 확대를 요구하는 행동주의 펀드의 물결이 발생하기 시작했다. 자본시장연구원 조사 결과를 보면 2012년 일본 내 행동주의 펀드의 주주제안 건수는 148건이었는데, 2023년에는 344건으로 최다 기록을 갈아치웠다. 밸류업 지수도 등장했다. 도쿄증권거래소는 2023년 7월 기업가치의 중장기 우상향이 기대되는 우량주를 모은 JPX 프라임 150 지수를 출시했다. 일본 증시는 '프라임', '스탠더드', '그로스' 3개의 시장 체제로 나뉘어져 있다. 보통 프라임, 스탠더드 시장에 실적 성장성이 뛰어나고, 주주환원 여력이 큰 우량주들이 속해 있어 1군, 2군 시장으로도 불린다. JPX 프라임 150 지수는 자본비용을 반영한 자기자본이익률ROE과 PBR을 고려해 경영 효율성이 높은 상장사 150곳을 편입하고 있다.

끝으로 일본 정책당국은 개인투자자의 증시 투자 활성화를 유도하는 정책을 만들고 세제 개편에도 나섰다. 과거 버블 경제 붕괴 악몽을 간직한 일본 국민들은 저금리 기조에도 불구하고 초안전자산인 예금에 대부분의 자산을 투자하거나 현금으로 보유하고 있었다. 저금리 상황이라 예금금리에 기반한 쥐꼬리만 한 수익률로는 인플레이션을 웃도는 자산가치 수성 수익률을 기록하기가 불가능한 상황이었다. 이에 지난 2020년 국내 증시의 폭발적인 상승세를 동학개미로 대표되는 개인투자자들이 이끌었듯이, 일본도 개인투자자들의 투자 활성화를 유도하기 위한 자산소득배증계획을 펼치게 된다. 대표적으로 세제 혜택을 대폭 강화한 신新소액투자비과세제도NISA를 도입해 2024년 1월부터 국내·외 주식과 배당금의 비과세 기간을 무기한으로 늘렸다.

일본은 주식을 팔 때 발생하는 양도차익에 대해서는 20%를 과세해왔다. 정부 입장에서는 세율이 높은 게 세수 확보에 도움이 되지만, 세금 부담이 크면 증시 투자 심리가 위축되는 게 일반적이다. 일본은 개인투자자를 증시 부양의 새로운 주체로 받아들이고 적극적으로 유치하기 위해, 비과세가 적용되는 보유한도액을 적립식 계좌는 800만 엔에서 1,800만 엔으로, 일반 계좌는 600만 엔에서 1,800만 엔으로 증액했다. 비과세 규모도 2배 이상 늘렸고 비과세가 적용되는 보유기간도 무제한으로 확대했다. 일본의 개인투자자들도 정부의 파격적인 대우에 화답했다. 일본의 NISA 계좌수는 지난 2019년 1,200만 개에서 2023년 2,100만 개로 급증하게 된다. 2023년 일본 개인투자자들의 거래금액도 400조 엔(원화 가치로는 3,565조 원에 달한다)을 넘어서며 지난 2014년 이후 최대 수치를 기록한 바 있다.

증시 밸류업에 대한 일본 민관의 치열한 고민과 합심으로 인해 일본 상장사들은 자연스럽게 주주환원을 확대했고, 이는 장기 저평가 국면을 타개할 수 있는 결정적인 지렛대로서의 역할을 하게 된다. 밸류업은 장기간 저금리 기조에도 박스권을 그리던 일본 증시가 상승세로 전환하게 된 원동력이 됐다. 지난 2022년 중순 PBR이 1배 미만인 일본 상장사들은 프라임시장 50.1%, 스탠더드시장 62.7%에 달했지만 2024년 3월엔 프라임시장, 스탠더드시장에서 각각 40.7%, 56.3%로 줄었다. 주주와의 소통 노력은 자연스럽게 주주환원 확대로 이어졌다.

일본 증시 상장사 2,300곳의 2024년 3월 결산 기준 배당금 지급, 자사주 매입을 포함한 주주환원 규모는 25조 엔에 달하는 것으로 집계됐다. 원화 기준으로는 220조 원을 넘어서는 엄청난 규모로 한국 코스피 시가총액의 10분의 1에 해당하는 수치다. 배당금 지급액은 전년보다 6% 증가한 약 16조 엔을 기록했다. 자사주 매입 규모도 9조 3,000억 엔으로 같은 기간 9% 늘었다.

이웃나라 일본의 밸류업 성공 사례는 코리아 디스카운트라는 족쇄를 찬 우리나라에 시사하는 바가 크다. 다만 앞에서도 강조했듯이 밸류업 정책은 단기간 주가 부양을 위한 일시적 미봉책에 그쳐서는 안 된다는 점이다. 일본의 기업들이 주주들에게 지난해 220조 원을 넘어서는 역대급 주주환원에 나설 수 있었던 계기는 근본적으로 기업의 펀더멘털 개선에 따른 실적 증가에 있다. 프라임 시장에 소속된 일본 상장사들의 2023년 순이익 규모는 13% 증가하며 사상 최대치를 기록했다. 이게 핵심이다. 실적 성장 없는 배당금 지급, 자사주 매입은 제 살 깎아먹기에 해당되며 중장기적으로는 오히려 기업가치 하락(=주가 하락)으로 이어질 리스크가 있다.

자본시장연구원의 〈일본의 중장기 기업가치 성장전략과 시사점〉 보고서에서 일본의 밸류업 정책이 성공적으로 자리 잡게 된 데는 장기 저금리와 엔저 효과에 따른 수출 증가 등 거시경제적 요인과 내수시장 활성화를 위한 다양한 부양책들의 효과가 동시에 작용했기 때문이라고 분석했다. 단순 밸류업 정책만의 성과는 아니며 전반적인 국가의 경제정책과 맞물려 효율적으로 움직일 필요가 있다는 분석이다. 지난 2023년 일본의 경상수지는 자동차, 반도체 등 제조업 경기의 회복에 따른 수출 증가에 20조 엔 흑자를 기록했다. 전년 대비 90% 이상 급증한 어마어마한 수치다. 다양한 경제 정책의 조화가 진정한 밸류업을 위한 시발점이라는 지적은 대다수 국내 증권가 전문가들도 언급하고 있는 부분이다. 밸류업 정책 자체도 중요하지만 주가는 궁극적으로 실적을 추종하는 만큼 기업들의 사업 펀더멘털 강화를 우선적으로 신경 써야 할 것이다.

시동 걸린 한국 자본시장의 선진화

최근 들어 증권업계를 취재하며 느낀 점은 한국 자본시장의 위상이 과거 대비 크게 높아졌다는 것이다. 2022년 진행된 20대대선에서 대통령 후보들은 자본시장 발전을 위한 다양한 공약을 발표하며 개미투자자 표심 잡기에 나섰다. 다만 대통령과 정책 담당자들의 바람과는 다르게 2024년 초부터 한국 증시는 지지부진한 모습을 보였다. 미국 증시는 AI 열풍에 상승 랠리를 거듭하고, 이웃나라 일본 증시도 잃어버린 34년을 회복하고 신고가를 달리는데 정작 코스피지수는 3,000포인트는커녕 2,000포인트대에서 여전히 횡보하고 있었기 때문이다.

블룸버그통신에 따르면 지난 2014년부터 2023년까지 한국 상장사의 10년 평균 ROE는 7.98%에 불과했다. 선진국 시장의 평균 ROE는 11.55%, 신흥국 시장의 평균 ROE는 11.08%다. 미국(14.85%)과 일본(8.34%)은 물론 중국(11.48%)과 비교해서도 한국 시장의 자본효율성이 크게 떨어지는 형국이다. 한국 증시의 10년 평균 PBR도 1.04배에 불과한 실태다. 미국은 3.64배, 중국은 1.5배, 일본은 1.4배다. 배당금 지급과 자사주 매입을 포함한 주주환원율도 극심히 낮다. 지난 2013년부터 2022년까지 평균적인 한국 증시의 주주환원율은 29%인 것으로 나타났다. 이는 미국(92%), 미국을 제외한 선진국(68%), 신흥국(37%), 중국(32%) 대비 낮은 것이다. 사실상 한국 증시가 세계에서 자본효율성, 미래가 기대되는 기업가치, 주주환원과 관련해서는 '꼴찌'라는 뜻이다.

다양한 투자지표와 주주환원율이 낮다는 건 그만큼 주가 상승 동력이 떨어진다는 뜻이다. 당연히 개인투자자들 사이에서는 "국장 투자는 쓰레기다"라는 원성이 높아지게 됐다. 개인투자자들의

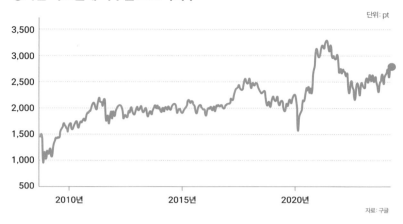

장기간 박스권에 머무는 코스피지수

단위: pt

자료: 구글

주요국 증시 ROE, PER, PBR 비교

구분	한국	대만	중국	인도	신흥평균	미국	일본	영국	선진평균
ROE(%)	7.98	13.58	11.48	12.8	11.08	14.85	8.34	9.62	11.55
PBR(배)	1.04	2.07	1.5	3.32	1.58	3.64	1.4	1.71	2.5
PER(배)	14.16	15.95	13.09	25.62	14.32	21.78	16.86	16.09	19.69

*2014~2023년 기준

자료: 블룸버그

모임인 한국주식투자자연합회(한투연)의 정의정 대표는 "기업들의 주주가치 제고 경시 문화가 코리아 디스카운트의 주요 원인"이라며 "저배당과 자사주 소각 미흡 문제를 해소해야 한다"고 울분을 토하기도 했다. 개미 불만이 쌓여만 가자 정부는 부랴부랴 일본의 사례를 벤치마킹한 한국판 밸류업 프로그램 검토에 돌입한다. 고질적인 코리아 디스카운트를 해소할 수 있을지 여부에 대한 정책적 기대감이 상당히 고조된 가운데, 한국판 자본시장 선진화 정책은 그렇게 2024년 2월 26일 시작된다.

한국 밸류업 정책의 정식 명칭은 '한국 증시의 도약을 위한 기업 밸류업 지원방안'이다. 우리는 배당투자자에게 직접적으로 영향을 미칠, 중요한 투자적 인사이트를 가질 수 있는 핵심 정책 일부만 짚어보기로 한다.

우선 정부는 기업들이 자본비용, 자본수익성, 시장평가 등 기업가치의 척도를 보여주는 지표들을 적극 활용해 주주와 소통에 나설 수 있도록 장려했다. 이는 한국판 밸류업 정책의 핵심 조항으로 평가되는데, 각 상장사들이 기업가치 제고 정책을 수립하고 주주와 소통을 통해 이행하는 과정에서 배당금 확대, 자사주 매입 및 소각 등 주주환원 정책이 확대될 수 있기 때문이다. 일본 도쿄 증권거래소 또한 자본비용의 효율화를 기업 펀더멘털 개선의 초기 과제로 수행한 바 있는데 이를 벤치마킹한 것이다.

기업가치를 올리기 위한 상장사의 이 같은 새로운 과제는 어찌 보면 부담으로 작용될 수 있다. 기업 입장에서는 까놓고 말해서 그동안 안 하던 업무가 새롭게 생긴 것이기 때문이다. 이에 정부는 상장사의 자발적 참여를 유도하기 위해 세제지원 등 인센티브를 제공하겠다고 강조했다. 우선 정부는 입법 사항이긴 하지만, 기업이 큰 부담을 느끼는 법인세를 감면해주겠다는 입장이다.

또 재테크 만능통장으로도 불리는 개인종합자산관리계좌ISA

한국판 밸류업 정책 추진방향, 세부과제 정리

대상	추진방향	세부과제
인프라	공정·투명한 시장질서 확립	• 불공정거래 대응 강화 • 불법 공매도 근절 • 유사투자자문업 규율 강화
투자자 (국민)	자본시장 접근성 제고	• 외국인 ID 폐지, 영문공시 의무화 등 • 외환시장 접근성 제고 • 금투세 폐지, ISA 세제혜택 확대 등 투자 매력도 제고를 위한 세제 개선 지속 추진 • ATS 등 다양한 거래 시스템 구축 • IR 강화 • 금융교육 지속·확대
기업	주주가치 기업경영 확립	• 일반주주 보호 강화 *물적분할, 내부자거래 사전공시, 의무공개매수, 전환사채, 자사주, M&A 등 관련 제도개선 • 배당절차 개선 • 소액주주 권익 보호를 위한 상법 개정 • 기업 밸류업 지원방안 추진

자료: 금융위원회

납입 한도와 비과세 한도를 최대 2.5배 늘리는 방안도 추진된다. 한국판 'JPX 프라임 150 지수'인 코리아 밸류업 지수를 만들 예정이다. 해당 밸류업 지수를 추종하는 ETF나 펀드 등 금융상품이 출시되면 자금 유입으로 인한 가치주 수급 개선도 기대할 수 있을 것이다.

그동안 정부의 밸류업 정책을 크게 기대해왔던 개인투자자 중 일부는 크게 실망할 수도 있다고 생각한다. 기업가치 제고에 힘쓰지 않는 상장사에 대한 상장폐지 등 패널티는 포함되지 않아 강제성이 부족하기 때문이다. 하지만 일본의 사례와 마찬가지로 한국판 밸류업 정책의 기본 기조는 상장사의 자발적인 참여를 유도하는 것이다. 제재, 규제를 통한 변화는 지속가능하지 않기 때문이다.

한국의 자본시장 선진화 정책 관련 우리가 명심해야 할 점은 밸류업이 거스를 수 없는 사회적 트렌드가 됐다는 점이다. 일부 투자자들은 다음 정권이 들어서게 되면 밸류업 정책이 흐지부지되는 것 아니냐는 우려를 내놓기도 한다. 하지만 개인투자자들의 주식 투자가 과거처럼 도박이 아니라 미래 자산 증식을 위한 합리적 수단으로 각광받으면서 증시 부양은 정치인들 공통의 과제가 됐다. 만약 밸류업 정책의 후퇴를 결정하는 정치 지도자가 나타난다면 외국인 투자자금은 썰물처럼 빠져나갈 것이고, 증시는 폭락할 것이다. 이는 수천만 개인투자자 표심을 잃는 치명적인 결과로 이어지는 정치적 리스크다. 기업 입장에서도 자본 조달이 어려워지면서 한국 경제 성장의 엔진을 꺼버리는 행위가 된다.

밸류업은 앞으로 우리가 시장과 함께 공존하면서 끊임없이 다듬고, 발전시켜 나가야 할 기본적인 원칙이다. 그 과정에서 기업 가치가 성장한다면 주주환원에 힘쓰는 우량 배당주들은 배당금을 지속적으로 증액할 것이고, 이는 배당투자자 입장에서 호재다. 앞에서 주가 상승과 배당금 증액은 장기 복리 효과를 높이는 두 개의 무기라고 강조했다. 배당투자자들이 밸류업 정책에 관심을 갖고 그에 따른 정책 변화 추이를 살펴봐야 할 이유이기도 하다.

저PBR주의 함정

한국에도 밸류업 바람이 불면서, 돈 냄새를 맡은 시장 자금이 가장 먼저 찾은 곳은 '저PBR주'로 대표되는 저평가 종목이었다. 상장사들이 기업가치 전략을 위한 노력에 나설 경우 PBR이 장부상 가치(1배)보다 크게 낮은 종목들의 기업가치 상승이 우선적으로 눈에 띄게 나타날 것이란 기대감이 반영된 머니 무브였다. PBR이 1배를 밑돈다는 건 기업이 보유한 자산을 장부가로 죄다 팔았을 때 가치보다 현재 주가가 더 낮다는 의미다. 시장 참가자들이 한국 주식 종목에 상당한 저평가 시선을 가지고 있다고 해석할 수 있다. 사실상 코리아 디스카운트를 보여주는 대표적인 현상이기도 하다.

2024년 상반기 국내 증시를 한 마디로 표현하자면 '밸류업이 휩쓸었다'였다. 정책 기대감에 그동안 국내 증시에서 대표적인 저평가 섹터였던 금융, 보험, 증권, 자동차, 지주사 관련주들의 주가 상승률이 컸다. 2024년 상반기 동안 코스피200 금융지수의 수익률은 22%에 달했다. 그 밖에 자동차(15.4%), 보험(32.7%), 증권(9.9%), 은행(19.7%) 등 반도체, 2차전지 외 주가 추이가 지지부진하던 대표적인 저평가 지수들이 단기간에 급등하는 모습을 보인다. 참고로 같은 기간 삼성전자 주가 상승률은 3.82%에 불과했다. 밸류업에 대한 시장의 기대감이 절정에 달했던 순간이다.

저PBR주로 몰려든 자금 흐름이 사실 이해가 되는 게, 과거 한국 증시에서 PBR 1배 이하 종목이 절반을 넘었기 때문이다. 한국 거래소의 데이터에 의하면 실제 2024년 초 한국 증시의 PBR은 딱 1배 수준에 턱걸이한 상태였다. 심지어 2023년 말에는 코스피지수 내 속한 상장사 70%가 장부상 청산가치인 PBR 1배에 미치지 못했다. 당시 미국 대표지수인 S&P 500 지수의 PBR은 4.1배 수준이었다. 보통 주가는 미래 성장성을 선반영하기 때문에 기업이 보유한 자산가치 대비 높은 평가를 받는 게 일반적인데, 한국 증시는 그러지 못했다. 2024년 초 코스피지수 주요 업종별 PBR 추이를 보면 금융이 0.48배로 가장 낮았고, 그 뒤로 철강(0.56배), 건설(0.62배), 에너지화학(0.67배), 경기소비재(0.67배) 순이었다. 사실상 반도체, 2차전지, IT, 바이오 등 일부 업종만을 제외하면 대다수의 한국 기업들이 시장으로부터 적정 밸류에이션을 받지 못했다는 뜻이다.

하지만 PBR이 낮다고 해서 무조건적으로 투자하기 좋은 저평가 종목은 아니다. 해당 기업의 사업 포트폴리오가 매력적이지 못하거나, 시장에서 경쟁력을 잃었다면 야박한 밸류에이션을 부여받는 건 어찌 보면 당연한 일이기 때문이다. 이마트라는 기업을 모르는 사람은 없을 것이다. 어딜 가나 전국 곳곳의 주요 교통 요충지에서 이마트를 손쉽게 찾아볼 수 있고, 장을 보러 주말마다 방문하기도 한다. 다만 널리 알려진 인지도와는 달리 이 거대한 국내 유통 공룡 기업의 주가 흐름은 처참한 수준이다. 지난 2011년 상장 이후 주가는 무려 81% 급락했는데, PBR은 0.18배까지 떨어

처참한 이마트의 장기 주가 추이

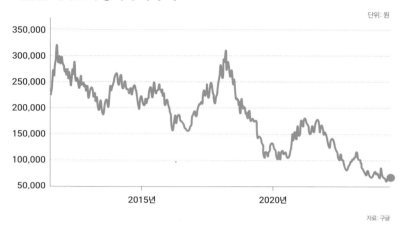

단위: 원

자료: 구글

지기도 했다. 국내 대형 상장사 중 사실상 가장 PBR이 낮은 수준인데, 사실 그럴 듯한 이유가 있다.

최근 국내 유통 시장에서 이마트는 전자상거래로 고객을 대거 유치한 쿠팡에 밀려 점유율을 점점 잃어가고 있다. 또 중국 쇼핑몰 알리 익스프레스, 테무의 저가 공세에 가격 경쟁력에서도 뒤처지는 모습이다. 결국 이마트는 지난 2023년 창사 이래 첫 적자(영업손실 469억 원)를 기록하기에 이르렀다. 저PBR 열풍에 이마트 주가는 2024년 초 보름새 30% 뛰었지만, 이내 신저가로 추락했다. 실적 성장 없이 단기 호재성 주가가 급등하는 것은 기초 공사가 부실한 탑을 쌓는 것과 다름없다. 점차 약화되는 시장 경쟁력과 실적 정체에 따른 이마트의 낮은 PBR을 저평가라고 단언할 수 있을까?

배당투자 관점에서 단순 PBR이 낮다고 '유레카!'를 외치며 밸류업 파도에 올라탈 이유가 없다는 것이다. 증권가에서도 2024년 초 저PBR 종목들이 시장을 주도한 현상에 대해 '기대감이 반영된 일시적 상승세'라는 평가가 대부분이었다. 우리가 찾는 배당투자를 위한 배당 황금주는 비록 이마트처럼 PBR이 낮지 않더라도 매년 꾸준한 실적 성장을 이루면서 주주환원 규모를 확대해나가는 종목이다. 일시적 수급 개선에 주가가 급등락하는 테마성 종목보다 묵묵히 기업가치를 확장해나가는 종목이 10년, 20년, 30년 장기 배당투자를 이어나가기에 적합하다. 정부의 밸류업 정책과 보조를 맞춰 과거에도 그랬고 향후에도 유망할 배당 황금주를 찾는 것이 중요하다.

행동주의 펀드의
역습

'직접 나서겠다' 등판한 주주들

매년 2~3월 정기 주주총회 시즌이 되면 "행동주의 펀드가 활동을 시작했다"는 경제 뉴스가 쏟아져 나온다. 행동주의 펀드란 지분을 보유한 기업의 경영에 적극적으로 개입해 기업가치를 높이는 투자 전략을 활용하는 기관투자자를 의미한다. 주로 배당 확대, 자사주 매입과 소각, 비용 절감, 자본 수익성 강화, 자산 매각 등을 기업에 제안해 주주환원 규모를 늘리라는 요구를 하는 편이다. 이러한 기대감이 반영되면서 행동주의 펀드의 공격이 발생한 기업의 주가는 단기간에 급등세를 보이기도 한다. 신영증권은 보고서를 통해 최근 한국 자본시장에 불고 있는 행동주의 펀드 열풍을 '한국형 행동주의'로 명명했다. 기존 대주주에 초점이 맞춰졌던 자본시장의 시선이 동학개미 투자 열풍으로 인해 일반 소액주주로 옮겨가고 있다는 분석이다. 일반 주주의 후생을 드높이는 게 중요해지자 여러 기관투자자들이 실력 행사에 나서고 있고, 이는 그동안 코리아 디스카운트의 원인으로 지목됐던 기업 자본의 비효율적 활용을 해결하는 데 도움이 될 것으로 기대하고 있다.

국내 행동주의 펀드의 서막을 알린 기관투자자는 강성부 펀드로 알려진 KCGI다. KCGI는 지난 2018년 한진그룹의 지주사인 한진칼 지분을 9% 취득하며 한진그룹에 대한 경영 참여를 선언하게 된다. 이후 KCGI는 불필요한 규모의 단기차입금 조달을 결정한 한진칼 핵심 임원을 대상으로 손해배상 주주대표소송을 제기하는 등 경영권 견제 관련 공세를 강화하며 기업가치 확대를 주문한 바 있다. 대부분 투자자들이 알다시피 한진그룹은 오너 일가에 의한 경영 체계를 갖추고 있다. KCGI는 재벌의 가족 경영으로 인해 한진칼이 기업가치 제고 노력에 소홀하다는 문제의식을 가지고 있었다. 지난 2014년 조현아 당시 부사장이 이륙 준비를 하고 있던 대한항공 기내에서 땅콩 제공 서비스를 문제 삼아 박창진 당시 사무장을 내리게 한 '땅콩 회항' 사건을 모두들 기억할 것이다. 2018년에는 조현민 당시 전무가 광고사 직원과 회의를 하던 중 소리를 지르며 물컵을 던진 '물컵 갑질' 사건이 발생하기도 했다.

KCGI의 경영 개입 선언에 당시 한진칼 주가는 급등하게 된다. 시장은 행동주의 펀드의 개입으로 한진칼의 경영 효율화에 따른 주가 상승을 기대했고, 이에 매수세가 대거 유입된 것이다. 2018년 한진칼 주가는 82.51% 급등하게 되는데, 2019년과 2020년에도 주가는 최대 각각 69.46%, 177.5% 추가로 상승하게 된다. 지주사의 주가가 3년 연속 급등하는 건 드문 일로, KCGI의 개입이 있었기에 가능했던 현상이었다. 소위 '한진칼 사태'로 대표되는 행동주의 펀드의 개입 이후 국내 자본시장에서는 기업가치를 끌어올리려는 목적으로 적극적 주주제안에 나서는 행동주의 펀드의 역습이 시작된다.

또 다른 국내 행동주의 펀드인 얼라인파트너스가 2023년 국내 금융지주사들에 "주주환원 규모를 글로벌 표준에 맞춰 달라"는 요구를 하면서 은행주 주가는 급등했다. 당시 얼라인파트너스는 상장 금융지주사 7곳에 공개 주주서한을 보내며 자본 재배치와 배당 확대를 주문했다. 국내 대표 은행주들의 PBR이 0.4배 수준으로 터무니없이 저평가된 이유에 대해 부족한 주주환원 규모 때문이라고 지적했다. 특히 금융지주의 보통주 자본비율이 13%가 넘을 경우 이를 주주에게 전액 환원해 돌려달라고 주장했다. 이후 주요 금융지주사들이 경쟁적으로 배당 증액에 나서면서 얼라인파트너스의 전략은 성공했다는 평가를 받는다. 신한금융지주의 경우 사실상 얼라인파트너스의 주주제안을 받아들여 자본비율 12% 초과분을 주주환원에 쓰겠다고 밝혔으니 말이다. 얼라인파트너스가 불을 지피자 소액 주주들도 목소리를 내기 시작했다. 국내 주요 금융지주사에 대한 주주환원 확대 요구는 2024년

영역 확장하는 행동주의 펀드

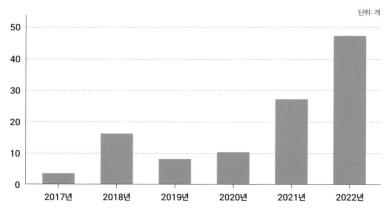

국내 행동주의펀드 대상 기업 수 추이

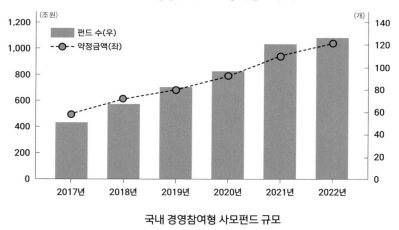

국내 경영참여형 사모펀드 규모

자료: 신영증권

에도 이어졌고, 정부의 밸류업 바람과 겹쳐 은행주 주가는 52주 신고가를 기록하게 된다.

　이 같은 행동주의 펀드의 왕성한 활동은 이제 국내 증시에서 '디폴트 값'이 됐다. 2023년 상반기 기준 국내 증시에서 주주 행동주의가 발생한 상장사는 50곳으로 2021년(34곳)과 2022년(37곳)에 이어 지속적으로 증가했다. 주주제안 안건도 2023년 상반기 195건으로 2022년 142건을 웃돌았다. 행동주의 펀드의 개입으로 국내 증시의 전체적인 주주환원 규모는 늘어난 것이다. 사실 국내 상장사들의 전체 주주환원 규모 중 배당이 차지하는 비중은 89%다. 즉, 주주환원 규모가 늘었다는 건 배당액이 증가했다는 뜻이다. 2024년 상반기 국내 상장기업의 배당액은 전년 동기 대비 3.7% 증가한 34조 2,000억 원을 기록했다. 코스피 상장사들의 배당성향도 25%로 지난 2012년(15%) 대비 10%포인트나 뛰었다. 앞에서 알아본 밸류업과 함께 자본시장 트렌드로 자리 잡은 행동주의 펀드의 역습으로 국내 증시에서 주주환원은 기업들이 결코 무시할 수 없는 요소가 되어 버렸다. 배당투자자 입장에서는 기업들의 주주환원에 대한 고민거리가 늘어나는 건 호재일 수밖에 없다.

다만 배당투자자들이 행동주의 펀드의 사례에서 한 가지 명심해야 할 점은 주주 행동주의가 항상 올바른 결과로 이어지는 건 아니라는 점이다. 기업의 성장을 해할 수준의 무리한 주주환원을 요구하게 되면 장기적으로 기업가치를 끌어올리는 데 도움이 되지 않기 때문이다. 최근 금융당국이 행동주의 펀드와의 대화 자리에서 시장을 해칠 요구를 하지 말라고 한 것도 같은 맥락이다. 2024년 4월 이복현 금융감독원장은 행동주의 펀드 대표들과의 대화에서 단기 수익만을 위한 무리한 배당 증액 등 과도한 주주환원 요구를 하지 말도록 일침을 날렸다. 행동주의 펀드의 무리한 요구에 대한 사례가 있다. 2024년 정기 주주총회에서 시티오브런던, 화이트박스어드바이저스, 안다자산운용 등 복수의 행동주의 펀드들이 연합 전선을 구축하고, 국내 대표 저평가 종목인 삼성물산에 보통주 1주당 4,500원, 우선주 1주당 4,550원으로 배당을 늘리고 5,000억 원 규모의 자사주를 매입해줄 것을 요구한 것이다. 행동주의 펀드들이 요구한 배당 규모는 기존 삼성물산 측이 책정했던 수준보다 77%나 높은 수치였다.

주주총회에서 주주들은 행동주의 펀드와 회사 측의 안건 중 어느 쪽에 표를 던졌을까? 행동주의 펀드의 무리한 요구는 결국 주주의 선택을 받지 못해 기각됐다. 당시 행동주의 펀드의 주주제안에 대한 찬성률은 20%대에 그쳤다. 심지어 삼성물산 지분 7.3%를 보유한 큰손 국민연금도 해당 안건에 대해 회사의 재무 수준을 고려할 때 과도한 수준이라고 판단하고 반대표를 던졌다. 성장과 분배에 대한 고민은 중요하다. 대부분의 삼성물산 주주들이 과도한 배당으로 성장 재원을 빼 쓰기보다는, 균형 있는 수준에서 주주환원 규모를 장기적으로 개선해나가는 게 유리하다고 판단한 것이다. 배당투자자들은 항상 투자하는 종목이 성장보다 균형에만 치중해 주가를 유지하는 '제 살 깎아먹기' 배당에 나서고 있는 건 아닌지, 현재의 배당 수준이 지속가능한 것인지를 고민해야 한다.

2022년 이후 행동주의 펀드 활동 사례

연도		행동주의펀드	대상기업	요청 내용
2022년	1월 26일	안다자산운용	SK케미칼	• SK바이오사이언스 지분매각
	2월 21일	얼라인파트너스	SM엔터테인먼트	• 감사 선임
	4월 26일	라이프자산운용	㈜SK	• 자사주 소각
	8월 17일	얼라인파트너스	SM엔터테인먼트	• 라이크기획 용역 계약종료
	10월 31일	트러스톤자산운용	BYC	• 내부거래 공정성 확인을 위한 회계 장부 열람
	11월 2일	안다자산운용	KT&G	• 한국인삼공사 인적분할 및 상장, 배당 확대, 사외이사 확대 등
	12월 13일	트러스톤자산운용	태광산업	• 흥국생명 유상증자 참여 중단
2023년	1월 2일	얼라인파트너스	7대금융지주 (JB, KB, 하나, 신한, 우리, DGB, BNK)	• 자본배치 정책 개선 및 주주환원 정책 확대
	1월 18일	KCGI	오스템임플란트	• 이사회 독립성 강화, 내부통제 강화, 주주환원 강화
	2월 9일	트러스톤자산운용	태광산업	• 배당 확대 및 이사회 독립성 강화
	2월 17일	얼라인파트너스	JB금융지주	• 자본배치 정책 개선 및 주주환원율 제고
	2월 27일	차파트너스	남양유업	• 감사선임, 현금배당, 액면분할, 자사주 매입 등
	6월 1일	KCGI	DB하이텍	• 독립적인 이사회 구성, 내부통제 강화
	8월 23일	KCGI운용	현대엘레베이터	• 이사회 독립성 강화, 지배구조 투명성 제고

자료: 신영증권

마침내 변화하는 상장사들

행동주의 펀드의 개입을 단순히 '배당 더 늘려주겠지'란 생각으로 접근해서는 곤란하다. 근본적으로 진정한 주주가치 제고를 위한 기업의 주주친화정책은 기업가치를 성장시키는 것이다. 실적 성장 없는 주주환원은 절대 지속가능하지 않다. 아무리 배당을 많이 받더라도 장기적으로 주가가 떨어지면 투자자 입장에서는 손해다. 이러한 관점에서, 적극적으로 주주제안에 나서는 행동주의 펀드의 실태는 궁극적으로 기업의 체질 개선, 변화에 초점을 맞춰서 살펴봐야 한다.

매년 주주총회 시즌 때마다 행동주의 펀드의 요구와 이를 방어하기 위한 기업들의 언론 플레이로 시끌시끌하지만, 정작 표 대결에서 행동주의 펀드가 승리한 경우는 거의 없다. 기존에 경영권을 잡고 있는 사측의 지분율이 압도적으로 높은 경우가 많고, 사측이 그동안 지분 5%가 넘는 주요 주주와의 관계를 원만하게 유지해왔다면 굴러들어온 돌에 가까운 행동주의 펀드의 공격에 동조해줄 리 없는 게 냉정한 현실이다. 하지만 2024년 주주총회 때 행동주의 펀드와 기업 간 표 대결이 아니라 대화를 통해 합의에 성공한 흔치 않은 사례가 나와 소개하려고 한다.

주주 행동주의를 실천하는 트러스톤자산운용은 과거부터 태광산업, LF, 한국알콜, BYC 등에 주주제안을 이어오며 기업가치를 끌어올리기 위한 자본 효율화, 주주환원 강화 등을 요구해왔다. 트러스톤자산운용이 행동에 나선 핵심적인 이유는 주가 부진이다. 대표적으로 태광산업의 경우 현재 주가는 지난 1985년에 기록한 최고점과 크게 다르지 않다. 2011년엔 주가가 187만 원까지 상승했지만 2024년 6월 기준 주가는 62만 원대에 머물고 있다. 사실상 반 토막 이상이 난 것으로 태광산업의 PBR은 0.17배에 불과해 극심한 저평가 상태로 수많은 주주들의 불만이 극에 달한 상황이었다.

트러스톤자산운용이 주주 행동주의에 나선 건 맞지만 방식은 기타 행동주의 펀드들과는 달랐다. 단기 주가 부양보다는 내부 거래, 지배구조 개선을 통한 거버넌스 혁신이 트러스톤자산운용식 주주 행동주의의 주된 목표였다. 기업들의 자발적인 기업가치 제고 노력을 이끌어내는 일은 단기 압박에 의해서는 불가능하다. 전략은 바로 소통이었다. 특히 최근 들어 정부의 밸류업 정책이 본격화되자 트러스톤자산운용은 기업들에 '밸류업은 시대적 과제'라며 자발적인 기업가치를 올리도록 꾸준히 설득했다.

이 같은 장기 소통 노력에 트러스톤자산운용은 2024년 주주총회 시즌에서 조용했지만, 막대한 성과를 거두게 된다. 트러스톤자산운용이 추천한 인물 3명이 태광산업의 사내이사와 사외이사로 선임됐는데 소수의 주주제안 이사 후보 3명이 이사회에 합류한 건 태광산업 설립 이후 처음 있는 일이었다. 또 유동성 부족으로 거래량이 부족하다는 지적도 태광산업 측이 받아들여 액면분할, 무상증자 추진과 함께 경영 효율화를 위한 과도한 비영업용

자산도 처분하기로 했다. 이 대표는 "우리는 경영진과 비공식 대화로 문제를 해결하려고 노력한다"고 귀띔했는데, 이 같은 노력이 철옹성 같던 기업의 장벽이 녹아내린 계기가 되었다고 볼 수 있다.

그밖에 트러스톤자산운용은 2년 동안의 비공식 대화를 통해 BYC의 액면분할을 이끌어냈다. BYC는 주주총회에서 자사주 매입과 소각, 유휴 부동산 처분 등을 검토하고 있다는 친주주적 메시지를 처음으로 언급하기도 했다. LF에는 그동안 구체적인 배당 가이드라인을 요구해왔는데 실제 LF는 향후 3년 동안 배당금 지급과 함께 매년 150억 원 규모의 자사주를 취득하겠다고 공시하며 트러스톤자산운용의 노력에 화답했다. 한국알콜도 자사주 매입, 소각을 통한 ROE 개선을 긍정적으로 검토하겠다는 입장이다.

아쉽게도 2024년 주주총회 결산기 때 트러스톤자산운용의 이 같은 성과에 주목한 언론사는 많지 않았다. 트러스톤자산운용이 주주 행동주의를 실천한 기업들이 일반 개인투자자의 입장에서는 다소 투자 관심도가 떨어지는 이유도 있었겠지만, 대부분의 투자자들이 자극적인 주주환원 안건과 표 대결에만 집중하고 있었기 때문이라고 생각한다. 행동주의 펀드에 대한 이런 인식은 결코 주식투자자 입장에서 도움이 되지 않는다. 실제로 많은 개미 투자자들이 행동주의 펀드의 공격이 시작됐다는 뉴스 보도가 나오면 단기 주가 상승을 노리고 단타에 나서는 행태를 보이고 있다.

앞에서도 언급했지만, 차익 실현을 노린 단기 투자는 결국 장기적으로 시장에서 살아남기 어렵다. 배당투자자 입장에서 우리는 단기 주가 부양이 아니라 행동주의 펀드의 공세가 기업들을 어떻게 변화시켜 나갈지에 초점을 맞춰 지켜봐야 한다. 그 과정에서 배당 증액과 함께 자본효율성, 수익성 개선을 실천하는 기업들은 눈여겨보았다가 포트폴리오에 편입할 수 있어야 한다. 투자하기 좋은 종목을 선별하는 능력은 그렇게 키워진다.

3부

핵심 배당주를
소유하라:
개별주

배당 황금주 찾기

반려 주식 키우기

앞에서 배당투자의 정의와 향후 배당투자가 유망한 이유 및 주주환원이 시대적 과제가 된 현재의 자본시장 환경에 대해 알아 봤다. 이번에는 본격적으로 배당 황금주 찾기에 나서볼까 한다. 구체적인 개별 종목 발굴에 앞서 승리하는 배당투자자를 위한 철학 몇 가지를 최종 정리하는 게 좋겠다. 앞에서 배당투자는 '시장에서 살아남기 위한 장기 적립식 복리 투자'라고 정의했다. 일상생활과 비교해 이를 이해하기 쉽게 표현하자면 배당투자는 반려 주식 키우기와 같다고 생각한다.

요즘 들어 반려동물을 키우는 국민들이 많아졌다. 사실상 반려

100

동물은 가족 구성원의 일원으로 인식되고 있다. 반려동물은 사람과 말로 의사소통을 하진 못하지만 표정과 행동으로 주인과 소통하고 공감한다. 최근 일부 뉴스를 통해 반려동물을 매정하게 버리거나 학대에 나서는 몰상식한 사례도 나오고 있다. 하지만 대부분의 반려동물을 키우는 사람들은 매일 반려동물의 상태를 살피며 그 성장 과정을 함께한다.

주식도 마찬가지다. 직접적으로 소통할 수는 없지만, 주가와 실적 공시를 통해 우리는 해당 주식의 상태와 미래를 짐작해볼 수 있다. 매크로(거시경제) 불확실성에 주가가 지지부진한 국면이 찾아오더라도, 꾸준히 배당금을 안정적으로 지급하고 실적도 성장하는 배당 황금주라면 우리는 그 주식을 버려서는 안 된다. 또한 배당투자 펀더멘털이 훼손되는 수준의 실적 저하, 배당 삭감 등 이슈가 아니라면 반려주식을 쉽게 버릴 필요가 없다. 투자의 귀재 워런 버핏이 투자한 코카콜라도 10년 동안의 장기 횡보, 하락 장세가 있었다는 걸 잊지 말아야 한다.

반려동물에게 매일 먹이를 먹이듯이 우리는 배당주에서 나오는 배당금을 계좌에서 인출하지 않고 배당주에 재투자할 수 있다. 이는 사실상 배당투자의 궁극적 목적인 복리 효과를 극대화시킬 수 있는 마법이라고 강조한 바 있다. 이 책을 읽고 있는 독자들은 수십 년 동안 시장에 머물며 좋은 배당주식에 투자하기 위한 목적을 갖고 있을 것이라고 생각한다. 배당투자를 반려주식 키우기라고 생각한다면 보다 심리적으로 편안하게 장기투자에 나설 수 있다. 반려동물이 커가면서 주인이 막대한 인생의 행복감을 느끼듯이 나의 반려주식이 성장하면서 쏟아내는 막대한 배당금과 그로 인한 수익률은 소정의 투자 성과로 돌아올 것이다. 종목에 대한 공부 없이 투자한다면 그만큼 투자에 대한 확신이 없고, 정보도 부족해서 손실을 볼 확률이 높다. 평생을 함께할 반려주식을 찾는다는 마음가짐으로 배당 황금주를 찾아보자.

반려주식에 적합한 배당 황금주를 고르기 위해서는 크게 배당수익률과 배당성장 두 가지를 고려해야 한다. 초보 배당투자자라면 얼핏 두 용어를 비슷한 느낌으로 받아들일 수 있을 것이다. 하지만 구체적인 의미를 파헤쳐 보면 상당히 큰 차이가 있다. 제일 먼저 배당수익률에 대해 얘기해보자면, 당연히 배당수익률이 낮은 것보다는 높은 종목에 투자하는 게 맞을 것이다. 배당성장도 마찬가지다. 배당성장 여력이 높은 종목이 낮은 종목보다 장기투자에 유망하다. 문제는 두 요건이 맞붙을 때다. 현재의 배당수익률이 높은 종목에 투자할 것인가? 현재는 배당수익률이 다소 낮을지라도 향후 꾸준한 배당금 증액이 가능한 종목에 투자할 것인가? 고배당주 VS 배당성장주의 선택의 갈림길에 한 번쯤 서봤던 투자자들이 적지 않을 것이다. 우리는 어떤 선택을 내려야 할까? 두 가지 테마를 한 번에 가져갈 수는 없을까? 이 부분에 대해 알아보고자 한다.

배당 황금주 ① 배당수익률(고배당주)

이 책을 읽는 독자들은 배당투자에 적합한 연간 기준 배당수익률이 몇 %라고 생각할까? 물론 각자의 상황에 맞게 기준이 있을 것이다. 은퇴 시기가 다가오는 중·장년층이나 이미 은퇴한 노년층의 경우에는 절대적 배당수익률이 높아야 즉각적인 현금흐름을 만들 수 있어 고배당주에 대한 수요가 높을 것이다. 반면 정기 소득이 있는 2030세대의 청년들은 당장 배당수익을 인출해 생활에 활용할 정도로 급하진 않다. 청년들의 경우 배당수익률은 다소 낮더라도 성장성이 높은 종목에 투자하는 것을 선호할 수 있다. 두 가지 투자는 상황에 따른 니즈 차이만 있을 뿐 모두 옳다. 어느 한 쪽만 선택하기보다 두 가지 니즈에 모두 부합하는 투자 포트폴리오를 만들어 현금흐름도 챙기고, 미래 성장성도 기대하는 것이 합리적인 투자다. 그리고 여기에 딱 부합하는 것이 배당투자다. 그렇다면 우선 당장의 적정한 배당수익을 제공해줄 수 있는 고배당주를 선정할 때 어느 정도 수준의 배당수익률을 매수의 기준으로 판단해야 하는지에 대해 정리할 필요가 있다.

개인적으로 이왕 장기 배당투자를 목적으로 접근한다면 절대적인 배당수익률이 최소 3% 이상은 되어야 한다고 생각한다. 애널리스트, 펀드매니저들도 배당투자자 입장에서 매력 있는 배당수익률로 최소 2~3%를 제시하곤 한다. 또 고배당주 투자에 적절한 배당수익률은 5% 이상이 좋다고 본다. 배당수익률이 최소 3% 이상은 되어야 한다고 생각한 이유는 투자자들은 항상 시장 평균을 웃도는 성과를 기대하기 때문이다. 시장에는 각 국가별 대표 지수에 투자할 수 있는 ETF가 상장되어 있다. 한국의 대표지수인 코스피 200 지수와 미국의 대표지수인 S&P 500 지수를 추종하는 ETF에 투자할 경우에도 분배금이 나온다. 코스피 200 지수를 추종하는 국내 ETF 중 시가총액이 가장 큰 KODEX 200 ETF의 경우에는 연 환산 배당수익률이 약 2% 정도다. 시장 평균적인 배당수익이 그 정도 된다는 뜻이다.

미국 증시에 상장된, S&P 500 지수를 추종하는 전 세계 최대 규모의 ETF인 SPY SPDR S&P 500 Trust ETF의 배당수익률은 이보다 더 낮은 1%대 정도다. 시장을 웃도는 초과 수익을 노리는 투자자라면 당연히 1~2%를 웃도는 배당수익률을 보이는 배당주에 투자해야 한다고 생각한다. 단순히 시장만 따라가고 싶은 투자자라면 KODEX 200 ETF를 사서 분배금 수익을 재투자하면 된다. 대표지수를 추종하는 상품이 안 좋다는 얘기가 아니다. 우리는 배당수익률이 높은 고배당 개별주도 담고, 월배당 ETF도 담고, 대표지수 ETF도 담으며 어떤 시장 상황에서도 살아남을 수 있는 배당 포트폴리오를 구축해야 한다. 그렇다면 개별주를 선별할 때는 당연히 시장을 웃도는 고배당 주식을 담아 전반적인 포트폴리오의 배당수익률을 끌어올릴 필요가 있는 것이다. 안정성은 지수 투자로 얻고, 초과성과는 개별주로 얻는 게 핵심이다.

배당투자의 효능감 측면에서도 배당수익률이 최소 3% 이상이 되는 게 좋다. 만약 1억 원을 배당주에 투자했다고 생각해보자.

배당소득세를 제외한다고 가정하고 보면, 연 환산 배당수익률이 1.5%라면 매년 150만 원의 배당수익이 들어온다. 3%면 300만 원이고, 5%면 500만 원이다. 배당 잭팟이 터져서 8%를 받는다면 800만 원이다. 이러한 배당금 차이가 수 년, 수십 년 동안 이어진다고 생각해보라. 배당 재투자에 따른 복리 효과의 차이는 어마어마하게 벌어질 것이다. 또 장기 적립식 투자를 한다고 했을 때 총 투자금액이 많아질수록 배당수익률이 미치는 수익 차이도 커진다. 투자금이 1억 원일 때 배당수익률 5%는 500만 원이지만, 2억 원이면 1,000만 원이다. 시장에 머물다 보면, 강세장과 약세장이 번갈아 찾아오게 된다. 약세장 당시 주가 변동성이 커질 때 높은 배당수익률을 가진 종목은 주가가 하락해도 고배당 매력으로 일부 손실을 상쇄할 수 있다. 이는 자본차익과 배당수익을 합한 총수익률 방어에도 유용하다.

배당수익률 관련 추가로 고려해야 할 점은 타 금융자산과 비교했을 때 초과수익을 얼마만큼 기대할 수 있느냐다. 2024년 상반기 한국의 기준금리는 3.5%에 달하는 현실이다. 초안전자산으로 알려진 은행 예금 금리는 최대 4%에 달하고 있다. 원금 손실 가능성이 사실상 0인 예금보다도 못한 배당수익률을 가진 위험자산에 투자할 이유가 없다는 얘기다. 주식투자가 대중화되면서 많은 투자자들이 인지하지 못하지만, 주식은 대표적인 위험자산 중하나다. 예금보다는 원금 손실 가능성이 훨씬 높지만 그만큼 초과수익을 거둘 수 있어 사람들은 주식에 투자한다. 그렇다면 당연히 무위험이자율(통상 양도성예금증서 금리 및 국고채 수익률로 투자의 위험성이 거의 없는 상황에서 얻을 수 있는 수익률)을 웃도는 성과를 기대해볼 수 있는 자산에 투자하는 게 옳다.

마지막으로 시장의 인식이다. 냉정히 말해서 배당수익률이 3% 이하인 종목은 시장에서는 배당주로 평가되지 않는다. 삼성전자의 배당수익률은 2%대로, 시장에서 삼성전자를 배당주로 분류하지는 않는다. 물론 삼성전자도 주주가치를 끌어올리는 차원에서 향후 배당금을 지속적으로 증액하여 지급하겠지만 성장주의 특성도 가지고 있어 절대적인 배당수익률은 2%대에서 꾸준히 유지될 가능성이 크다. 또 앞에서 살펴본 행동주의 펀드들이 삼성전자에 배당수익률을 5%까지 끌어올리라고 요구하지도 않는다. 밸류업 국면에서도 이런 종목들은 정책적 호재가 잘 반영되지 않는다. 배당수익률이 낮은 종목의 경우 배당주에 호재인 정책이 발생해도 주가가 별다른 반응 없이 잠잠할 가능성이 크다.

또 일반적으로 배당수익률이 높은 기업은 예측 가능한 현금흐름을 보유한, 재무적으로 탄탄한 기업이라는 평가가 가능하다. 재무 안정성에 대한 청신호는 주가가 단기 하락하더라도 이를 끌어올려주는 지킴이 역할을 할 수 있고, 꾸준한 기관투자자 매수세가 유입될 수도 있다. 반대로 배당수익률이 낮은 종목은 대체로 성장에 치중하는 전략을 쓴다. 주가 상승 측면에서 성장에 힘을 쏟는 것은 물론 좋은 일이지만 항상 시장에서 기업의 투자가 경영 성과의 개선으로 연결되지는 않는다. 배당보다 투자재원으로 이익잉여금을 활용한다고 하더라도 꼭 주가가 상승하는 건 아니라는 얘기다. 안정적인 실적으로 고배당을 지급하는 종목보다 상대적으로 미래 배당투자 성과에 대한 불확실성이 높다는 의미가 된다.

정리해보면 이 모든 사항을 고려했을 때 장기 배당투자에 적합한 개별주 배당수익률로는 연 5% 이상이 좋다. 이 정도 배당수익률은 기업 입장에서 주주들에게 장기적으로 적정한 배당수익을 제공하면서 투자 등 수익성 강화를 위한 목적으로도 사내 잉여금을 추가 활용할 수 있는 수준으로 판단된다. 스노우볼링 효과를 키우기 위해서도 5~8% 정도의 고배당 종목을 챙겨가는 것이 좋다. 다만 10% 이상의 고배당 종목의 경우 추천하지 않는데, 그 이유는 지나친 고배당 종목은 주가가 장기적으로 상승하기보다 박스권을 그리며 횡보하는 모습을 보일 가능성이 크기 때문이다. 주가가 오르지 않으면 10% 이상의 배당 매력을 매번 매수할 때마다 기대할 수 있지만 주가가 오르면 두 자릿수 기대 배당수익률이 한 자릿수대로 깨진다.

실제 미국 증시에 상장한 기업성장집합투자기구BDC 종목인 아레스 캐피털(티커명 ARCC)의 배당수익률은 11%에 달하는데, 2024년 주가는 상장 초기인 2004년 수준과 다르지 않다. 20년 동안 주가가 제자리걸음한 셈이다. 또 이 정도 수준의 배당을 지급하는 기업들은 실적 성장이 정체되어 배당 매력으로 주가를 유지하는 기업일 수도 있다. 뒤에서도 다루겠지만 이 책에서 소개하는 대부분의 고배당주와 배당 ETF는 3% 이상의 배당수익률을 보이고 있다. 안정성은 배당 ETF로 챙기고, 개별주로는 높은 배당수익을 노리는 게 맞다.

배당 황금주 ② 배당성장률(배당성장주)

배당 지급은 공짜로 이뤄지는 게 아니다. 기업의 곳간에서 쌓인 자금 중 일부는 성장의 재원으로, 일부는 주주환원의 재원으로 사용하고 또 나머지 일부는 향후 불확실한 미래에 대비해 쟁여두기도 해야 한다. 비록 시장에서 고배당주로 분류되는 종목이라도 매년 실적 성장이 정체되면 어떤 결과로 돌아올까? 아마 투자 초기엔 소정의 배당수익률로 인해 흡족한 배당수익을 받겠지만, 향후 '배당 컷(배당금이 종전보다 줄어드는 현상)'이나 배당금 정체 현상이 발생할 수밖에 없다. 배당주로서의 장기적인 투자 매력이 그 자체로 떨어지는 것이다. 여기에 실적 부진에 따른 주가 하락 리스크는 덤이다. 주가는 주가대로 빠지고, 그럼에도 배당 매력이 높아지지 않는 국면에 돌입하게 되는 것이다.

대표적인 사례가 있어 소개한다. 미국 뉴욕증권거래소에 상장한 미국 최대 원유, 천연가스관 생산 업체인 킨더 모건Kinder Morgan 이란 상장사가 있다. 지난 2015년 전에만 해도 킨더 모건은 5%에 달하는 고배당정책을 유지했다. 문제는 이후 국제유가 가격이 하락하면서 실적 성장이 정체됐다는 점이다. 하지만 킨더 모건은 주주들의 바람에 부응하기 위해 종전의 배당정책을 유지했다. 결국 수익성 악화, 부채 급증에 킨더 모건의 신용등급은 강등됐고,

미국 AT&T 장기 주가 추이

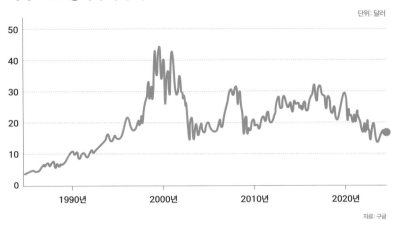

단위: 달러

자료: 구글

회사는 배당금을 70% 이상 대폭 삭감하게 된다. 2015년 4월 킨더 모건 주가는 최대 44.71달러까지 상승했는데, 2024년 6월 기준 주가는 19달러대에 머물고 있다. 배당도 삭감되고 주가는 약 60% 급락한 셈인데, 사실상 배당투자자 입장에서는 최악의 종목인 셈이다.

미국 주식에 즐겨 투자하는 서학개미라면 미국의 대표 통신주인 AT&T를 모를 리 없을 것이다. 거대 통신 기업이자, 미국의 간판 기업인 AT&T도 과거에는 훌륭한 고배당주였지만 장기적인 배당성장에는 실패한 종목이라고 볼 수 있다. 계기는 2018년에 결정한 미디어 회사 타임 워너의 인수를 결정하면서부터다. AT&T는 타임 워너 인수를 위해 대규모 부채를 일으켰는데, 이로인해 재무적 압박이 증가하면서 배당성장에 쓸 자금적 여력이 크게 위축됐다. AT&T는 결국 2021년 현금흐름 악화에 따른 배당 컷을 선언했고 주가는 급락했다. 2021년 이전 5~7%에 달하던 배당수익률이 이후 2022년 말부터는 5% 미만으로 쪼그라들었 다. 주가는 어땠을까? AT&T의 2016년 주가는 33달러까지 상승 했는데 2024년 4월 기준으로 19달러대에 머물고 있다.

국내 상장사 중에선 S-OIL 사례가 있다. 최근 S-OIL의 배당 수익률은 2%대에서 정체되었는데 이는 증권가에서도 기업가치 할인의 이유로 지목되기도 한다. S-OIL은 울산에서 대규모 화학 콤플렉스인 '샤힌Shaheen 프로젝트'를 추진하고 있다. 샤힌 프로젝 트는 울산 온산국가산업단지 내 대규모 석유화학 생산시설을 만 드는 대형 프로젝트다. 아랍어로 샤힌은 '매'를 의미한다. 한국 과 사우디아라비아는 과거부터 매 사냥을 전통으로 즐겼는데, 이 에 착안해 프로젝트명으로 채택된 것으로 보인다. 이 프로젝트의 성공을 위해 S-OIL이 투자한 자금 규모는 9조 원에 달한다. 다만 S-OIL은 샤힌 프로젝트를 위한 외부 자금 조달에도 보수적인 스 탠스를 취해 70%에 달하는 자금을 내부에서 조달한 것으로 알려 졌다.

많은 투자자들이 2024년 들어서 인플레이션 우려가 재점화 되고 이스라엘-팔레스타인 등 중동 분쟁이 본격화되면서 국제유 가가 상승했다는 걸 기억할 것이다. 보통 유가가 상승하게 되면 정 유 기업의 정제마진이 개선되어 수익성은 강화된다. 증권가에서는 S-OIL의 2024년 영업이익 컨센서스로 약 1조 8,000억 원을 예상

S-Oil 장기 주가 추이

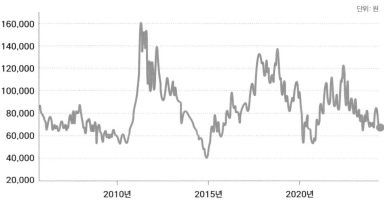

단위: 원

자료: 구글

했는데, 이는 역사적 평균 영업이익 대비 높은 수준에 해당한다. 하지만 2011년 17만 원까지 상승했던 S-OIL의 주가는 2024년 7만 원대에 머물고 있다. 이를 두고 증권가에서는 샤힌 프로젝트로 인한 대규모 자본 지출로 견조한 실적이 주주환원으로 직접 이어지지 않아 투자 매력이 떨어진 것이라고 분석했다. 즉, 과거보다 돈은 많이 벌었지만, 샤힌 프로젝트 진행에 따라 내부 자금으로 돈이 활용될 것이기 때문에, 투자 매력은 줄었다는 지적이다. S-OIL의 배당성향도 종전 30%에서 20%로 감소했다는 점을 감안하면, 배당정책의 펀더멘털 변화 문제로 해석할 수 있을 것이다.

시장은 킨더 모건, AT&T, S-OIL과 같은 제 살 깎아먹기 배당에 나서는 종목들을 사전에 파악하고, 이에 대응하기 위해 '배당 성장'이란 용어를 만들어냈다. 그 배경에는 '성장 없는 배당은 독

약'이라는 시장의 공감대가 깔려 있다. 앞에서 살펴본 고배당주의 적절한 배당수익률 수준도 배당 황금주 선별에 있어 중요한 투자 지표 중 하나이지만, 장기적인 배당 지급의 지속 가능성도 철저히 따져봐야 한다는 것이다. 특히 배당성장이 중요한 이유는 기업의 재무건전성을 고려해 우량한 배당주를 선택할 수 있기 때문이다. 기업이 향후에도 꾸준히 배당금을 증액할 수 있다는 건 기본적으로 곳간에 자금이 충분히 쌓여 있다는 의미가 된다. 또 과거부터 안정적인 캐시카우를 바탕으로 실적 성장을 이뤄왔기 때문에 향후에도 예측 가능한 현금흐름을 가지고 있을 가능성이 크다. 이는 해당 기업이 시장에서 강력한 경쟁력을 가지고 있다는 뜻으로 향후 실적 성장에 따른 주가 상승과 배당 확대를 동시에 노려볼 수 있다는 뜻이다.

우리 배당투자자 입장에서는 '꿩 먹고 알 먹고'가 가능한 셈이다. 배당성장은 또 인플레이션에 효과적으로 대응할 수 있는 수단이기도 하다. 매년 배당금이 늘어난다면, 배당수익으로 물가상승률을 상쇄할 수 있게 된다. 배당금이 장기적으로 늘어나게 되면 복리 효과에 따라 향후 기대 배당수익률은 어마어마하게 불어난다. 워런 버핏의 2023년 코카콜라 투자에 따른 배당수익률이 60%에 달한다는 점을 기억하자. 배당성장주는 최근 정부가 추진하는 밸류업 프로그램에 직접적인 수혜를 입을 것으로도 기대된다. 밸류업 정책은 안정적인 수익성을 토대로 장기적 주주환원 강화 기업이 혜택을 받도록 정부가 지원하는 내용을 골자로 하기 때문이다.

우리는 주식투자의 기본이 미래 성장성에 투자한다는 것을 알고 있다. 주가는 꿈과 희망을 먹고 큰다. 당장 높은 배당수익률도 중요하지만, 향후 배당이 지속적으로 성장할 것이라는 기대감은 매수세 유입에 따른 주가 상승으로 이어진다. 주가 상승에 따라 기대 배당수익률이 줄어들게 되는데 걱정할 필요가 없다. 배당성장주의 경우 상승한 주가 수준에 맞게 배당수익률도 꾸준히 늘어나기 때문이다. 그렇다면 배당성장주들은 어떤 특성을 가지고 있을까? 배당수익률이 꾸준히 증가하기 위해서는 기업의 주당배당금DPS이 늘어나는 게 중요하다. DPS의 근원은 사실상 기업의 주당순이익EPS이라고 할 수 있다. EPS는 기업이 경영 활동을 통해 벌어들인 당기순이익을 유통주식 수로 나눈 값으로, 한 주당 이익을 얼마나 창출했느냐를 가늠해볼 수 있는 아주 중요한 지표다. 미국 증시에서는 기업 실적 발표 때 한국처럼 영업이익을 살펴보기보다 매출액과 함께 주주당 이익의 몫인 주당순이익을 가장 중요하게 살펴본다. EPS는 주가와 가장 밀접하게 움직이는 지표로, 증권가에서는 EPS가 높을수록 주식투자 가치가 높다고 본다.

정리하면 장기적으로 배당 증액을 기대해볼 수 있는 배당성장주는 EPS의 개선세가 이어지는 기업이다. 이와 함께 EPS가 성장하는 동시에 실질적인 배당 지급액으로 이어지는 DPS의 성장 추이 또한 파악하는 게 좋다. 흥국증권은 보고서를 통해 배당성장의 전제조건으로 기업의 안정적인 성장을 꼽았다. 이를 위해 기업이 외부의 자금 조달 없이 이룰 수 있는 성장률이 무위험이자율보다 높아야 한다고 분석했다. 일각에서는 기업의 성공적인 영업활동이 지속되려면 자기자본이익률ROE이 무위험이자율을 상회해야 진정한 가치주로 분류 가능하다고 평가하기도 한다. 결과적으로 무위험이자율보다 기업의 성장률이 낮을 경우 기업의 분배 정책이 성장과 비교해 과도할 가능성이 있다는 분석이다. 일반 투자자 입장에서 ROE니, 무위험이자율이니 데이터를 찾아 비교분석하는 건 무리가 있다. 대신 자신이 투자한 배당주의 EPS, DPS 성장 추이 정도는 주기적으로 체크하는 걸 추천한다.

EPS와 DPS가 동시에 성장하는 대표적인 종목 중 화장품, 의류 기업인 영원무역이 있다. 2024년 1분기 기준 영원무역의 외부 자금 조달을 제외한 내부성장률은 무려 16%에 달하는 것으로 보인다. 영원무역의 EPS는 2023년 1분기 이후 4개 분기 동안 0.14% 성장했다. 영원무역은 성장 여력을 꾸준히 배당 확대로 분배하는 데에도 나서고 있는데, DPS 성장률은 1.15%에 달하는 것으로 나타났다. EPS와 함께 DPS가 덩달아 늘어난 가운데 DPS의 성장률이 더 높은 것이다. 이 기업이 주주가치 제고에 대한 노력을 다하고 있다는 것으로 해석할 수 있다. 현재 영원무역의 연 환산 배당수익률은 약 3.1%다. EPS, DPS 개선세가 지속된다면 배당성장에 따라 향후에는 배당수익률이 3%를 넘어 꾸준히 올라갈 여지가 크다.

지금까지 절대적인 배당수익률이 높은 고배당주와 당장 배당수익률은 고배당주 대비 낮은 수준이지만 향후 개선 여지가 큰 배당성장주에 대해 알아봤다. 어느 한 섹터가 무조건 옳다고 할 수는 없다. 현재 현금흐름이 필요한 투자자 입장에서 고배당주 대신 배당성장주를 선택하는 건 옳지 못하고, 주가 상승에 따른 복리 효과를 노려야 하는 청년 투자자가 배당성장주 대신 고배당주만 매수하는 것도 좋지 않다. 배당투자자들이 고배당주 VS 배당성장주 대결 국면에서 명심해야 할 점은 두 섹터 종목 모두 포트폴리오에 포함해 가져가야 한다는 점이다.

스노우볼링 효과 극대화를 위한 배당 재투자금 확보를 위해 고배당주를 담고, 향후 주가 상승과 복리 효과를 노린 배당성장주 투자도 병행해야 한다. 시장에서 살아남기 위해 분할 매수가 필수적이라고 강조했는데 이는 배당투자에서도 예외가 아니다. 배당성장주에만 투자해서는 매월, 매 분기, 매 반기에 나오는 배당금이 미미해 배당투자의 효능감이 낮을 것이다. 반면 고배당주에만 투자한다면 주가 상승 동력은 부족해 재미가 없고 하루하루의 시황에 신경을 더 쓰게 될 것이다. 한 가지만 선택해야 한다는 생각을 버리자. 시장에서는 선택할 수 있는 옵션이 많을수록 좋다.

배당 절차 선진화: 벚꽃 배당

투자자들이 배당투자 관련 또 알아야 할 내용이 있다. 정부의 제도 개선으로 2024년부터 '선배당액 공시-후투자'가 가능해졌다. 그동안 대부분 국내 기업들은 연말에 배당금을 수령할 주주 명부를 확정하고, 다음해 3월에 열리는 정기 주주총회에서 배당금을 확정해 지급해왔다. 사실상 투자자들이 얼마를 배당금으로 받을지 모르는 상태에서 사후에 결정될 기업의 배당 결정을 받아들일 수밖에 없는 '깜깜이 배당' 현상이 지속되어 왔다. 하지만 이번 배당 절차 선진화 정책으로 인해 앞으로는 배당투자자들이 각 기업마다 배당금 규모를 사전에 확인하고, 투자할지 여부를 결정할 수 있게 됐다.

예를 들면, 매년 2월 이사회 결의를 통해 예상 배당액을 사전에 발표하고, 3월 정기 주주총회에서 이 배당액을 확정할 수 있다. 이후 4월 초를 배당기준일로 주주 명부를 확정한 후 향후 배당을 지급하는 절차가 가능해진다. 배당 지급이 봄인 4월에 이뤄진다는 점에서 필자가 속한 매일경제신문을 포함한 언론에서는 '벚꽃 배당'이라고 표현하기도 한다. 매년 12월 결산 법인 기준으로 배당금을 받을 주주 명부를 확정했던 과거 방식보다 투명해지는 셈이다. 지난 2023년 말 12월 결산 상장사 2,267개사 중 636개사가 정관 정비를 마쳐 배당 절차 개선을 완료했고, 향후에도 개정에 나서는 기업들이 늘어날 전망이다. 다만 분기, 반기 배당에 대해서는 이번에 개선된 제도가 적용되지 않는다.

　이번 제도 개선으로 배당투자자들은 배당 매력이 높거나 낮은 종목을 사전에 파악하고, 투자 의사결정에 나설 수 있게 됐다. 전체적인 배당 포트폴리오 관리의 편의성이 높아졌다고 볼 수 있다. 예를 들어, 기존엔 투자한 배당주의 배당수익률을 5%로 예상하고 보유하고 있었는데, 만약 2% 이하까지 떨어졌다면 배당을 받기 전 매도하는 전략을 활용할 수 있다. 배당락이 발생하면 주가가 하락해 손실이 나기 때문에 사전에 보유 물량을 정리하는 것이다. 증권가에서는 배당 선진화 정책으로 인해 '더블 트레이딩'의 투자 전략을 활용할 수 있다는 해석도 내놓고 있다. 배당 권리 확보 투자를 여러 번 반복하는 전략이다. 배당 정관 변경에 나선 기업들의 연말 결산 배당기준일과 1분기 배당을 실시하는 기업들의 배당기준일이 각각 다르게 설정되어 있는 만큼 여러 고배당 종목 매수를 통해 복수의 배당수익을 거머쥘 수 있다는 분석이다.

　실제로 2024년의 사례를 보면 2월 29일에 2023년 연말 결산 배당을 실시한 POSCO홀딩스, 현대차, KB금융, 우리금융지주 등의 대표 고배당주들의 배당기준일이 몰려 있었다. 이후 3월 27일에 삼성화재, 삼성카드의 배당기준일이 설정됐고, 3월 29일, 31일에는 NH투자증권, 기업은행, 현대해상, DB손해보험의 배당기준일이 예고되어 있었다. 혹자는 이런 식으로 복수 배당을 노린 투자가 배당락에 따른 주가 하락으로 의미가 없을 것이라고 반박할지도 모르겠다. 설령 배당락을 맞이해 주가가 하락하더라도 고배당주들의 경우 반발 매수세에 따라 주가가 상승하는 경우가 많아 주가 하락 방어에도 유용했다는 사후 평가다. 2024년 2월 말 배당락이 발생한 기업 12곳 중 배당수익률과 주가수익률을 포함해 손실이 발생한 종목은 1곳밖에 없었다. 특히 4대 금융지주사들의 경우 바뀐 제도 적용으로 결산 배당과 분기 배당이 맞물리는 경우가 많았는데, 배당투자 매력 증가에 기관투자자들의 자금 유입이 더 늘어난 바 있다. 기관투자자의 막대한 자금 유입은 배당주 주가의 하방 경직성으로 작용해 주가 하락을 방지하는 역할을 한다.

배당 절차 선진화 정책은 앞에서 언급한 밸류업 정책과 함께 맞물려 작용하면서 한국 증시의 배당투자 매력을 드높이는 긍정적 효과를 가져올 것으로 기대된다. 장기 적립식 배당투자를 추종하는 배당투자자 입장에서는 사실상 더블 배당을 노린 트레이딩 전략을 크게 활용하지 않을 것이다. 다만 포트폴리오에 편입한 배당주들의 배당수익률이 본인이 예상한 수준에 맞게 지급하는지, 시장의 예상치를 지나치게 하회하지 않는지를 주목해서 확인할 필요는 있다. 만약 예상한 것보다 내가 보유하고 있는 종목의 배당수익률이 공시를 확인한 결과 더 낮다면, 즉각 원인을 파악해서 배당 펀더멘털이 훼손됐는지 여부를 살펴야 할 것이다. 지속적인 배당성장이 불가하다고 판단된다면 우리의 배당 황금주 포트폴리오에서 제외하는 게 합당하다.

주주환원의 선두주자

: KB금융·신한지주·하나금융지주
·우리금융지주·JB금융지주

이제 본격적으로 배당 황금주 후보군에 대해 알아보고자 한다. 배당 황금주 후보군은 '주요 배당 지수에 편입되어 있는지 여부', '장기적으로 고배당수익률 유지', '꾸준한 실적 개선에 따른 배당 성장', '밸류업 정책의 수혜 가능성 요소'를 토대로 선별해 정리했다. 요즘에는 주식투자가 워낙 대중화되어 있어 기업 분석을 할 때 해당 기업이 어떤 종류의 비즈니스를 영위하고 있는지, 경쟁사와 비교한 사업 경쟁력은 어떤지 등 비즈니스 모델에 대해 세세하게 알아보는 투자자들도 많다. 하지만 우리는 이런 사업적 분석은 차치하고 실적과 투자 지표 위주로 살펴보도록 한다. 장기 배당투자자 입장에서 결국엔 EPS와 DPS 성장세가 중요하다. 사실 기업이 실적 발표 후 콘퍼런스콜에서 투자자들을 대상으로 "우리 회사는 이런 점이 좋습니다", "앞으로 이런 호재가 발생해 주가 상 승에 도움이 될 겁니다" 등 입에 바른 말을 아무리 떠들어봤자 주 가에 큰 영향을 주진 않는다. 주가는 숫자로 움직인다.

제일 먼저 우리가 해야 할 일은 금융 업종의 배당 황금주를 찾 는 것이다. 배당주 관련 결코 빼먹을 수 없는 업종이 바로 금융이 기 때문이다. 금융 업종만큼 꾸준히 실적 성장을 이뤄오면서, 배 당을 확대해온 업종은 드물다. 한국의 대표적인 금융지주사인 KB·신한·하나·우리금융지주를 포함해 몇 군데 추가적인 중·소형 금융지주사도 살펴보자.

가장 큰 시가총액, KB금융지주

국내 증시에 상장한 금융지주사 중 가장 시가총액 규모가 큰 종목이 바로 KB금융지주(종목명과 동일하게 이후부터 KB금융으로 통일한다)다. KB금융은 국내 증권사들 사이에서도 가장 주가 상 승 동력이 많은 금융주로 평가받고 있는데, 실적 성장에 따른 배 당 확대 기조가 명확하기 때문이다. 따라서 국내 4대 금융지주사 중 KB금융을 중심으로 금융지주사를 왜 대표적인 배당 황금주로 꼽는지 설명하고자 한다.

우선 KB금융이 최근 어느 정도의 실적 성장을 이뤘는지 보자. 각 종목별 미래 실적에 대한 시장 컨센서스(증권사 3곳 이상의 추정치)는 한국의 대표적인 금융정보업체인 에프앤가이드의 도움을 얻어 정리했다. 보통 금융사의 경우 일반 제조업 기업과는 다르게 실적에서 순이자손익과 당기순이익을 가장 중요한 지표로 본다. 순이자손익은 은행이 특정 기간 동안 이자 장사를 통해 벌어들인 이익에서 이자로 나간 비용을 제외해 순수하게 벌어들인 몫을 의미한다. 보통 금융지주사들의 손익계산서상 이자수익이 일반영업이익에서 가장 큰 비중을 차지하기 때문에 순이자손익이 높을수록 좋은 실적을 기대해볼 수 있다.

KB금융의 순이자손익은 지난 2022년 11조 5,160억 원에서 2023년 12조 1,420억 원, 2024년 13조 1,350억 원을 기록하는 등 꾸준히 성장하는 모습을 보이고 있다. 특히 2023년 이자수익은 29조 1,450억 원으로 전년의 이자수익은 20조 7,890억 원 대비 50%가량 급증한 것으로 나타났다. 에프앤가이드의 데이터를 보면 2025년 추정되는 KB금융의 이자수익은 31조 6,208억 원으로 기대되고 있다. 일각에서는 이 같은 금융지주사들의 호실적을 '고이율의 이자 장사 덕'이라고 폄하하긴 하지만 캐시카우가 지속해서 성장한다는 측면에서 훌륭하다고 볼 수 있다. 순이자손익의 성장에 힘입어 KB금융의 당기순이익(지배주주 순이익)도 2022년 4조 1,530억 원에서 2024년 4조 8,379억 원으로 늘었다. 얼핏 보면 실적 성장률이 거의 없는 것으로 생각될 수 있는데, 규제 산업인 금융의 경우 IT 업종만큼 폭발적인 단기간 실적 성장이 힘들다는 걸 고려할 필요가 있다.

KB금융의 EPS와 DPS 추이

단위: 원

구분	2021년	2022년	2023년	2024년	2025년
EPS	10,604	10,096	11,440	11,989	13,296
DPS	2,940	2,950	3,060	3,168	3,432

자료: 에프앤가이드

　순이자손익이니 당기순이익이니 하는 개념이 일반 개인투자자 입장에서는 조금 어려울 수 있을 것이다. 앞에서 우리는 해당 기업의 실적과 배당성장을 가늠해볼 수 있는 대표적인 지표에 대해 알아봤는데, 바로 주당순이익EPS과 주당배당금DPS이다. 우선 KB금융의 주주당 이익의 몫인 EPS가 어떤 추이를 보였는지 보자. KB금융의 2021년 EPS는 1만 604원에서 2022년 1만 96원으로 소폭 줄었지만 2023년엔 1만 1,440원으로, 2024년엔 1만 1,989원으로 뛰었다. 증권가에서 2025년엔 1만 3,296원의 EPS를 기록할 것으로 전망되고 있다. 여기서 중요한 건 거시경제 상황에 따라 단기간의 실적 변동성은 나타날 수 있지만 장기적으로 EPS가 성장하는지 여부를 꼭 확인해야 한다는 점이다.

　2022년의 부침을 이겨내고 결국 KB금융은 꾸준히 성장했고 긍정적인 실적은 주주환원 확대로도 이어졌다. KB금융의 DPS는 2021년 2,940원에서 2023년 3,060원으로 증가했다. 2024년과 2025년에는 각각 3,168원, 3,432원의 DPS를 지급할 것으로 예상되고 있다. 2026년에는 어떨까? 3,689원의 DPS 지급이 추정되고 있는데 지난 6년 동안의 DPS 성장률을 계산해보면 30%에 가깝다. 6년이란 시간이 짧다면 짧을 수 있고 길다면 길게 느껴질 수 있다. 하지만 우리가 평생 투자자로서 시장에 머문다고 생각해보면 6년은 한없이 짧은 시간이다. 6년 동안 30% 성장한 배당금이 10년, 20년, 30년 지나면 얼마나 늘어나 있을까? 괜히 KB금융을 대표적인 배당 황금주의 후보군으로 제일 먼저 소개하는 게 아니다. KB금융은 금융 업종을 커버하는 증권사 애널리스트들이 가장 유망한 금융지주사로 손꼽는 곳이다.

심지어 KB금융은 2024년 상반기 호실적을 발표하면서 또 한 번 시장을 놀라게 했다. 홍콩 H지수를 추종하는 주가연계증권ELS에서 대규모 손실이 발생하면서 개인투자자 피해 보상금(자율 배상에 따른 일회성 비용은 재무제표상 충당부채로 반영되기 때문에 실적에 악재가 된다)이 발생했음에도 3조 원에 달하는 영업이익을 거뒀다.

특히 2분기만 놓고 보면, 당기순이익은 1조 7,324억 원으로 전년 동기 대비 15.6% 늘어난 것으로 나타났다. 증권가가 전망했던 컨센서스보다도 16% 정도 상회한 수치로, 분기 기준 역대 최대 실적이다. 2024년 상반기 기준 KB금융 주가는 지난 2008년 상장 이후 역대 최고가를 기록했다. 지난 1분기 실적이 공시된 4월 26일에도 호실적에 KB금융 주가는 하루에만 9.67% 급등하기도 했다. 국내 증시에서 금융지주사 주가가 10% 가까이 상승하는 것은 드문 일이다. 그만큼 시장이 KB금융의 실적을 좋게 받아들였다는

KB금융 주주환원율 추이

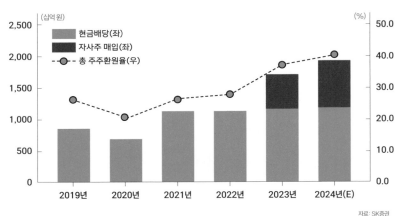

뜻이다.

더 중요한 건 KB금융의 배당 기조가 갈수록 명확해지고 주주 친화적으로 변화한다는 데 있다. 2024년 1분기 실적 발표 후 KB 금융은 '분기 균등 배당총액' 정책을 펼치겠다고 밝혔다. 매년 주 주들에게 지급할 총 배당금을 사전에 공시하겠다는 의미로 주 주 입장에서는 매 분기마다 배당금이 얼마만큼 나올지 명시적으 로 알 수 있게 됐다. 배당의 예측 가능성을 높였다는 측면에서 시 장이 충분히 환호할 만했다. 특히 KB금융은 배당 지급 외 자사주 매입, 소각을 통한 주주가치 제고에도 동시에 나서고 있다. 자사 주 매입량과 소각양이 늘게 되면 주식 수가 줄어 자연스레 DPS는 상승하는 효과를 보게 된다. 국내 증권사들은 2024년 KB금융의 DPS추정치를 1분기 784원, 2분기 791원, 3~4분기 800원 내외로 추정하고 있다.

최근 들어 주가 상승으로 KB금융의 배당수익률이 줄었지만, 장기투자자라면 전혀 걱정할 필요가 없다. 꾸준히 이익을 주주환원 강화로 돌려주고 있기에 배당수익률이 장기적으로는 늘어날 것이고, 우리는 적립식 투자와 배당금 재투자를 통한 복리 효과에 집중하면 된다. 사실 주가가 많이 오른 최근 들어 KB금융 주식을 신규로 매수한 이들 입장에서야 배당수익률이 줄어든 것이지만 과거부터 투자해왔던 장기투자자들은 여전히 높은 수준의 배당수익률을 기록하고 있을 것이다. 워런 버핏의 코카콜라 배당수익률 60%를 기억하라. 최근 금융 업종에 대한 투자 포인트가 '주주환원 확대'에 맞춰져 있기도 해 KB금융과 같은 고배당, 배당성장의 요건을 동시에 갖춘 종목의 투자 가치가 높아지기도 했다. 정부가 기업가치 저평가 국면을 탈피하기 위해 주주환원에 힘쓰는 기업들을 우대하겠다는 정책을 대놓고 펼치고 있기 때문이다. 신한투자증권은 보고서를 통해 KB금융을 '한국 밸류업 대장주'로 평가하기도 했다. 2024년 KB금융의 총주주환원율은 2023년보다 2%포인트 상승한 40%에 달할 것으로 기대되고 있다. 놀라운 숫자다.

앞에서 언급했지만 투자 심리는 결국 EPS와 DPS 같은 투자 지표에 의해 나아지고 위축되곤 한다. KB금융이 은행을 비롯한 금융 비즈니스에서 어떤 퍼포먼스를 보이고 있고, 경쟁사 대비 어떤 강점이 있는지 등을 굳이 세세하게 따져볼 필요 없이 우리는 매

분기마다 공시되는 숫자만 잘 지켜보면 된다. 지속적인 실적 개선과 정부 밸류업 정책의 긍정적 영향 덕에 KB금융 주가는 2024년 들어 역사적 신고가를 달성했다. 2023년 KB금융 주가는 11.55% 올랐는데, 2024년 상반기 동안에만 45% 급등했다. 그럼에도 KB금융의 주가순자산비율PBR은 0.5배 수준으로 여전히 장부상 가치(1배)에 크게 못 미치고 있다. 그동안 얼마나 주가가 저평가되어 왔는지 알 만한 부분이다.

미국 뱅크오브아메리카BofA의 주가는 과거 2008년 리먼 브러더스 파산 사태 때 수준을 여전히 회복하지 못하고 있지만 현재 PBR은 KB금융의 3배인 1.5배에 달한다. 물론 미국 증시에 상장한 글로벌 금융사와 국내 사업에만 집중하고 있는 KB금융의 직접적인 비교가 적절하지 않을 수는 있다. 하지만 국내 굴지의 1등 금융사인데 그동안의 지나치게 저렴했던 기업가치가 비정상적이었다는 생각을 지울 수 없다.

개인적으로 KB금융을 가장 뛰어난 배당 황금주로 평가하고 있다. 하지만 그렇다고 해서 나머지 3곳의 금융지주사를 담지 않을 이유도 없다고 생각한다. 첫 번째 이유로 리스크 관리 측면에서 분산 투자는 필수이기 때문이고, 두 번째 이유는 KB금융이 현재는 금융 테마를 리딩하는 금융사지만 추후에 추격자들의 선전에 따라 순위가 뒤바뀔 수 있기 때문이다. 4대 금융지주사들의 경우 동일한 투자 비중을 유지는 게 좋다고 본다. 어차피 나머지 신한·하나·우리금융지주도 뛰어난 고배당과 배당성장 매력을 보여주고 있다. 안정적 포트폴리오 관리 측면에서 4대 금융지주사를 중점적으로 담고 중·소형 금융지주사들을 초과 수익 관점에서 이보다 적은 비중으로 담는 게 리스크 관리에 유리하다는 생각이다. 이제 나머지 금융지주사들도 KB금융과 동일하게 지속적 실적, 배당성장을 이뤄왔는지 알아보도록 하자.

금융주 톱픽, 신한지주

신한지주는 2024년 들어 증권가 애널리스트들 사이에서 금융주 'TOP PICK'으로 대거 등극하게 된다. 그 계기는 1분기 실적 발표 결과다. 신한지주는 1분기 지배주주 순이익으로 1조 3,215억 원을 기록하게 되는데, 이는 기존 증권가의 컨센서스를 7% 웃도는 수치다. KB금융을 제치고 해당 분기 금융지주사 중 순이익 1위에 오르며 '리딩 뱅크'가 됐다. 리스크 관리 강화 전략으로 인한 선제적 충당금 적립으로 대손율이 하락하면서 수익성 강화를 이끌었다는 분석이다. 심지어 홍콩 H지수 추종 ELS의 충당금과 해외 부동산 감액 손실 수천억 원을 반영하고서도 상당히 준수한 실적을 기록한 것이다. 신한지주의 EPS도 꾸준히 성장하고 있다.

2022년 8,784원이었던 EPS는 2023년 8,397원으로 한 해는 주춤했지만, 2024년 9,291원, 2025년 9,857원, 2026년 1만 291원으로 지속 증가할 것으로 기대되고 있다. 그렇다면 배당투자자들

신한지주의 EPS와 DPS 추이

단위: 원

구분	2021년	2022년	2023년	2024년	2025년
EPS	7,525	8,784	8,397	9,291	9,857
DPS	1,960	2,065	2,100	2,176	2,299

자료: 에프앤가이드

에게 보다 현실적인 투자 지표인 DPS는 어떨까? 신한지주의 DPS도 2022년 2,065원에서 2023년 2,100원, 2024년 2,176원, 2025년 2,299원, 2026년 2,455원으로 꾸준히 증가할 것으로 전망되고 있다. 연 환산 배당수익률은 5% 정도, 배당성향은 20%대를 유지할 것으로 보인다. 그럼에도 신한지주의 PBR은 0.5배 수준으로 KB금융과 마찬가지로 상당히 저평가되어 있다. 신한지주는 배당 확대 외에도 자사주 매입, 소각을 통한 주주환원 강화에 나서고 있다. 증권가에서는 2024년 신한지주가 최소 6,000억 원에 달하는 규모의 자사주를 매입할 것으로 기대하고 있다.

특히 주가 상승 측면에 있어 수급적 요인을 무시할 수 없는데, 그동안 신한지주 주가의 상방을 제한하던 오버행(잠재적 대량 매도 물량 부담) 이슈가 다소 해소됐다는 게 중요하다. 앞서 글로벌 사모펀드 운용사인 어피너티에쿼티파트너스는 신한지주의 주식을 지분 3~4%가량 보유 중이었다. 보통 사모펀드의 경우 투자를 통해 지분을 보유한 주식의 주가가 오르면, 대량 매도를 통한 엑시트로 수익 실현에 나선다. 시장은 "어피너티에쿼티파트너스가 언젠가는 신한지주의 주식을 대거 팔겠지"라고 생각하고 있었던 것이다. 이는 매수 심리 위축으로 이어져 타 금융지주사 대비 주가 상승을 막는 요인이 된다. 하지만 잠재적 악재가 해소되는 사건이 발생한다. 어피너티에쿼티파트너스는 2024년 초 신한지주 주식 540만 주를 블록딜(시간 외 대량매매)을 통해 매각한 것이다. 이후 증권업계에서는 신한지주의 오버행 이슈도 해소되어 '날개를 폈다'는 평가를 내놓고 있다.

가장 낮은 대손비용률, 하나금융지주

하나금융지주의 투자 매력은 무엇이 있을까? 4대 금융지주사 중 가장 낮은 대손비용률을 보이고 있다는 점에 주목할 만하다. 앞에서 금융사들은 향후 손실이 발생할 것을 대비해 리스크 관리 차원에서 충당금을 쌓는다고 했다. 대손비용률은 금융사들의 충당금을 포함한 대손비용을 총여신으로 나눠 구하는 값으로, 얼마나 자산이 건전한지 평가할 수 있는 지표다. 2024년 1분기 기준 하나금융지주의 대손비용률은 0.27%를 기록했다. KB금융과 신한지주는 각각 0.39%, 0.38% 수준이다. 특히 하나금융지주 그룹 내 핵심인 하나은행의 대손비용률은 0.1%에 불과하다. 데이터상 리스크 관리가 가장 안전하게 잘 이뤄지고 있는 종목이라는 해석이 가능하다.

하나금융지주의 EPS와 DPS 추이

단위: 원

구분	2021년	2022년	2023년	2024년	2025년
EPS	11,744	12,009	11,612	12,777	13,526
DPS	3,100	3,350	3,400	3,606	3,831

자료: 에프엔가이드

하나금융지주는 그동안 실적이 부진했던 하나증권의 실적 턴어라운드가 현실화하면서 그룹 전체적인 수익성이 개선 추세로 돌아섰다는 전망이 나오며 유망 투자 종목으로 주목받고 있다. 기업, 개인에게 빌려주는 돈에 대한 이자 수익을 기본적인 수익 구조로 삼는 금융사 입장에서 리스크 관리 여력은 상당히 중요하다. 만약 빌려준 돈을 받지 못해 부실 채권 규모가 늘어나면, 실적은 하락하고 주가에도 악영향을 미치게 된다. 이는 결국 배당 컷으로 귀결되어 배당투자 입장에서 최악의 종목 선정이 될 가능성이 크다. 금융사들은 자본을 활용해 해외 부동산을 포함해 다양한 자산에 직접 투자하기도 하는데, 부실 위험이 낮다는 건 투자를 안정적으로 잘 하고 있다는 뜻이기도 하다.

KB금융, 신한지주와 마찬가지로 하나금융지주의 EPS는 2022년 1만 2,009원에서 2025년 1만 3,526원으로 증가할 것으로 추정되고 있다. 하나금융지주도 주주당 이익의 증가분을 주주환원 강화로 돌려주고 있다. 2013년 하나금융지주의 DPS는 400원에 불과했지만, 2024년에는 3,606원에 달할 것으로 보인다. 11년 사이 배당 지급 규모가 9배나 급증한 것이다. 배당성향은 2013년 12.4%에서 2024년 27.1%로 훌쩍 뛰었다. 주주환원에 진심인 기업들은 배당 외 자사주 매입에도 힘쓴다고 했다. 하나금융지주의 자사주 매입을 포함한 2024년 총주주환원율은 38.4%다. 배당 황금주 포트폴리오에 하나금융지주를 포함하지 않을 이유가 없다.

마지막 4대 금융지주사, 우리금융지주

이제 마지막 4대 금융지주사인 우리금융지주에 대해 알아보도록 하자. 사실 4대 금융지주사 중 우리금융지주도 배당 황금주의 후보군이긴 하지만 가장 투자 매력도가 낮다고 생각한다. EPS 성장세와 그룹의 사업 포트폴리오를 고려했을 때 경쟁사 대비 매력적이지 않기 때문이다. 우리금융지주의 EPS는 2022년 4,317원이었는데, 2023년 3,334원으로 22.7% 급감했다. 앞에서 대부분 금융지주사들의 실적이 2023년 둔화되긴 했지만, 우리금융지주처럼 변동 폭이 크진 않았다. 제조업 대비 안정적인 실적 추이를 보이는 게 금융사의 최대 장점인데, 이 점에서 투자 매력이 다소 떨어지는 것이다. 심지어 2025년, 2026년 추정되는 EPS도 4,210원, 4,397원으로 2022년보다 크게 성장하지도 못할 것으로 보인다.

2024년 1분기 실적도 시장 기대치는 상회했지만, 경쟁사 대비 다소 부진했다는 지적이 나온 바 있다. 우리금융지주는 1분기

8,245억 원의 순이익을 기록하면서 시장 예상치를 밑돌았다. 실제 1분기 실적 발표날, KB금융(9.67%), 신한지주(7.47%), 하나금융지주(6.01%)는 호실적 영향에 주가가 급등했지만, 우리금융지주는 단 2.35%만 올랐다. 시장의 판단은 정확하다. 냉정한 돈은 거짓말을 하지 않는다. 부진한 실적의 이유는 구조적 요인에 있는데, 우리금융지주의 경우 비은행 비중이 경쟁사 대비 크지 않다. 최근에야 한국포스증권을 인수해 2024년 사라진 우리투자증권이 10년 만에 부활하게 됐지만, 당분간 증권가 내 영향력은 낮을 것으로 추정된다. 전체 그룹의 순이익 중 95%를 담당하는 게 우리은행으로, 나머지 우리카드, 우리금융캐피탈 등 계열사의 실적 기여도는 낮은 편이다.

사실 비은행 비중이 크지 않으면, 경쟁사보다 대손 비용은 낮아야 한다. 은행은 안정적인 캐시카우를 바탕으로 순이익을 창출하지만 비은행 부문은 각종 투자, 자본 조달 등을 통해 이익을 내는 경우가 많기 때문이다. 하지만 2024년 1분기 우리금융지주의 대손비용은 3,680억 원에 달하며 대손비용률이 0.4%로 가장 높았다. 향후 우리금융지주가 다양한 회사들을 흡수해 실적 성장의 발판으로 삼을 수도 있다. 하지만 이 책에서는 금융주 투자의 관점을 밸류업 정책에 따른 주주환원 강화로 보고 있다고 언급한 바 있는데, 임박한 M&A 이슈는 자본비율 상향, 주주환원율 확대를 통한 기업가치, 주주가치 제고에 집중을 방해하는 요소가 될 가능성이 있다.

다만 8~9%에 달하는 높은 배당수익률과 향후 체질 개선에 따른 주가 상승 기대감이 있기에, 앞에서 살펴본 금융지주사보다는 낮은 비중으로 포트폴리오에 편입하는 것을 제안한다. 배당성장 여력은 다소 낮더라도 절대적 배당수익률은 준수한 고배당주로 볼 수 있다. 투자 매력이 경쟁사보다 상대적으로 부족하지만, 그렇다고 없다고 단정할 수도 없다. 4대 금융지주사 중에서는 KB금융, 신한지주, 하나금융지주의 투자 비중을 동일하게 가져가고, 우리금융지주 비중은 다소 줄이는 것을 추천한다.

대표 중소금융지주사, JB금융지주

한편 중소 금융지주사 중에서도 추천 종목이 한 곳 있다. 바로 전북은행, 광주은행을 자회사로 보유한 전북권 소재 지역은행인 JB금융지주다. 국내에는 BNK금융지주, DGB금융지주 등 지방 소재 금융지주사들이 몇 곳 있지만 가장 매서운 속도로 성장하는 건 단연코 JB금융지주라고 볼 수 있다. JB금융지주의 당기순이익은 2021년 5,254억 원에서 2022년 6,183억 원으로 증가했다. 앞에서도 살펴봤지만 대부분 금융지주사들의 실적이 2022년 꺾였는데, JB금융지주만은 예외였던 것이다. 2024년 추정되는 JB금융지주의 당기순이익은 6,450억 원으로, 2026년에는 7,101억 원으로 계속 성장할 것이 기대된다.

JB금융지주의 EPS와 DPS 추이

단위: 원

구분	2021년	2022년	2023년	2024년	2025년
EPS	2,571	3,051	2,974	3,238	3,381
DPS	599	835	855	933	990

자료: 에프앤가이드

금융지주사의 실적이 이렇게 가파르게 성장하는 것은 드문 일이다. 2021년 JB금융지주의 EPS는 2,571원이었는데 2025년에는 3,381원에 도달할 것으로 보인다. 당연히 이익 성장에 따라 DPS도 같은 기간 599원에서 990원까지 증가할 것으로 추정되고 있다. 2024~2026년 JB금융지주의 배당수익률은 7%를 웃돌며 어엿한 고배당 우량 금융주로서 자리매김하고 있다. JB금융지주는 2024년 1분기 실적 발표를 통해 당기순이익이 1,732억 원을 기록했다고 밝혔는데, 이는 직전 분기보다 87%나 급증한 수치다. 심지어 재무 건전성 강화를 위해 선제적으로 대손충당금을 쌓았음에도 호실적을 기록한 것이다.

주목해야 할 점은 JB금융지주가 2024년부터 지방 금융지주사 중에는 최초로 분기 배당을 선언했다는 점이다. 높은 배당수익률과 지방 금융지주사 중에서 단연 돋보이는 주주환원 정책, 실적 성장성으로 JB금융지주의 주가는 상승 가도를 달리고 있다. 2023년에만 JB금융지주 주가는 44% 급등했고, 2024년 3월에는 역사적 신고가를 기록했다. 개인적으로 배당도 주면서 주가가 JB금융지주처럼 꾸준히 우상향하는 종목을 좋아한다. 비록 특정 지역에 집중된 비즈니스 모델을 가지고 있지만 현재로서는 배당 황금주 후보군에 JB금융지주를 포함하지 않을 이유가 없다. 다만 JB금융지주의 부동산임대업 등 담보가 갖춰진 기업여신 부문에서는 자본 건전성을 우려하는 시선을 보내기도 한다.

2024년 1분기 JB금융지주의 신규 연체 발생률은 0.42%로 직전 분기보다 0.16%포인트 상승했다. 총 연체율도 1.17%로 BNK금융지주(0.9%) 등 타 금융지주사 대비 높은 편이다. 특히 고금리 사태 장기화에 지방 사업장을 중심으로 PF 부실 우려가 부각되는 점은 지역에 기반을 둔 JB금융지주의 건전성 리스크 확대로 이어질 수 있다. 따라서 4대 금융지주를 중심으로 금융주 포트폴리오를 구성하고, JB금융지주는 초과 수익을 노리는 개념으로 상대적으로 적은 비중을 담는 걸 제안한다.

기업은행과 메리츠금융지주는?

혹자는 은행주 중 왜 기업은행은 추천하지 않냐고 얘기할지도 모른다. 물론 기업은행의 배당수익률은 6%를 웃돌 정도로 고배당 매력이 뛰어나다. 하지만 필자는 기본적으로 국내 증시에서 공기업 특성을 띤 기업들의 투자 매력은 크지 않다고 생각한다. 아는 사람은 알겠지만 기업은행의 최대주주는 대한민국 정부다.

기업은행의 주요 주주 현황

구분	주주명	소유주식수(주)	지분율(%)	비고
5% 이상 주주	기획재정부	474,430,991	59.5	-
	한국산업은행	57,405,282	7.2	-
	국민연금	43,003,495	5.4	-
우리사주조합		858,066	0.1	-

*기준일: 2023년 12월 31일

자료: 금융감독원 전자공시시스템

2023년 말 기준으로 기획재정부가 기업은행의 지분 49.5%를 보유하고 있다. 그 외에 산업은행과 수출입은행이 각각 7.2%, 1.8%를 보유한 관치 금융의 대표적인 상장사다. 정부의 입김이 크게 작용할수록 시장 논리와 관계없이 실적, 배당정책이 큰 변동성을 보일 가능성이 크다.

실제 기업은행은 최대주주인 기획재정부의 기조에 따라 대규모 유상증자를 지속한 경험이 있다. 2013년부터 2020년까지 기업은행은 총 8번의 유상증자를 실시했는데, 그 규모는 1조 원을 훌쩍 넘어선다. 증자가 반복되면 기존의 주주가치가 희석되면서 주가가 하락한다. 현재 기업은행 주가는 지난 2007년 고점 대비 40%나 낮은 수준에 형성되어 있는데, 주가가 장기간 횡보하고 상승하지 못하는 공기업 종목들의 대표적인 특성을 보여준다. 혹여나 한국전력의 사례처럼 최악의 경우 주가가 횡보를 넘어 급락세로 이어질 수 있기 때문에 안정적인 배당투자를 선호하는 투자자들에게는 적합하지 않다는 입장이다.

메리츠금융지주의 경우에도 복리식 투자 매력이 있긴 하지만, 지난 2020~2023년 이미 주가가 너무 많이 올라버린 케이스다. 지난 2020년 이후 이 회사의 주가는 무려 10배가 올랐다. 중간에 메리츠화재, 메리츠증권과 통합하고, 실적이 개선됐다는 걸 고려해도 금융주 주가가 단기간에 10배 상승하는 건 쉽지 않다. 사실 메리츠금융지주는 너무나도 훌륭한, 주주환원 분야에 새로운 이정표를 제시하는 국내 증시의 대표 종목이다. 다만 메리츠금융지주는 배당 지급보다는 자사주 매입을 통해 주가 상승으로 주주환원을 강화하는 기조를 가지고 있어, 배당투자자 입장에서는 그리 매력적인 종목은 아니다.

IB보다는 브로커리지를 보자

: 키움증권·삼성증권

    은행주에 이어 이번엔 증권주에 대해 알아보고자 한다. 국내 증시엔 수많은 증권사들이 상장되어 있지만, 장기적으로는 키움증권과 삼성증권 단 두 종목만 투자 매력이 있다고 생각한다. 증권사들의 매출 구조는 크게 △브로커리지 △트레이딩 △기업금융IB 세 부문으로 나뉜다. 브로커리지는 쉽게 표현하면 우리가 모바일 증권사 애플리케이션을 다운받아 주식투자에 나설 때 증권사에 지불하는 수수료 수익을 의미한다. 트레이딩은 증권사들이 자체 자본을 바탕으로 투자한 성과다. IB는 기업들의 자본 조달, M&A 등을 도와주고 수수료를 받는 사업이다.

    사업 특성상 증권주는 사실 앞에서 살펴본 금융지주사 대비 실적의 안정성이 떨어진다. 세계 경제를 뒤흔들 위기가 발생하게 되면 보통 증시가 폭락하는데 이때 증시 거래대금이 줄고, 증권사들이 자체 자본으로 투자한 트레이딩 영역에서 손실이 누적하면서 실적이 급감해 주가에 장기적인 악영향으로 작용한다. 또 다양한 IB 활동으로 적극 투자에 나서는 증권업의 특성상 기본적으로 리스크-테이킹Risk-Taking 사업 구조라 실적의 변동성도 큰 편이다. 실제 지난 2020~2021년 동학개미, 서학개미 투자 열풍으로 증권사들의 브로커리지 수입이 급증했었는데 이후 2022년 증시 하락장이 오면서 브로커리지 수입이 급감해 단 한 해에 국내 증권사들 대부분의 실적이 반 토막 나기도 했다. 또 고금리 지속에 그동안 저금리 시절 증권사들이 집중적으로 사들였던 미국, 유럽 내 상업용 부동산의 감정평가액이 하락하면서 부실 우려도 나오고 있다. 국내에서 부동산 프로젝트파이낸싱PF 구조조정 언급이 계속되는 가운데, 주가에 부담을 줄 잠재적 악재가 많다는 건 장기 배당투자에 방해가 되는 요소다.

증권업종의 전반적인 투자 매력도에 대해서는 중립적으로 평가하고 있지만, 이 책에서 유망한 투자 종목으로 키움증권, 삼성증권을 꼽은 이유는 키움증권은 배당성장, 삼성증권은 고배당의 특성을 가지고 있기 때문이다. 일부 투자자들은 "국내 증권사 하면 미래에셋증권 아니야?"라는 생각을 가질지도 모르겠다. 업계 순위 1등은 미래에셋증권이 맞다. 하지만 실적 변동성으로 인해 미래에셋증권의 주가는 장기 우상향 추이를 보이고 있지 못하다. 지난 2007년 3만 3,562원까지 상승한 주가는 2024년 6월 7,320원에 머물고 있다. 하락률로 따지면 무려 -77%다. 약 17년 동안 주가가 장기 우하향한 셈인데, 그동안 적립식 매수를 했더라도 큰 평가 손실을 보고 있을 것이란 뜻이다.

앞에서 금융지주사 관련 설명을 할 때 금융주들은 특히 리스크 관리가 중요하다고 강조했다. 미래에셋증권은 해외 대체투자자산의 비중이 높은데 이에 따른 실적 불확실성이 불거질 때마다 주가의 하방 압력으로 이어지곤 했다. 미래에셋증권의 2022년, 2023년 순이익은 전년 대비 각각 40%, 52% 급감했다. 또 결정적으로 미래에셋증권은 자사주 매입과 소각에 힘쓰는 종목이지 배당 확대에 적극적으로 나서진 않는다. 연 환산 배당수익률은 3~4% 정도인데, 다른 증권사 대비 배당투자자 입장에서는 투자 매력이 떨어진다는 생각이다. 이는 국내 2위 증권사인 한국금융지주(한국투자증권의 모회사)도 마찬가지다. 한국금융지주도 실적에서 IB 비중이 크고, 배당수익률도 낮은 편이다.

꾸준한 성장, 키움증권

우선 키움증권의 투자 매력부터 알아보도록 하자. 앞에서 키움증권이 국내 증권주 중 대표적인 배당성장 테마에 해당된다고 밝힌 바 있다. 실제 키움증권의 2023년 배당수익률은 약 3%에 불과하다. "배당투자 치고 배당수익률이 너무 낮은 것 아닌가?" 라

키움증권의 EPS와 DPS 추이

단위: 원

구분	2021년	2022년	2023년	2024년	2025년
EPS	32,682	17,466	15,020	27,487	28,907
DPS	3,500	3,000	3,000	4,723	5,054

자료: 에프앤가이드

고 생각할 수 있다. 하지만 2015년 키움증권의 배당수익률은 불과 1.1%에 불과했다. 약 8년 사이 배당수익률 2%포인트를 끌어올린 셈이다. 그동안 키움증권의 DPS도 2015년 700원에서 2023년 3,000원으로 훌쩍 뛰었다. 우리는 이런 배당성장주를 좋아한다. 배당이 꾸준히 성장했다는 건 그동안 실적도 개선됐다는 의미가 된다.

키움증권의 EPS는 2015년 8,584원에서 2023년 1만 5,020원으로 2배가량 올랐다. 증권주는 시장 상황에 따라 실적이 기본적으로 널뛰기하는 속성을 가진다고 했다. 키움증권도 예외는 아니었다. 2021년 역대급 호황에 EPS는 3만 2,682원으로 고점을 찍고 이후 내림세를 탔다. 하지만 DPS는 3,000원대를 유지하고 있고, 2025년에는 5,000원대까지 꾸준히 늘어날 전망이다. 단기간 수익성은 떨어졌지만, 배당을 유의미하게 줄이진 않고 있다는 것이다. 키움증권이 주주환원에 얼마나 신경을 쓰고 있는지 알 수 있는 대목이다.

이미 키움증권은 2025년까지 별도 당기순이익을 기준으로 주주환원율을 30% 이상 유지하겠다고 공시한 바 있다. 또 배당 확대와 더불어 자사주 약 200만 주를 2026년까지 3분의 1씩 소각한다. 주주들은 주가 상승과 배당 확대를 동시에 누릴 수 있는 것이다.

고배당 테마, 삼성증권

키움증권이 배당성장 테마라면, 삼성증권은 고배당 테마라고 밝힌 바 있다. 삼성증권의 배당수익률은 6~7%에 달하며 증권주 중에서도 가장 높은 편에 속한다. 그렇다면 우리는 키움증권과 삼성증권을 함께 투자해 스노우볼링 효과를 기대해볼 수 있다. 무엇보다 삼성증권은 일관된 배당정책을 유지하고 있다는 점에서 투자 매력이 있다. 2023년 배당성향은 36%로 2022년과 동일하게 발표했다. 삼성증권이 실적이 역행하는 회사가 아니라는 말이다.

EPS는 2022년 4,730원에서 2025년 8,686원으로 4년 연속 상승 중이고 ROE도 10%에 육박한다. 삼성증권도 키움증권과 동일하게 브로커리지 수익 비중이 높다. 2024년 연간 순이익도 2023년보다 약 20% 증가할 것으로 기대되고 있다. 특히 삼성증권은 리스크 관리에 특화된 증권사라는 점에서 편입 시 안정적인 포트폴리오 관리가 가능하다. 이는 한국에서 삼성이란 브랜드가 가지는 영향력 때문인데, 삼성그룹은 그룹 특성상 손실 발생 가능성이 큰

삼성증권의 EPS와 DPS 추이

단위: 원

구분	2021년	2022년	2023년	2024년	2025년
EPS	10,810	4,730	6,129	8,361	8,686
DPS	3,800	1,700	2,200	3,049	3,186

자료: 에프앤가이드

투자 영역에 대해서는 신중한 스탠스를 취하고 있다. 반대로 삼성이란 브랜드 파워 때문에 슈퍼리치(고액 자산가)들은 삼성증권이 제공하는 자산관리 서비스를 많이 이용하고 있다. 안정적인 사업 구조를 발판으로 지속적인 고배당 매력을 즐기기에 삼성증권이 제격이라는 판단이다. 삼성증권 투자로 나오는 배당금을 키움증권에 재투자해도 될 것으로 보인다. 키움증권, 삼성증권의 실적에서 2021년 EPS와 DPS가 유독 높은 이유는, 당시 동학개미 투자 열풍으로 인한 일시적 실적 펌핑이 발생했기 때문이다. 2021년은 일시적 이벤트로 판단해 장기적인 실적 추이에서는 제외하고 보는 게 옳다는 판단이다.

생보사보다는 손보사
: 삼성화재·DB손해보험·현대해상

보험사들의 실적 구조는 상당히 복잡한 편이지만, 쉽게 '보험 손익'과 '투자 손익' 두 가지로 나눌 수 있겠다. 보험 손익은 모두가 잘 알다시피 보험 신규 계약을 얼마만큼 추가했고, '예실차'로 불리는 예상보험금과 실제 발생보험금 간 차이가 얼마만큼 양(+)의 성과를 거뒀는지를 종합해 나오는 실적이다. 투자 손익은 보험사들이 자본을 활용해 나선 투자를 통해 거둔 성과다. 얼마나 보험 장사를 잘 했고, 돈을 잘 굴려왔는지가 중요하다는 얘기다.

사실 보험사들의 향후 실적 전망에 대해서는 부정적으로 보는 시각도 적지 않다. 최근 보험사들은 저수익성 특약 판매를 이어가고 있는데, 이는 수익성에 부정적이다. 또 보험료 인상에도 불구하고 보험사 간 경쟁이 심화되며 마진이 축소되는 것도 문제다.

결국 생명보험보다는 손해보험 업종의 펀더멘털이 더욱 뛰어나다는 결론으로 나오게 된다. 사람 위주의 인人 보험에 치중한 생명보험 대비 손해보험의 확장성이 넓기 때문인데, 최근 손해보험사들은 펫(동물) 보험 위주로 시책(보험사가 수수료 외 보험설계사에게 별도로 지급하는 수당을 뜻한다) 드라이브를 걸며 비즈니스를 확대해나가고 있다.

배당투자에 있어서 장기적인 주가 추이를 무시해서는 안 된다고 강조한 바 있다. 국내 증시의 보험주 면모를 살펴보면 생명보험사 대비 손해보험사들의 주가 상승 동력이 항상 컸다. 따라서 손해보험사 위주로 배당 황금주를 선별해보고자 한다.

보험 영역에서는 무엇보다 규모의 경제가 중요하다고 생각한다. 보통 금융 영역이 그렇지만, 보험 시장은 사실상 성장이 정체된 시장이다. 따라서 강력한 온라인, 오프라인 영업 채널을 보유하고 안정적인 자산운용, 보상원가 관리로 예측 불가능한 리스크를 낮출 수 있는 기업의 성장 여력이 크다고 본다. 그런 점에서 개인적으로 삼성화재가 보험업종 중 가장 배당투자 매력이 뛰어나다고 본다. 매년 적정 수준의 순이익을 꾸준히 뽑아내는 업계 1위 업체로서 안정적인 실적 성장과 더불어 밸류업 효과로 인한 주주환원 강화가 기대되기 때문이다.

유망 투자 종목, 삼성화재

삼성화재의 원수보험료는 2014년 17조 3,600억 원에서 매년 꾸준히 증가해 2020년 20조 원을 넘어섰다. 이를 반영한 보험손익도 2조 원대 수준을 유지하고 있다. 2023년을 기준으로 영업 데이터를 보면 월평균 신계약 매출액은 삼성화재가 155억 원으로 경쟁사인 현대해상(125억 원)과 DB손해보험(128억 원)보다 앞서고 있다. 보험사의 판가라고 볼 수 있는 신규 매출 관련 보험계약 마진CSM 배수도 19배에 달하는데 경쟁사인 현대해상(11배), DB손해보험(18배)보다 높은 수준이다.

배당주 측면에서 삼성화재가 유망 투자 종목인 이유는 보험사의 실적이 폭발적으로 성장하긴 어렵지만, 배당만은 꾸준히 늘려주고 있기 때문이다. 삼성화재의 배당성향은 2025년부터 40%를 넘을 것으로 기대되는데, DPS는 2021년 1만 2,000원에서 2025년에는 2만 원까지 2배 가까이 늘어날 것으로 전망되고 있다. 배당수익률 추이를 보면 더욱 놀랍다. 당초 2014년 삼성화재의 배당수익률은 1.6%에 불과했다. 하지만 꾸준히 배당 증액에 나선 결과 배당수익률은 2018년 4%를 넘어섰고, 현재는 5%에 달한다. 삼성화재는 자본력도 뛰어난데 2023년 말 기준 신지급여력제도 K-ICS 비율은 272%로 경쟁사를 압도한다.

지급여력제도는 만약 예상치 못한 손실이 발생했을 때 보험사가 보험계약자들에게 안정적으로 보험금을 지급할 수 있도록 사

삼성화재의 EPS와 DPS 추이

단위: 원

구분	2021년	2022년	2023년	2024년	2025년
EPS	22,192	32,095	35,960	41,623	42,959
DPS	12,000	13,800	16,000	19,473	21,260

자료: 에프앤가이드

내에 자본금을 의무적으로 쌓도록 한 정책적 보완 장치다. 이 비율이 높다는 건 내부 자금 건전성이 그만큼 뛰어나다는 뜻이다. 삼성화재의 높은 자본 여력은 향후 투자 손익 부문에서의 공격적인 투자로 수익성 개선을 기대해볼 수 있다. 포화 상태인 보험 시장 특성상 추가적인 알파 수익은 자산운용으로 인한 투자 성과에 달렸다고 볼 수 있는데, 삼성화재의 넉넉한 자본 여력은 큰 힘이 될 전망이다.

안정적인 성과, DB손해보험

삼성화재 다음으로 DB손해보험도 상당히 매력적인 배당 황금주 중 한 곳이다. 일부 증권사 애널리스트들은 삼성화재보다 DB손해보험을 '톱픽'으로 꼽기도 한다. 삼성화재의 질주 속 DB손해보험은 신계약 비율을 안정적으로 가져가면서 점유율 확대에 나서고 있다. DB손해보험의 가장 큰 장점은 '팔각형 보험주'라는 점인데 실적, 자본효율성, 배당 등 대다수 주요 지표에서 모두 양호한 성과를 거두고 있다. DB손해보험은 운전자보험, 질병보험, 어린이보험 등 균형 있는 포트폴리오 수익성을 갖추고 있다. 특히 DB손해보험의 ROE는 약 17%에 달하는데 손해보험사 중에서는 가장 뛰어난 수준이다. 삼성화재와 함께 K-ICS 비율도 200%를 웃돈다.

DB손해보험은 1위인 삼성화재와 비교해서도 부담 없는 밸류에이션 수준이라고 평가받기도 한다. 안정적인 성과가 지속되며 DB손해보험의 순이익은 매년 최소 3%에서 최대 7%까지 성장이 가능할 것으로 기대된다. 2014년 1,450원이었던 DB손해보험의 DPS는 2017년 2,000원을, 2022년엔 4,000원을 넘었다. 배당수익률도 2014년 2.6%에 불과했지만 2022년엔 7%까지 뛰었다. 현재는 5%대의 기대 배당수익률을 기록하고 있는데 앞으로도 꾸준한 배당성장이 가능할 것이다.

또 하나의 DB손해보험 투자 매력은 주가 상승 기대감이다. DB손해보험은 국내 손해보험사 중 가장 주가 상승 폭이 컸던 종목이다. 2024년 3월엔 역사적 신고가를 기록하기도 했는데, 대다수 보험사들이 과거의 고점을 못 넘기는 것과 대비된다. 연간 기준으로도 DB손해보험 주가는 코로나19가 발발한 2020년을 제외하면 최근 4년 연속 주가가 오르고 있다. 코로나 때 저점 대비해서 주가가 4배가량 올랐는데, 보험 업종에서 이 정도 주가 상승률은 흔치 않다. 배당 매력과 함께 주가 상승에 따른 차익도 덩달아

DB손해보험 장기 주가 추이

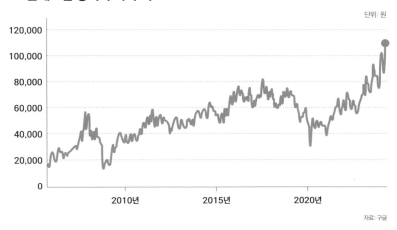

단위: 원

120,000

100,000

80,000

60,000

40,000

20,000

0

2010년   2015년   2020년

자료: 구글

노려볼 수 있다는 게 DB손해보험 투자의 포인트라 하겠다.

저평가 꼬리표, 현대해상

    현대해상은 전형적인 고배당주의 하나로 포트폴리오에 편입할 가치가 있다. 현대해상의 배당수익률은 8~9%에 달하는데, 이는 은행, 증권, 보험 업종 내에서도 상당히 높은 편이다. 하지만 현대해상은 경쟁사보다 주주환원의 기대 업사이드가 크지 않아 투자 매력이 높다고 볼 수는 없다. 현대해상은 보험 해약환급금준비금이 배당가능이익에서 차감되는 구조를 가지고 있다. NH투자증권은 현재의 배당구조에 대해 "순이익 대부분을 배당, 자사주 같은 주주환원에 활용하기 어렵다"고 평가했다. 2023~2026년 배당성향도 20%대에 머물러 꾸준히 수치가 개선되는 삼성화재 대비 배당성장이 어렵다. 이 같은 치명적 요인 때문에 현대해상은 늘 보험주 중에서 저평가 꼬리표가 붙은 종목이기도 하다. 2024년 상반기 기준 현대해상의 PBR은 0.5배에 불과한데, 이는 삼성화재(1배)나 DB손해보험(0.7배)보다도 낮은 수준이다. 삼성화재가 안정적인 실적 추이를 이어가고, DB손해보험은 공격적인 투자와 영업으로 파이를 확보하는 반면, 현대해상은 포지션이 애매하다는 평가가 증권가에서 나오는 이유이기도 하다.

하지만 현재의 배당수익률이 아주 매력적이기 때문에 배당금 재투자를 위한 목적에서 포트폴리오에 편입하는 것도 나쁘진 않다. 보험주 특성상 배당이 비록 성장하지 못하더라도 최소 유지는 가능할 텐데, 배당수익률이 10%까지 오르는 지점에서는 주가의 하방 경직성이 강화될 것으로 보인다. 쉽게 말하면 주가 상승으로 인한 재미는 크게 보지 못해도, 꾸준한 배당을 통해 재투자에는 유리하다는 것이다. EPS 성장에 따른 DPS 증가를 가장 중요한 요인으로 본다면 현대해상에 대한 투자 비중은 낮추는 게 좋겠다.

잃어버린 10년 탈피

: 기아·현대차

이번에 살펴볼 배당 황금주는 자동차주다. 자동차주는 완성차, 부품주 등으로 세분화될 수 있는데 현대차(정식 기업명은 현대자동차지만 상장 종목명인 현대차로 통일한다), 기아에 한정해 알아보도록 하자. 나머지 종목들은 배당을 유의미하게 지급하지 않거나 절대적인 배당수익률이 낮아 투자 매력이 없다고 생각한다. 예를 들어, 현대차, 기아에 부품을 공급하는 현대모비스의 배당수익률은 1~2% 수준에 불과하다.

자동차주에 대해서는 해당 기업에 대해 더 잘 아는 투자자들이 많을 것으로 생각된다. 그만큼 해당 브랜드의 차량을 보유한 국내 오너들도 많고, 자동차에 대해 많이 아는 마니아들의 관심이 집중되는 기업이기도 하다. 한국의 대표 기업인만큼 브랜드 파워나 영업 현황에 대해서도 잘 인지하고 있을 것이다.

하지만 일상생활에서 비춰지는 국산 자동차 기업들의 이미지 때문에 정작 자본시장에서 현대차, 기아의 투자 매력이 낮다고 생각하는 이들도 분명히 있다. 실상은 전혀 그렇지 않다. 과거에는 국내산 자동차에 대해 '싼마이'라는 이미지가 다소 작용했을 수는 있지만 이제는 글로벌 시장에 당당히 이름을 올려 자신감 있게 경쟁할 수 있는 훌륭한 기업으로 발돋움했다. 2024년 들어 가장 투자 매력이 높은 종목이 SK하이닉스와 더불어 현대차, 기아라고 생각한다. '꿩 먹고 알 먹고'라고 말할 수 있는 이유는 이들이 실적 성장과 고배당 매력 두 가지를 동시에 잡을 수 있는 투자처이기 때문이다. 그동안 한국 증시에서 경기민감주(시클리컬 업종)인 자동차주에 대해서는 지나친 기업가치 할인(디스카운트)을 적용한 측면이 있는데, 이번 정부 밸류업 프로그램으로 저평가에서 벗어나 향후 가장 큰 정책적 수혜를 입게 될 것으로 기대되는 업종이기도 하다.

맏형 현대차보다 기아

현대차그룹의 맏형은 확실히 현대차가 맞다. 하지만 최근 시장은 그룹의 아우인 기아의 투자 매력이 더 높다고 본다. 기아의 실적은 장기적으로 꾸준히 성장하고 있고, 그만큼 주주환원 확대를 통해 성장에 대한 분배도 투자자들에게 명확하게 돌려주고 있다.

우선 기아의 실적 추이에 대해 살펴보자. 기아의 매출액은 2021년 69조 8,624억 원을 기록했다. 이후 2022년 86조 5,590억 원, 2023년 99조 8,084억 원으로 성장했고, 2024년에는 105조 6,445억 원으로 4년 연속 증가할 것으로 기대된다. 모두가 알다시피 2022년은 고금리, 고물가 현상에 따른 경기침체 우려가 불거졌을 때다. 하지만 기아는 거시경제 환경이 좋지 않았던 2022년에도 묵묵히 성장했다. 기아의 엔진은 아직 멈추지 않았다. 기아의 매출액은 2025년 108조 7,112억 원, 2026년 113조 8,442억 원으로 지속 성장할 것으로 기대되고 있다.

매출액이 늘었어도 수익성이 악화되면 영업이익은 줄어들기도 한다. 하지만 기아는 달랐다. 글로벌 경기둔화 우려에 세계 경제를 짓눌렀던 2022년 기아의 영업이익은 7조 2,331억 원으로 2021년 대비 42.8% 급증했다. 심지어 현재 국내 증권가는 기아의 2025~2026년 영업이익이 12조 5,000억 원에 달할 것으로 기대하고 있다. 2019년부터 2024년까지 기아의 영업이익 연평균성장률CAGR은 40%를 웃돌 것으로도 보고 있다. 기아는 일개 중소 IT업체도 아니고, 과거부터 국내 증시에서 터줏대감으로 자리 잡던 대형주다. 또 경기민감 업종에 속하는 자동차 산업은 국가 경제의 순환주기와 사이클을 함께 하기 때문에 실적 변동성이 발생할 수밖에 없다. 그런 초대형주가 불과 6년 동안 영업이익이 2배 이상 성장할 수 있다는 것은 기아의 펀더멘털이 상당히 뛰어나다

기아의 EPS와 DPS 추이

단위: 원

구분	2021년	2022년	2023년	2024년	2025년
EPS	11,743	13,344	21,770	26,328	25,852
DPS	3,000	3,500	5,600	6,307	6,428

자료: 에프앤가이드

는 방증이다.

수익성이 꾸준히 개선됐으니 EPS도 당연히 늘었다. 2021년 기아의 EPS는 1만 1,743원이었는데, 2024년에 2만 6,238원, 2026년에 2만 5,111원을 기록할 것으로 시장 컨센서스가 형성되어 있다. 같은 기간 DPS도 3,000원에서 6,428원으로 2배가량 뛸 것으로 기대된다. 이처럼 기아는 실적 성장도 매서운데, 배당 성장도 이에 못지않게 뛰어난 팔방미인 종목이다. 기아의 주가는 2023년 68.63% 급등하고 2024년 상반기에도 최대 30% 상승하며 52주 신고가 기록을 갈아치운 바 있다. 그럼에도 배당수익률은 5~6%에 달할 것으로 기대되고 있다. 복리 효과를 극대화할 수 있는 장기 적립식 투자에 가장 적합한 투자 종목이 바로 기아라고 볼 수 있다.

기아가 글로벌 시장에서 선전할 수 있었던 것은 경쟁사 대비 가격 경쟁력이 뛰어나기 때문이다. 특히 환율이 급등해 원화 가치가 하락하게 되면 자동차 산업은 해외 현지에서 비교적 저렴한 가격에 구매가 가능해 경쟁력이 높아진다. 미래에셋증권의 데이터에 따르면 기아의 한국, 북미, 유럽, 인도, 중국 등을 포함한 2021년 도매판매량은 278만 대였는데, 2025년엔 333만 대로 늘어날 것으로 전망되고 있다. 유일하게 역성장을 하는 해외 시장이 중국인데, 중국을 제외하면 글로벌 시장에서 매년 5%가량의 판매량이 늘고 있다. 특히 기아는 인도 시장에서 엄청난 인기를 누리고 있다. 국내총생산GDP 고성장이 지속되는 새로운 '세계 경제의 엔진' 인도에서 기아의 시장 점유율은 약 10%다. 인도 경제가 꾸준히 성장 중이라는 점을 고려하면 기아의 해외 시장 수익성은 지속적으로 상승할 것으로 보인다.

기업의 마진율을 확인해볼 수 있는 대표적인 척도가 평균판매가격ASP이다. ASP는 하나의 제품이나 서비스를 판매할 때 어느 정도의 판가를 받느냐를 나타낸다. ASP를 통해 수익성이 어느 정도 유지되고 있는지를 알아볼 수 있다. 기아의 2015년 글로벌 시장 ASP는 약 2,000만 원이었다. 차 한 대를 평균적으로 2,000만 원대에 팔았다는 얘기다. 이랬던 기아의 ASP는 2022년 3,000만 원을 넘었고, 2024년엔 3,300만 원에 달할 것으로 보인다.

실적과 배당이 동시에 성장, 현대차

아우인 기아를 살펴봤으니, 이번엔 맏형인 현대차에 대해 알아보자. 사실 현대차는 기아와 주가 추이가 유사한 종목으로 실적, 배당

현대차의 EPS와 DPS 추이

단위: 원

구분	2021년	2022년	2023년	2024년	2025년
EPS	17,846	26,592	43,589	47,914	48,932
DPS	5,000	7,000	11,400	12,363	12,761

자료: 에프앤가이드

성장도 유사한 수준이다. 현대차의 매출액도 2021년 117조 6,106억 원에서 2022년 142조 1,515억 원, 2023년 162조 6,636억 원, 2024년 169조 3,060억 원(추정) 등 꾸준히 성장하고 있다. 2026년에는 182조 원의 매출액을 기록할 것으로 기대되고 있다. 같은 기간 영업이익도 2021년 6조 6,789억 원에서 2024년 14조 8,905억 원, 2026년 15조 7,349억 원으로 늘어날 것으로 보인다. 현대차의 CAGR도 30% 이상으로 기아보다는 낮지만 훌륭한 편이다. 이 회사에 투자한 주주당 순이익이 얼마나 불어났는지는 EPS 성장 추이를 보면 명확하게 알 수 있다. 2020년대 초반 1만 7,846원에 불과했던 현대차의 EPS는 2025년에는 약 5만 원까지 급등할 것으로 기대되는데, DPS도 5,000원에서 1만 2,761원까지 뛰는 실적과 배당이 동시에 성장하는 모습을 보여준다.

현대차의 주가는 2023~2024년 들어 급등했는데, 그럼에도 여전히 PBR은 0.7~0.8배 수준에 불과하다. 배당수익률도 4~5%로 준수한 편이지만, 아우인 기아 대비 절대적인 수치가 높진 않다. 그만큼 향후 개선될 여지가 많다는 해석도 가능하지만 나는

현대차와 기아의 주주환원율 추이

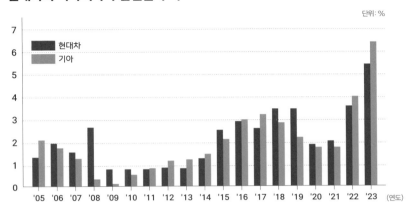

단위: %

현대차그룹(HMG) 현금 및 현금성 자산 추이

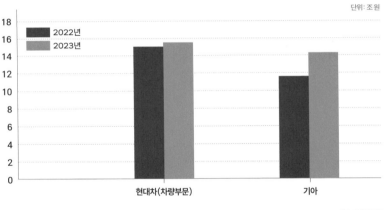

단위: 조 원

자료: 미래에셋증권

ROE를 통해 본 자본효율성의 정도가 현대차보다는 기아가 뛰어나다고 생각해 기아를 자동차주 중에서는 톱픽으로 본다.

현대차의 ROE는 2021년 6.8%에서 2024년 13.1%로 개선되긴 했다. 하지만 20%에 육박하는 기아의 ROE 대비해서는 아직

갈 길이 멀다. 소수 의견이지만 증권가 일각에서 ROE를 고려했을 때 현대차의 자본효율성이 피크아웃(고점 통과) 수준에 도달했다는 지적도 나온다. 시장에서 기아보다 기업가치 측면에서 디스카운트를 받고 있는 원인도 고 ROE의 지속성 여부가 불투명하기 때문이다. 현대차의 배당수익률도 기아보다 약 1~2%포인트 낮은 상황이고, 두 회사 모두 주주환원 확대에 나서고 있는 만큼 이 격차가 유지될 가능성이 커 보인다. 현대차는 2018년 이후 주주환원을 강화했지만 글로벌 경쟁사와 기아와 비교해보면 상대적으로 부족한 상황이라는 지적을 받기도 했다.

그럼에도 현대차는 나름대로 글로벌 시장에서 경쟁력을 가진 발군의 기업으로 실적과 배당은 꾸준히 성장할 것이다. 2024년 실적은 제한적인 감익으로 주춤하면서도, 2025년부터 재차 증익 구간에 진입할 것이라는 분석이 나온다. 현대차의 ASP도 기아와 동일하게 꾸준히 증가하는 추세다. 다만 2020~2021년을 제외하곤 기아보다 글로벌 ASP도 낮은 편에 속한다. 최근엔 테슬라, BYD를 중심으로 전기차 시장이 핫한데 현대차, 기아도 나름의 전기차 부문에서 경쟁력을 가지고 있다. 블룸버그통신에 따르면 현대차, 기아의 전기차BEV 영업이익률은 기아가 5%, 현대차가 2%를 유지할 것으로 추정했다.

글로벌 선두업체인 테슬라, BYD의 영업이익률이 약 8~9%로 사실상 테슬라, BYD, 현대차, 기아를 제외한 나머지 업체들은 죄다 손실권이다. 현대차그룹의 배터리 탑재량은 테슬라, 폭스바겐

그룹에 이은 세계 3위다. 전기차 수요 둔화로 테슬라를 중심으로 가격 인하 정책을 펼치면서 경쟁이 심화되긴 했다. 다만 2024년 10월부터 미국 내 현대차의 전기차 전용 공장이 가동되면 수출 비용 줄어들고, 미국 당국, 주정부에서 지급하는 인센티브가 수익성 강화에 도움이 될 것이다. 현대차가 전기차 사업 부문에서 향후 두각을 나타낸다면 기업가치 할인의 원인이었던 ROE가 개선되면서 배당 황금주로서의 투자 매력은 더욱 높아질 것이다. 우리는 이 포인트에 주목해 현대차의 행보를 지켜볼 필요가 있다.

정부 밸류업 정책의 최대 수혜주

ROE 얘기가 나온 김에 정부의 밸류업 정책과 연계해 조금 더 알아보자. 사실 현대차와 함께 기아는 정부 밸류업 프로그램의 가장 큰 수혜주로 평가받고도 있다. 늘 준수한 실적을 기록해왔지만 현대차, 기아 주가는 지난 2010년 이후 10년 이상 동안 전고점을 돌파하지 못했다. 기아의 경우 2012년 기록한 고점(8만 4,800원)을 돌파하는 데 11년이 걸렸다. 현대차도 2012년 27만 2,500원까지 주가가 급등했다가 2020년 팬데믹 발발 당시 6만 5,000원까지 급락한 아픈 기억이 있다. 증권가에서는 현대차, 기아의 이 같은 주가 하락기를 '잃어버린 10년'이라고 표현하기도 한다. 극심한 주가 저평가에 현대차, 기아의 PBR은 1배에 못 미치는 0.4~0.5배에 머물러 있다.

단순 PBR이 낮기 때문에 밸류업 수혜주로 분류된 건 아니다. 밸류업 정책의 핵심은 기업의 자본효율성을 높이는 것인데 현대차, 기아는 애초에 ROE가 상당히 높은 편에 속한다. 그중에서도 기아의 '고 ROE-저 PBR' 매력이 더 부각될 가능성이 크다. 기아의 ROE는 지난 2019년 6.5%에서 2023년 20.4%로 훌쩍 뛰었다. 수익성, 효율성은 장기적으로 개선되는데 주가가 급등한 현재 기아의 PBR은 딱 장부상 가치인 1배 수준에 맞추어져 있다. 사실상 그동안 시장으로부터 부여받던 밸류에이션이 말도 안 되는 수준이었던 셈인데, 향후에는 기업가치 리레이팅에 따른 장기적 주가 상승 동력이 발생할 것으로 보인다.

아무리 우리가 배당투자자이지만, 주가가 내린다고 좋아할 사람은 없다. 앞에서도 언급했지만, 실적과 배당이 함께 성장하는 종목은 주가가 오르면 배당수익률도 뒤따라 오른다. 여기에 평가차익까지 더해지면 복리 효과 높이기에 안성맞춤이다. 물 들어올 때 노 젓는다는 말이 있듯이 기아는 적극적인 주주환원 확대 랠리를 펼치고 있다. 2023년 4분기 주주환원 확대 계획을 밝히며 2024년 들어선 3분기 누계 기준 재무 목표를 달성하게 되면 자사주의 50%를 추가 소각하겠다고 밝혔다. 기아의 2023년 현금 및 현금성자산은 약 14조 원으로 상당히 풍부한 편이다. 잉여현금흐름도 약 9조 원 수준이다. 지속적인 주주환원 확대를 위한 기반이 이미 훌륭하게 갖추어져 있는 것이다.

전통의 강자 통신주

: SK텔레콤·KT·LG유플러스

　　배당주 얘기를 하면서 통신주를 빼먹을 수는 없다. 사실 통신 업종은 이미 과점 체제를 완성한 후 '점유율 먹기' 경쟁에 나서고 있는 터라 폭발적으로 실적 성장을 기대할 수 있는 섹터가 아니다. 비즈니스 구조에 대해서도 가타부타 크게 말할 것도 없다. 스마트폰을 사용하는 우리 모두는 통신사들이 어떤 사업 구조를 가지고 있는지 이미 잘 알고 있기 때문이다. 저성장에 대한 이 같은 우려를 SK텔레콤, KT, LG유플러스도 잘 알고 있다.

　　내가 만난 통신사 직원들의 분위기를 전하면, 주주환원 강화를 통해 주가 부양에 나서려고 하는 게 전반적인 내부 분위기다. 실제 최근 통신사의 홍보 담당자들은 각 언론사의 증권부 기자들을 많이 만나고 있다. 자사의 주가 부양을 위한 정책을 소개하고,

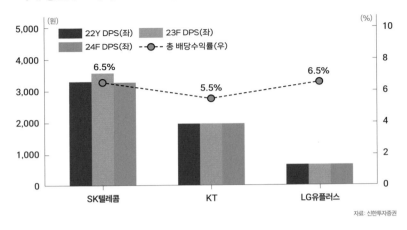

국내 통신주 3사의 DPS와 배당수익률 비교

(원)

■ 22Y DPS(좌) ■ 23F DPS(좌)
■ 24F DPS(좌) --○-- 총 배당수익률(우)

6.5%

5.5%

6.5%

SK텔레콤   KT   LG유플러스

자료: 신한투자증권

좋은 실적 소식이 있을 때마다 적극적으로 알리려고 하는 편이다.
아무래도 통신사들의 실적과 주가가 정체된 상태다 보니 대부분
CEO들의 핵심 성과지표KPI가 주가 부양으로 맞춰진 모양이다. 주
가가 자주 횡보하는 모습을 보이곤 하지만, 그래도 국내 통신주들
의 주가 추이는 장기적으로 오르는 모습을 보이고 있다. 배당수익
률도 낮지 않고, 앞으로도 꾸준히 증가할 것으로 믿어지는 몇 안
되는 종목 중 하나다.

기대 배당수익률 7%, SK텔레콤

통신주 중 가장 배당 황금주의 여건을 갖춘 건 SK텔레콤이다. 2024년 기준 SK텔레콤의 기대 배당수익률은 7%에 달하는데, 이는 전 세계 통신사 중 가장 높은 수치다. 미국의 버라이즌 커뮤니케이션스나 AT&T보다도 높다. SK텔레콤의 시가총액 중 주주환원 비율은 약 8.5% 수준인데, 경쟁사인 KT(5%)와 LG유플러스(6%)를 크게 상회한다. 사실 통신사의 실적은 크게 성장하기 어려운데, 최근 6년 중 2022년을 제외하고는 꾸준히 SK텔레콤의 순이익은 늘었다. 심지어 순이익이 60% 급감했던 2022년 SK텔레콤의 DPS는 오히려 종전 2,660원에서 3,320원으로 늘었다. SK텔레콤이 얼마나 주주환원에 '진심'인지 알 수 있는 대목이다. 최근 SK텔레콤은 2026년까지 연결 기준 조정 당기순이익의 50% 이상을 현금 배당과 자사주 매입 및 소각에 활용하겠다는 주주환원 정책을 발표한 바 있다. 배당금이 지속적으로 성장한다는 기대감과 함께 주가도 꾸준히 상승 가도를 달릴 것으로 보인다. 통신주의 경우 주가 상승 시 기대 배당수익률이 낮아질 때 주가가 조정기를 거치는 경향이 있는데, 이때를 노린 저가 매수에 나서는 것도 방법이다.

역시 뛰어난 배당주, KT

SK텔레콤이 압도적인 배당 황금주로 평가받지만 나머지 KT, LG유플러스도 뛰어난 배당주다. KT의 배당수익률은 5.7%, LG유플러스는 6.7%에 달한다. 업계 후발주자인 KT, LG유플러스는 비통신 사업의 역량 강화를 위해 노력하고 있다. 이 부분에서 통신주들도 향후 '성장주'의 반열로 올라설 수 있을 것으로 보는데, 바로 데이터센터다. AI와 클라우드 수요 급증으로 인해 데이터센터 시장은 공급자 우위가 지속될 전망인데 현재 국내 통신사들이 이 데이터센터 증축에 나서고 있다. 현재 서울, 경기도의 전력 자급률은 각각 10.4%, 62.5%에 불과한 실태다. 특히 전력 수요가 높은 서울의 자급률이 낮은데, 향후 데이터센터 사업의 폭발적인 성장이 기대되는 이유다.

KT는 캐시카우인 무선사업부 외 AI, 클라우드를 필두로 한 사업 부문에서도 분기당 20% 이상의 매출 증가율을 성공시키고 있다. 그 영향으로 최근 주가도 많이 올랐다. 2020년 팬데믹 때 2만 원대가 깨진 KT 주가는 2024년 초 4만 원대까지 급등하기도 했다. 향후에도 신사업 부문에서 괄목할 만한 성과가 지속된다면 KT 주가의 턴어라운드가 가능하다고 보고 있다. 특히 최근 KT의 최대주주가 종전 국민연금에서 현대차로 변경됐는데, 주주환원에 진심한 회사의 품으로 들어간 점에 희망을 걸어보고 있다. KT는 영업이익률이 꾸준히 6~7%대를 유지하고 있어 장기적으로 안정적인 배당 지급이 가능해 SK텔레콤을 보완할 만한 배당주로서 편입이 가능하다는 판단이다.

아픈 손가락, LG유플러스

끝으로 LG유플러스는 사실 통신주 중 '아픈 손가락'에 해당된다. 주가 흐름도 세 종목 중 가장 좋지 않고, 실적 성장성도 뒤처진다. 한 애널리스트는 LG유플러스에 대해 "차라리 길게 보고 배당 투자하라"는 평가를 내놓기도 했는데 '차라리'라는 워딩에서 LG유플러스의 불확실한 현실이 반영되어 있는 것처럼 들린다. 하지만 앞에서도 언급했듯이 6%가 넘는 고배당률은 확실한 투자 매력이기도 하다. 주가 추이가 상대적으로 좋진 않지만 꾸준히 우하향하는 모습은 아니라는 점에서 위안이 되긴 한다. 실제 증권가에서 LG유플러스는 배당수익률 6% 수준에서 저점을 형성할 것이란 분석을 내놓는다. 배당투자에 대한 매수세가 유입되는 분기점을 6% 수준으로 본다는 분석이다. 이 분석이 맞다면 사실상 현재 주가는 역사적 저점에 해당한다는 생각이다. 또 LG유플러스는 배당금 증액에도 꾸준히 나서고 있어 앞으로 높아지는 기대 배당수익률에 따라 주가도 점진적으로 오를 것이다. 정체된 실적에도 불구하고 LG유플러스의 DPS는 2021년 550원에서 2026년 738원으로 증가할 것으로 기대되고 있다.

국내 통신사들은 과점 체제로 일정한 점유율을 유지하고 있어 한 회사가 극단적으로 망하거나 하는 경우가 아주 드물다. 시가총액 순서에 맞게 SK텔레콤, KT, LG유플러스 순으로 투자 비중을 많이 가져갈 것을 제안한다.

유일한 인프라 주식

: 맥쿼리인프라

경기를 타지 않는 인프라 자산의 특징

국내 한 자산운용사의 펀드매니저가 지난 2021년 전해줬던 말이다. 그는 "국내 증시에서 주가가 우상향하는 종목은 삼성전자, SK하이닉스와 맥쿼리인프라뿐"이라고 강조했다. 당시는 황제주에 해당했던 엔씨소프트, LG생활건강, LG화학 등 주요 국내 증시 우량주들의 주가 흐름이 처참하게 무너졌을 때다. 한국의 반도체 산업을 이끄는 삼성전자, SK하이닉스 주가가 꾸준히 잘 상승해온 건 모든 투자자들이 알고 있을 것이다. 하지만 맥쿼리인프라에 대해서는 들어본 투자자도 있겠지만, 생소한 이들도 분명 있을 것이다. 맥쿼리인프라는 대표적인 국내 증시의 우량 배당주로,

개인적으로 가장 장기투자하고 싶은 종목이기도 하다. 그만큼 배당성장에 대한 펀더멘털이 확실하고, 비즈니스 모델도 국내 증시에서 차별화될 정도로 매력적이다.

맥쿼리인프라는 '사회기반시설에 대한 민간투자법'에 기반해 2002년 설립된 국내 최대 규모의 상장 뮤추얼펀드로, 맥쿼리자산운용이 운용을 맡고 있다. 유료도로, 교량, 항만, 터널, 도시가스 등 주요 사회의 인프라스트럭처와 기반시설에 투자해 수익을 창출하고, 이를 주주들에게 배당으로 돌려주고 있다. 국내 사회간접자본soc에 투자하는 상장한 인프라 종목은 맥쿼리인프라뿐이다. 2024년 상반기 기준으로 한국의 19개 인프라 사업에 총 2조 7,000억 원을 투자하고 있다. 이중 16개의 투자자산은 주무관청과 실시협약을 체결해 사업을 진행하고 있다. 도시가스 사업 3개는 사업 종료일이 정해져 있지 않은 영속사업이다. 백양 터널, 수정산터널, 우면산터널, 인천국제공항고속도로, 인천-김포 고속도로, 서울-춘천 고속도로, 용인-서울 고속도로, 인천대교 등이 맥쿼리인프라의 대표적인 투자자산이다.

최근 들어 국민연금, 군인공제회 등 주요 기관투자자들을 중심으로 전통적인 주식, 채권 외 부동산, 인프라스트럭처, 에너지시설 등 대체투자자산에 대한 관심이 늘고 있는데 이에 맥쿼리인프라의 투자 매력이 더욱 높아지고 있다는 생각이 든다. 인프라 자산의 가장 큰 장점은 인플레이션을 반영해 통행료 수입이 자연스럽게 늘어난다는 점이다. 실제 2024년 1분기 맥쿼리인프라의 도로 통행료 수입은 전년 동기 대비 8.3% 상승한 것으로 나타났다. 도로의 통행량, 항만의 물동량, 도시가스 판매량이 늘어나면 수입이 증가하는 매커니즘이다. 눈치 빠른 투자자라면 알겠지만 맥쿼리인프라가 투자하는 인프라 자산은 소위 '한철 장사'가 아니라는 게 특징이다. 경기가 나빠져도 도로는 이용해야 하기 때문이다.

우량한 배당 황금주, 맥쿼리인프라

실제 맥쿼리인프라의 2023년 운용수익은 3,961억 원으로 2022년보다 5.2% 증가했다. 맥쿼리인프라의 부채비율은 22%로 상당히 낮은 편이다. 관련법상 맥쿼리인프라의 LTV는 30%로 제한되어 있다. 레버리지로 끌어올 수 있는 대출 비중이 낮을 수밖에 없다. 이는 요즘과 같은 고금리 시대에도 안정적으로 실적 성장에 나설 수 있는 배경이 된다. 맥쿼리인프라의 신용등급도 AA0(안정적)로 우량한 신용도를 바탕으로 자본시장에서 편안하게 외부 자금을 끌어와 사업에 활용할 수 있는 구조다.

인프라 자산은 초기 투자 후 매각을 통한 엑시트도 가능하다. 이 경우 매각 차익은 특별 배당으로 주주들에게 돌아온다. 특히 서울에 거주하고 있는 투자자라면 서울 지하철 9호선에 맥쿼리인프라가 투자한 사실을 알 수도 있을 것이다. 민자 노선이기 때문에 타 서울 지하철 노선 대비 9호선 요금은 비싼 편이었다. 맥쿼리

맥쿼리인프라의 DPS와 배당수익률 추이

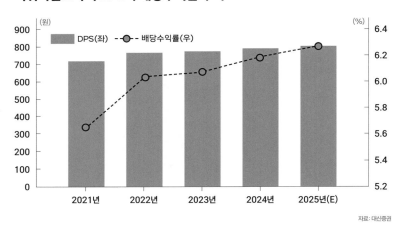

인프라는 9호선 투자로 인한 통행료 수익을 올리다가 지난 2013년 서울시에 9호선 지분 24.5%와 후순위대출을 1,314억 원에 매각했다. 물론 매각 수익 중 일부인 284억 원은 특별 배당으로 주주들에게 환원했다. 참고로 말하면 맥쿼리인프라의 배당성향은 90% 이상으로 2023년에는 100%를 넘어서기도 했다.

　얼마나 우량한 배당 황금주인지 알기 위해 맥쿼리인프라의 재무구조를 살펴보자. 맥쿼리인프라의 영업이익률은 매년 80%를 가볍게 웃돌고 있다. 매출이 발생하면 그중 80%는 실질적인 이익으로 귀속된다는 뜻이다. 맥쿼리인프라의 EPS도 2022년 779원에서 2026년 842원으로 증가할 것으로 기대되고 있다. 2023년 EPS가 -3.9% 역성장하긴 했지만 2022년 6.2%, 2024년 5.2%, 2025년 3.9%, 2026년 3%로 장기적인 시선에서 꾸준히

맥쿼리인프라의 장기 주가 추이

단위: 원

자료: 구글

개선될 것으로 추정된다. 같은 기간 동안 맥쿼리인프라의 DPS도 2022년 770원에서 2026년 790원으로 늘어날 것이다. 실질적으로 투자자들이 체감할 수 있는 매력 포인트인 배당수익률은 2021년 5.6%에서 2022년 6%를 넘어섰고, 2025년엔 6.4%에 달할 것으로 기대되고 있다.

또 다른 중요한 투자 포인트 중 하나는 맥쿼리인프라의 주가가 장기적으로 꾸준히 상승하고 있다는 점이다. 2006년 상장 후 주가는 3배 이상 올랐고 주가 그래프는 계속 우상향하는 모습이다. 주가가 옆으로 횡보하거나 박스권을 그릴 때 배당수익률이 드라마틱하게 늘어나는 경우는 꽤 있다. 하지만 맥쿼리인프라처럼 주가가 지속적으로 오르는데 배당수익률이 늘 유사하다는 점은 그만큼 배당 증액에 나서고 있다는 뜻이다. 앞에서도 말했지만 맥쿼리인프라의 배당성향은 90%를 넘어선다. 주가 상승과 고배당 매력, 두 가지를 동시에 가져가면서 배당금 재투자를 통한 복리 효과 굴리기에 가장 안성맞춤인 종목이라고 생각하는 이유다. 특히나 국내 증시에서 맥쿼리인프라 같은 우량 배당 주식은 찾기 힘들다. 따라서 배당투자를 고려하는 꿈나무라면 맥쿼리인프라는 꼭 포트폴리오에 편입하길 강력히 추천하는 바다.

안정적인 고배당주

: KT&G·제일기획

든든한 국밥, KT&G

국내 고배당주를 얘기할 때 빼놓을 수 없는 게 KT&G다. 실제 내가 만나본 개인투자자 중에서는 KT&G에 목돈을 한 번에 넣고, 많은 배당금을 수취하는 이들도 있었다. KT&G는 안정적인 사업 구조를 바탕으로 1999년 상장 후 꾸준히 높은 배당수익률을 제공해 배당투자자들에게 매력적인 옵션으로 자리 잡았다. KT&G를 '든든한 국밥'으로 표현한 이유이기도 하다. 앞서 기업은행에 투자하지 않는 이유를 얘기하면서 공기업 리스크를 언급한 바 있다. 사실 KT&G도 공기업이다. 그럼에도 KT&G를 배당 포트폴리오에 편입한 것은 지배구조 측면에서 기업은행, 한국전력과 같은

'찐' 공기업 종목과는 다른 점이 있기 때문이다. 2023년을 기준으로 기업은행의 최대주주는 기획재정부, 즉 대한민국 정부다. 한국전력 최대주주도 산업은행과 대한민국 정부로 국가의 지분율이 50%를 넘어선다.

하지만 KT&G는 지배구조 측면에서 미묘하게 변화가 감지되고 있다. KT&G의 최대주주는 기업은행이긴 하지만 지분율이 7.71%에 불과하다. 2대 주주는 국민연금으로 지분 6.64%를 보유하고 있는데 국민연금은 연금 고갈을 방지하기 위해 수익률 제고에 '올인'해야 하는 책무를 가진 기관이다. 최근 국민연금은 스튜어드십코드 정책을 통해 지분을 보유한 상장사들의 주주가치 제고를 압박하고도 있다. 앞서 언급한 기업은행, 한국전력 등 관치에 따른 경영 불확실성에 대한 우려는 상대적으로 적다고 할 수 있다. 더군다나 미국의 투자기관인 퍼스트 이글 인베스트먼트도 5%가 넘는 지분을 보유하고 있다.

중요한 건 KT&G의 외국인 투자자 지분이 40%를 넘어선다는 점이다. 외국인 투자자들은 특히 주주가치 제고에 민감한 편이다. 실제 KT&G는 2024년 주주총회에서 플래쉬 라이트 캐피탈 파트너스FCP를 비롯한 행동주의 펀드의 공격을 받기도 했다. 앞선 파트에서도 언급했지만 행동주의 펀드의 역습과 갈수록 주목받고 있는 주주환원의 중요성은 철옹성 같은 국내 상장사들에게도 변화의 바람으로 작용하고 있다.

사실 KT&G의 사업 포트폴리오로는 향후 폭발적인 실적 성장

KT&G의 EPS와 DPS 추이

단위: 원

구분	2021년	2022년	2023년	2024년	2025년
EPS	7,118	7,398	6,615	7,565	7,607
DPS	4,800	5,000	5,200	5,440	5,580

자료: 에프앤가이드

을 기대하긴 힘들다. 많은 투자자들이 알고 있겠지만 KT&G의 과거 사명은 한국담배인삼공사다. 담배 제조, 판매를 주요 사업으로 매출을 올리고 있는데 담배는 국민의 건강 이슈와 연계되어 있는 부분이라 예민하다. 최근에는 ESG 이슈가 중요해져 한때 증권가에서 기관투자자들이 KT&G 주식을 대거 매도하는 것 아니냐는 얘기가 나오기도 했다. 사람의 건강에 해로운 제품을 판매하는 사업을 영위한다고 해서 KT&G를 '죄악주罪惡株'라고 부르기도 한다. 실제 KT&G의 영업이익은 지난 2021~2023년 동안 3년 연속 감소했다. 2021년에 전년 대비 9.15%, 2022년 5.28%, 2023년에는 7.91% 감소했다. 그나마 2024년부터는 수익성 강화가 예상되고 있지만 추정 이익 증가율도 한 자릿수에 머물고 있다. 이처럼 KT&G는 전형적인 가치주로 주가 상승 동력이 크지 않다. 지난 2016년 기록한 역사적 고점의 주가를 여전히 회복하지 못하고 있다.

다만 KT&G는 행동주의 펀드의 공격, 이미 성숙할 대로 성숙된 사업 모델을 고려할 때 주주환원 강화를 통한 주가 부양 정책을 이어나갈 가능성이 크다. 주주환원 확대 기대감이 부각된 2023년부터 횡보하던 KT&G의 주가는 상승하기 시작한 바 있다. 향후 주주환원이 KT&G의 펀더멘털을 변화시킬 분기점이 될 것으로 기대되는 이유다. 실제 실적은 정체된 상태지만 KT&G의 DPS는 2021년 4,800원에서 2022년 5,000원, 2023년 5,200원으로 증가했다. 2025년에는 5,580원으로 또다시 늘어날 것으로 기대되기도 한다. 기대 배당수익률은 5~6%다. 편하게 얘기해서, 현재 주가가 팬데믹 이전(2020년 이전) 수준을 회복하지 못한 주식의 경우 아예 KT&G처럼 5% 이상의 고배당 매력이라도 있어야 투자할 맛이 난다. 혹자는 현대글로비스, LX인터내셔널도 우량 배당주로 소개하곤 한다. 하지만 이들은 팬데믹 이전 주가 수준을 회복하지 못하면서 배당수익률도 5%에 미치지 못하기 때문에 투자 매력이 낮다고 할 수 있다.

KT&G는 최근 2024~2026년 중기 주주환원 정책을 공시했는데 이 기간 동안 배당금 1조 8,000억 원, 자사주 매입 및 소각 1조 원 규모의 주주환원을 진행하겠다고 강조했다. 실제 2024년 2월에 3,150억 원 규모의 첫 번째 자사주 소각이 이뤄지기도 했다. 2024년 하반기에도 3,000억 원 규모의 자사주 소각이 예정되어 있어 KT&G의 주주환원은 장기적으로 이어질 전망이다. 애널리스트들은 한 목소리로 "KT&G의 주주환원 정책은 국내 최고 수준이다"라고 평가하고 있고 "코리아 디스카운트 해소의 선봉장"이라는 극찬을 받기도 한다.

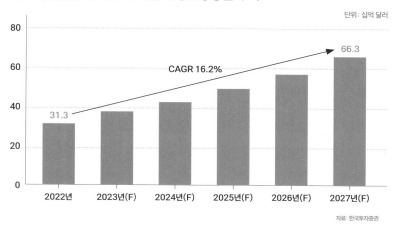

글로벌 궐련형 전자담배 시장 연평균성장률 추이

단위: 십억 달러

CAGR 16.2%

31.3

66.3

2022년　2023년(F)　2024년(F)　2025년(F)　2026년(F)　2027년(F)

자료: 한국투자증권

그나마 성장을 기대해볼 만한 요소는 궐련형 전자담배 부문
이다. 국내 담배 시장에서 궐련형 전자담배의 침투율은 2018년
12.4%에서 2023년 19.4%로 늘었다. KT&G는 이 시장에서 주
도권을 잡기 위해 신제품 출시, 품질 제고를 통해 점유율을 늘려
가고 있다. 2018년 1분기 KT&G의 궐련형 전자담배 시장에서의
점유율은 10%에 불과했는데, 2023년 1분기에는 40%까지 훌쩍
뛴 바 있다. 또 가능성은 크지 않지만 정부의 담배 가격 인상이 이
뤄지면 판가 인상으로 인해 실적에 상당한 호재가 될 수 있다. 실
제 2023년 말 정부가 부인하긴 했지만 업계에서 '담배값 8,000원
인상설'이 돌곤 했다. 경제협력개발기구OECD에 따르면 회원국들
의 평균적인 담배 가격이 8,000원 수준이기 때문이다. 담배 가격
은 제품 특성상 정부가 통제권을 가지고 있다. 담배 가격은 지난

2004년 2,000원에서 2,500원으로, 2014년 2,500원에서 4,500원으로 인상되고 10년째 동결 상태다. 만약 향후에라도 담배 가격이 인상되면 KT&G에는 전환점이 될 수 있다.

광고 만드는 곳 아니었나요? 제일기획

배당 우량주를 선별하는 데 광고회사를 얘기하니 뜬금없을지도 모른다. 사실 많은 배당투자자들이 제일기획의 배당 매력에 대해 잘 알지 못한다. 어찌 보면 성장주인 것 같기도 하다. 비록 제일기획은 광고 업황 특성상 폭발적으로 성장 여력을 갖추진 못했지만, 안정적인 캐시카우를 중심으로 5% 이상의 고배당 매력을 꾸준히 줄 수 있는 종목이라 포트폴리오에 편입하는 걸 제안한다. 제일기획은 삼성그룹의 광고계열사다. 삼성이란 큰집의 후광 효과를 무시할 수 없다. 광고업계에서는 이 같은 계열사 실적을 캡티브Captive 매출이라고 부른다. 게다가 제일기획은 국내 1위 광고 대행사로 광고 대행, 마케팅 부문에 있어 가장 파워풀한 인력 구조와 경쟁력을 갖추고 있다. 디지털 시대가 되고 TV, 신문을 넘어서 미디어가 다양화됐다. 특히 이커머스를 통한 광고, 마케팅의 수요가 폭발적으로 늘고 있다. KT&G의 사례에서도 언급했지만, 실적 성장이 정체되더라도 특정 수준의 매출을 안정적으로 올릴 수 있는 기반이 있다면 우량한 배당주로 평가될 수 있다. 그런 측

제일기획의 EPS와 DPS 추이

단위: 원

구분	2021년	2022년	2023년	2024년	2025년
EPS	1,438	1,684	1,628	1,833	1,941
DPS	990	1,150	1,110	1,210	1,265

자료: 에프앤가이드

면에서 제일기획의 배당 매력에 대해 알아보도록 하자.

제일기획의 실적은 크게 '본사'와 '해외(자회사)' 두 부문으로 나눌 수 있다. 보통 본사의 매출 비중이 크다고 생각할 텐데, 제일기획은 해외 자회사들의 매출 비중이 본사의 4배에 달한다. 한정적인 한국 시장 대비 미국, 중국의 광고주 물동이 증가하고 있어 해외 성장성이 높은 편이다. 2024년 1분기를 기준으로 중국, 유럽, 북미 순으로 매출총이익 비중이 높다. 특히 올림픽, 월드컵 등 주요 스포츠 이벤트가 있을 때마다 광고 수요가 높아진다. 제일기획의 매출총이익에서 디지털과 BTLBelow The Line(미디어를 활용하지 않는 상호작용적 광고) 사업 부문의 비중이 80%에 달하는데 이에 대응하기 위해 제일기획은 고급 인력 확보를 위한 투자에 돈을 아끼지 않고 있다. 제일기획은 수익성이 높은 디지털 사업 부문의 확대를 통해 서비스 고도화에 나설 전망이다. 단기적으로는 인력 확보에 따른 인건비 지출로 비용 부담이 증가할 것으로 보이나, 향후 경쟁력 확보로 인한 실적 성장으로 이어질 것으로 기대하고 있다. 실제로 제일기획도 추가 인력 채용보다는 인력 효율화에 따른 판매관리비 효율화에 집중하고 있다.

　현재 글로벌 광고 시장은 침체기에 빠져 있다. 고금리, 고물가의 매크로 환경과 더불어 러시아와 우크라이나 전쟁, 이스라엘과 하마스 전쟁 등 지정학적 리스크에 전반적인 광고 수요가 줄었다. 설상가상으로 든든한 후원자인 삼성그룹의 캡티브 매출 성장이 한 자릿수로 떨어졌다. 이를 두고 한 애널리스트는 "엄마가 돈을 안 준다"고 재밌게 표현하기도 했다. 그럼에도 제일기획은 삼성그룹이 아닌 비계열 부문과 디지털 부문 경쟁력을 살려 광고 물량을 확보하며 선전하고 있다. 2024년 제일기획의 주요 사업전략 중 하나도 바로 비계열 확대를 통한 실적 방어다. 실적 방어 노력에 제일기획의 EPS는 2021년 1,438원에서 2023년 1,628원으로 늘었다. 2024년 1,833원, 2025년 1,941원, 2026년 2,090원으로 중기적으로도 성장 가도를 달릴 것으로 보인다. 제일기획의 DPS도 2021년 990원에서 2025년 1,265원으로 늘어날 전망이다. 배당성향은 장기적으로 60% 가까이 유지하고 있다. DPS가 지속적으로 증가하면서 2022~2023년 제일기획의 배당수익률은 5%대였는데, 2024년 이후로는 6%대로 개선될 것으로 보인다. 해당 기업이 영위하는 사업이 무엇이든 업황이 어떻든 가장 중요한 건 EPS와 DPS의 쌍끌이 성장이라고 얘기했다. 광고회사에 투자한다는 점에서 반감을 가질 투자자들이 있을지 모르겠지만 배당 매력은 충분한 것으로 보인다.

　주가 흐름도 생각보다 나쁘지 않다. 2019년 고점을 회복하지 못하고 있지만 1998년 상장 이후 꾸준히 우상향 가도를 달리고 있다. 광고 업황 둔화 우려에 2023년 주가가 17.44% 하락하긴 했지만 올해 실적 턴어라운드와 주주환원 확대에 따른 분위기 전환이 기대된다. 글로벌 경쟁사들과 비교했을 때 기업가치 부담도 적은 편이다. 제일기획의 2024년 추정 PER은 9배 정도로 추정되고 있다. 미국의 광고대행사인 인터퍼블릭그룹IPG, 옴니콤그룹OMC의 12개월 선행 PER은 각각 11배, 12배로 상대적으로 제일기획의 저평가 매력이 충분하다는 분석이다. 실적과 배당은 꾸준히 상승하는데 기업가치가 저평가된 상태라면 정부의 밸류업 정책에 따른 수혜를 입을 가능성이 커진다. 제일기획의 ROE도 2023년 기준 15%로 자본 효율성이 뛰어나다.

미워도 다시 한 번

: SK·LG·HD현대

끝으로 이번에는 지주사 섹터에 대해 알아보고자 한다. 사실 지주사를 포함할지 여부에 대해 고민을 많이 했다. 한국 증시에서 지주사는 기업가치 할인의 '끝판왕'으로 대부분 종목들의 주가가 우상향 추이를 보이고 있지 못하기 때문이다. 다만 정부의 밸류업 프로그램이 본격적으로 시행되면서 향후 지주사들의 디스카운트 요인들이 점차 해소될 것으로 보이기 때문에 앞으로 꾸준한 주주 환원 확대가 기대되는 지주사 일부만 소개하고자 한다.

지주사란 대기업 지배구조의 가장 꼭대기에 있는 회사를 뜻한다. 다른 회사(계열사, 자회사라고 부른다)들의 주식을 대거 보유해 지배력을 유지하는 의사결정 구조의 정점에 있는 회사인 셈이다. 영어로는 기업명 뒤에 '홀딩스'가 붙는다. 예를 들어, 포스코그룹의 지주사는 POSCO홀딩스다. SK그룹의 지주사는 SK인데 SK는 SK스퀘어, SK이노베이션 등 다수의 중간 지주사를 통해 SK하이닉스 등 핵심 계열사에 대한 경영권을 행사하고 있다. 일부 언론에서는 이를 문어발 경영구조라고 표현하기도 하는데, 문어의 머리에 해당하는 핵심 회사로 대부분 대기업 회장님들은 이 지주사에 속해 있다.

지주사에 대해 소개하면서 '미워도 다시 한 번'이라고 표현한 이유는 그동안 국내 증시에서 지주사에 투자하는 건 '바보'라는 평가가 많았기 때문이다. 내로라하는 대기업들의 지배구조 정점에 있는 회사인데 왜 투자 매력이 없었을까? 결국 주가가 장기적으로 우상향하지 못했기 때문이다. 우상향이 어려우면 옆으로 기는 횡보라도 해줘야 하는데 지주사들 주가는 그동안 꾸준히 미끄럼틀을 타며 급락세를 이어갔다.

아무리 배당을 받아도 주가가 이 지경이면 밑 빠진 독에 물 붓기밖에 안 된다. 이유는 '계열사, 자회사 중복 상장 남발로 인한 지주사 기업가치 할인', '배당 확대, 자사주 매입 등 주주환원 부족', '상속세 부담에 따른 주가 부양 노력 소홀' 등 세 가지를 꼽을 수 있겠다. 핵심 계열사, 자회사를 상장하게 되면 그만큼 지주사가 보유하고 있는 기업가치가 떨어져나가는 셈이 되어 주가 할인의 요인으로 작용한다. 이러한 분할 상장 리스크가 항상 있는데도 주주환원 노력이 부족하다 보니 주가가 상승 탄력을 받을 리 없다. 대부분 오너 위주 경영구조를 보이는 한국 재벌가 특성상 후계자에게 경영권을 물려주기 위해서는 막대한 상속세를 물어내야 한다. 이때 주가가 상승하면 그에 맞게 상속세도 오르는데, 당연히 오너 입장에서 주가 부양에 소홀할 수밖에 없을 것이다.

지주사도 배당 확대, 올라가는 주주가치

정부의 밸류업 프로그램 영향으로 이제 지주사도 배당 확대 등 주주가치 제고에 나서는 분위기가 조성되고 있다. 대부분 지주사들의 PBR은 1배 이하로 극도의 저평가 상태라 기업가치를 끌어올리기 위한 적극적 주주환원 정책이 기대된다. 또 2019년 이후 카카오뱅크, 카카오페이, LG에너지솔루션 등 대어급 종목들의 중복 상장 이슈로 인해 물적분할, 중복 상장 리스크도 다소 잦아든 상태다. 상속세는 정치적 판단이 필요한 부분이라 개선이 어려울지 몰라도, 이 정도면 그래도 지주사를 조금이나마 담아볼 투자 매력이 생겼다는 판단이다. 배당 매력이 충분하면서 향후 극심한 저평가를 극복할 수 있는 주가 상승 동력이 있는 우량한 지주사를 편입한다면 장기 배당투자에 유용할 수 있다.

앞으로 배당 황금주의 지위에 오를 수 있는 지주사 후보군은 SK, LG, HD현대라고 본다. 콘셉트를 굳이 나누자면 SK와 LG는 배당성장주가 되고, HD현대는 고배당주다. SK, LG의 배당수익률은 3% 수준으로 높진 않다. 꾸준히 강조하는 3%대 배당수익률의 기준 컷에 해당하는 아슬아슬한 수익률이다. 앞에서 지주사들은 그룹 지배구조의 정점에 있는 회사라고 언급했다. 이들은 대부분 자회사들의 사업을 지휘하거나 총괄적인 투자를 결정, 집행하는 역할을 해 자체적인 사업은 영위하지 않는 경우가 많다. 지주사의 경우 우리가 앞에서 꾸준히 강조한 EPS 외 다른 투자지표가 필요한 이유다. 그럼 지주사들의 실적은 어떻게 나오는 걸까? 문어발 구조를 통해 지분을 보유한 자회사들의 실적을 지분율에 따라 반영하는 식으로 지주사의 실적이 산정된다. 즉, 우량한 핵심 자회사들을 보유한 지주사일수록 향후 주주환원 확대 가능성이 크다.

지주사들의 수익 구조는 크게 자회사로부터 받는 배당금, 브랜드 로열티, 자체 사업 세 가지다. 우선 지주사들의 수취 배당금부터 알아보자. 자체 사업을 하지 않는 순수한 지주사들은 자회사로부터 받는 배당금을 대체로 주주환원으로 활용한다. 대신증권에 따르면 지난 2021년~2022년 동안 SK가 자회사로부터 받은 배당금 수취액은 1조 7,812억 원에 달한다. 이중 SK는 약 8,500억 원을 주주들에게 배당으로 지급했다. 수취 배당금 중 절반에 해당하는 48%를 주주들에게 돌려준 것이다. 심지어 LG의 경우에는 같은 기간 자회사로부터 배당금 1조 1,209억 원을 수취했는데, 79%인 주주들에게 8,900억 원을 돌려줬다. 여기에 LG는 순현금 약 1조 7,000억 원을 보유하며 무차입 경영을 통해 안정적인 재무구조를 유지하고 있기도 하다. 절대적인 배당 지급 규모는 SK가 크고, 비율로 보면 LG가 우수한 셈이다.

브랜드 활용하여 수익 올리기

다음으로 브랜드 로열티다. 브랜드 로열티는 쉽게 말하면 해당 그룹의 브랜드를 활용함으로써 지주사가 얻는 저작권료 같은 개념이다. 혹자는 "같은 그룹끼리 너무한 것 아니냐"는 지적을 할지 모르겠지만, 모든 지주사들이 브랜드 로열티 명목으로 수익을 올린다. 2022년부터 2023년 3분기까지 브랜드 로열티 수익 규모가 가장 큰 지주사는 LG(6,258억 원)와 SK(5,337억 원)다. 현재 SK, LG의 주가는 보유 자회사들의 순자산가치 대비 크게 할인된 상태다. 앞으로 밸류업으로 주가 저평가가 이뤄질 시 배당금 증액과 더불어 주가 상승에 따른 자본 차익도 함께 누릴 수 있지 않을까? 지주사들의 변화도 이제 현실화할 때가 됐다고 본다.

한편 현대중공업그룹의 지주사인 HD현대의 경우 배당금 수취, 로열티 수익이 SK와 LG 대비 부족하다. 그럼에도 HD현대를 포함한 이유는 절대적인 배당수익률이 높기 때문이다. 약 6%의 배당수익률을 기록 중으로 지주사 중에서는 사실상 가장 높다고 볼 수 있다. HD현대를 통해 받은 배당금을 재투자해 복리효과 굴리기에 유용하다. 특히 최근 들어 글로벌 조선업이 살아나면서 핵심 자회사인 HD현대중공업의 실적 턴어라운드가 지속 중인 점

186

도 호재다. 2021년 1,470억 원의 영업손실을 기록한 HD현대는 2025년에는 8,100억 원의 지배주주 순이익을 기록할 전망이다. 다만 SK, LG, HD현대의 편입 비중은 앞에서 소개한 타 배당주보다 적게 가져가는 것을 제안한다. 지주사들의 경우 앞으로 개선될 점을 고려해 편입 대상에 포함한 것이지, 현재로서 크게 매력적인 배당주로는 볼 수 없기 때문이다. 밸류업이 현실화된다면, 앞으로 10년, 20년 후를 내다 볼 때 지금이 지주사 투자에 가장 적기였을 지도 모른다.

누군가는 "왜 삼성그룹의 지주사는 빠졌냐"는 지적을 할 수도 있을 것 같다. 일부 투자자들은 삼성그룹의 지주사로 삼성전자를 떠올리는 경우가 많은데, 실제 지주사는 삼성물산이다. 결정적으로 삼성물산의 기대 배당수익률은 1~2%에 불과하다. 2022~2023년 배당수익률은 2%였는데, 이후 1.7%대로 떨어졌다. 행동주의 펀드의 공격과 밸류업 정책에 따른 영향으로 주가가 상승하면서 배당수익률이 줄어든 영향인데 절대적인 기대 배당수익 자체가 낮을뿐더러, 배당성장 여력도 크게 기대하기 어렵다는 판단이다.

삼성물산은 배당보다는 자사주 매입, 소각에 힘을 쏟고 있기도 하다. CJ그룹 지주사인 CJ의 투자 매력도 현재는 높은 편이지만, 향후 핵심 자회사인 올리브영이 IPO에 나서게 되면 힘을 잃을 수 있다. POSCO홀딩스는 과거에는 훌륭한 고배당주였지만, 현재는 2차전지, 리튬 사업에 집중하면서 기술주 반열에 올라섰다. 에코프로와 함께 주가 변동성이 커져 안정적인 장기투자에는 적합하지 않다는 판단이다. 과거 6%에 달했던 배당수익률도 현재는 2% 수준에 불과해 투자 매력이 낮다.

AI 성장주가 배당을?

: 브로드컴

    지금까지 국내 증시에 상장한 배당 황금주 후보군을 살펴봤다. 최근 들어, 미국 주식에 투자하는 서학개미들이 급증하고 있는데 이번에는 내가 생각하는 미국의 대표적인 배당성장주를 소개해보고자 한다. 한국의 기업들은 올해 들어 주주환원 확대를 적극 검토하기 시작했지만 미국 증시의 주주환원 확대 역사는 이미 100년에 다다르고 있다. 이미 국내 서학개미들 사이에서도 미국의 핵심적인 배당주에 대한 정보가 잘 알려져 있다. 3M, 코카콜라, 펩시코, 버라이즌 커뮤니케이션스, AT&T, 화이자, 월마트, 알트리아그룹 등이다. 하지만 주주환원에 진심인 기업에 대해서는 매수세로 화끈하게 보답하는 미국 증시의 특성상 고배당주보다는 배당성장주에 투자해야 한다고 본다. 그도 그럴 것이, 배당수익률 5% 이상의 고배당주인 버라이즌 커뮤니케이션스, 화이자, AT&T는 장기 주가 흐름이 좋지 못하다. 대체로 고배당을 지급하는 종목들은 성장성이 정체되어 높은 배당금으로 주가의 하방을 지지하려는 전략을 쓰는데, 주가도 박스권을 그리는 경우가 많다. 코리아 디스카운트 따위는 남의 나라 일인 미국 증시에서는 성장도, 배당 지급도 잘 하는 꿩 먹고 알 먹기 좋은 주식에 투자하는 게 유리하다는 판단이다. 무수히 많은 배당 황금주들이 미국 증시에는 널려 있지만 그래도 가장 유망한 배당성장주는 반도체 기업인 브로드컴(티커명 AVGO)이다.

브로드컴은 성장주와 가치주의 특징을 동시에 갖고 있는, 투자 매력이 풍부한 종목이다. AI시대에 없어서는 안 될 반도체 섹터에 속한 성장주이면서도 13년 연속 배당을 증액한 우량 배당주이기도 하다. 브로드컴이 얼마나 대단한 성장주인지부터 확인할 필요가 있다. 브로드컴은 싱가포르에 본사를 둔 글로벌 반도체 팹리스(반도체 설계 전문) 업체다. 데이터센터, 네트워킹, 브로드밴드, 스마트폰, 기지국 등 다양한 반도체칩 솔루션을 보유한 종합 소프트웨어 업체라고 볼 수 있다. 그중에서도 거대언어모델LLM 개발에 있어 그래픽처리장치GPU, 고대역폭메모리HBM와 함께 필수 장비인 네트워크 인프라 부문에서 압도적 1위 지위를 유지하고 있다.

쉽게 말하면, GPU의 엔비디아, HBM의 SK하이닉스와 함께 브로드컴은 AI시대에 핵심 반도체의 한 섹터를 지배하고 있다고 볼 수 있다. 특히 브로드컴은 커스텀 반도체로 불리는 고성능 주문형 반도체ASIC 시장에서 높은 성장성을 보여주고 있다. ASIC란 엄청난 양의 데이터를 처리해야 하는 기업 고객들의 제품, 서비스에 맞춤형 반도체 칩을 제공한다는 얘기다. 실제 브로드컴은 빅테크 중 한 곳인 구글의 ASIC 설계 파트너로 참여하고 있다. 미국 월가는 메타 플랫폼스도 브로드컴에 ASIC 개발을 의뢰한 것으로 보고 있다. AI칩에 대한 고객사들의 수요가 폭발적으로 늘어나는 가운데 브로드컴은 2024년 AI 반도체 매출액 성장률을 40% 높이기도 했다.

브로드컴의 실적을 매년 고공행진 중이다. 미국 회계연도 기준 2022년 매출액은 332억 달러를 기록했는데 AI시대가 본격화된 2024년에는 504억 달러를 기록할 것으로 추정되고 있다. 2025년 추정 매출액은 571억 달러에 달한다. 단순 매출액만 급증한 데 그치지 않고 수익성도 강화되고 있다. 브로드컴의 순이익은 2022년 165억 달러에서 2025년 282억 달러로 70.9% 증가할 것으로 기대된다. 영업이익률도 60%에 달한다. 앞에서 실적 성장을 따질 때 주주의 몫인 EPS에 집중해야 한다고 강조한 바 있다. 브로드컴의 EPS는 2022년 37.64달러에서 2025년 57.37달러로 역시나 개선 추세다.

배당 재원이 되는 잉여현금흐름도 2020년 116억 달러에서 2023년 176억 달러로 양(+)의 흐름을 지속 중이다. 브로드컴은 이 같은 높은 성장성을 적극적으로 주주들에게 돌려주는 기업이기도 하다. 지난 2011년 첫 배당금을 지급한 후 매년 배당금을 증액하며 주주환원 확대에 나서고 있다. 배당금 지급액과 자사주 매입액을 포함한 브로드컴의 총 주주환원액은 2017년 20억 달러에 불과했지만 2023년에는 120억 달러로 6배 증가했다. 연간 DPS도 수직 상승하는 모습을 보인다. 신한투자증권의 분석 보고서에 따르면 브로드컴의 DPS는 2018년 7달러 수준에서 2023년 18달러까지 늘었고, 2026년에는 25달러에 이를 것으로 추정되고 있다.

코리아 디스카운트가 남의 일인 미국 증시에서도 브로드컴과 같은 주주친화적 정책을 펼치는 기업이라면 확실하게 대우를 해준다. 지난 2014년 이후 브로드컴 주가는 2024년 상반기까지 10년 동안 13배 상승했다. 최초 배당금을 지급한 시기가 2011년이고, 이후 배당금이 파격적으로 늘어난 시기가 2014년이라는 걸 고려하면 배당성장에 대한 기대감으로 브로드컴에 글로벌 투자자들의 뭉칫돈이 몰려들어와 주가를 끌어올렸다는 걸 알 수 있다. AI모멘텀이 본격화된 2023년에는 주가가 한 해에만 99.64%, 즉 2배 상승하며 놀라운 힘을 보여줬다. 물론 그동안 주가가 꾸준히 오르면서 절대적인 배당수익률인 1~2%대로 줄어든 상태다. 하지만 챗GPT가 쏘아올린 AI시대에, 그것도 네트워킹 인프라 분야에서 1위를 달리면서 이익률 60%를 웃도는 반도체 주식은 꼭 가져가야 한다고 본다. 더군다나 그 종목이 매년 배당금을 늘려주는 우량 배당성장주라면 더더욱 그렇다.

한국 고배당주의 경우 절대 배당수익률이 최소 5%, 배당성장

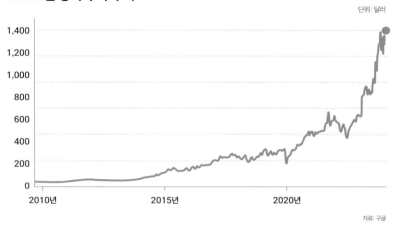

브로드컴 장기 주가 추이

단위: 달러

1,400
1,200
1,000
800
600
400
200
0

2010년　　　　　　2015년　　　　　　2020년

자료: 구글

주는 3%는 되어야 한다는 생각이지만, 브로드컴은 기술주, 가치주의 성격을 동시에 가진 초대형 우량주로서 포트폴리오에 편입할 가치가 있다. 주가가 급등한 현재 브로드컴에 투자한다면 기대배당수익률이 낮지만, 과거에 투자해 홀딩 중인 투자자라면 5% 이상의 배당금을 매년 받고 있을 것이다. 브로드컴만큼 현재 투자 트렌드에 부합하면서 장기적인 배당성장 매력도 풍부한 종목은 없다.

콜라 안 먹는
세상이 올까요?

: 코카콜라·펩시코

    러시아, 우크라이나 전쟁이 터지면서 기술주 중심으로 주가가 하락할 때의 얘기다. 당시 한 증권사 관계자와 술자리를 가지고 있었는데, 그분이 한 말이 압권이었다. "예기치 못한 리스크가 터질 때마다 느끼는 건데, 변동성이 낮은 주식이 장기투자하기 좋은 종목이라는 생각이 듭니다. 전쟁터에서도 콜라는 마시지 않겠습니까?" 짧지만 엄청난 투자 아이디어를 함축한 강력한 워딩이라고 생각한다. 이 말만큼 콜라주의 사업 펀더멘털을 바로 보여주는 말이 있을까? 그만큼 글로벌 음식료 시장에서 콜라가 차지하는 브랜드 파워와 소비량이 어마어마하다는 뜻이다. 실제 코카콜라는 2차 세계대전 당시 미군에 콜라를 독점으로 공급하면서 글로벌 시장 1위로 올라섰다. 우리 같은 일반 소비자들도 이제 콜라 없이는 살 수 없는 지경이 됐다. 커피와 콜라 중 하나를 포기하라면 차라리 커피를 포기할 정도다. 코카콜라(티커명 KO), 펩시코(티커명 PEP) 두 양대 회사가 오랫동안 꾸준히 성장하면서 주가가 우상향 가도를 그릴 수 있었던 이유다.

영업이익률 30% 코카콜라

코카콜라에 대해선 앞에서 '가치투자의 귀재' 버핏의 사례를 통해 한 차례 언급한 바 있다. 복리 효과를 노린 가치 투자를 즐겨하는 버핏이 장기간 코카콜라 주식을 보유 중인 점만 봐도 이 주식의 장점과 투자 매력이 높다는 사실을 간접적으로 알 수 있다. 우선 실적 애기부터 해보고자 한다. 코카콜라의 순매출액은 2020년 330억 달러에서 2021년 386억 달러, 2022년 430억 달러, 2023년 457억 달러로 꾸준히 늘고 있다. 2025년에는 479억 달러를 기록할 것으로 기대된다. 북미, 유럽, 아시아, 라틴 아메리카 순으로 매출 비중이 높은데, 전 지역에서 꾸준히 매출액이 늘고 있다는 게 긍정적이다.

코카콜라의 영업이익률은 30%로 제조업 치고는 상당히 이익이 많이 남는 편으로 수익성도 좋다. 일부 투자자들은 음식료를 만들어 파는 기업의 실적이 왜 이렇게 좋느냐고 의아해할 것이다. 콜라와 같은 필수소비재는 물가상승률에 따라 판매가격도 꾸준히 인상되는 구조를 가진다. 이 과정에서 기업이 원가절감 노력을 통해 비용을 아끼면 수익성은 더욱 높아진다. 특히 코카콜라는 제로 슈거, 소프트 드링크 등 시대적 트렌드에 맞는 다양한 신제품을 출시하며 소비자 수요에 대응하고도 있다. 오랜 업력을 바탕으로 최근에는 미국 시장은 소형 캔 패키지, 아프리카는 가성비, 중국은 소비 회복에 초점을 두고 맞춤형 상품을 제공하기 위해 노력 중이다.

코카콜라의 EPS도 2020년 1.95달러에서 2025년 3.01달러로 증가할 전망이다. 매년 꾸준히 EPS가 개선되고 있다는 점이 상당히 긍정적이다. ROE는 말할 것도 없이 코카콜라의 자본 효율성은 45%에 달한다. 잉여현금흐름도 매년 80억 달러 이상 순유입되고 있어 곳간도 두둑하다. 긍정적인 실적 흐름에 DPS도 2020년 1.6달러에서 2025년 2달러로 뛸 것으로 기대된다. 참고로 코카콜라의 연간 DPS는 무려 62년 연속 인상됐다. 2000년 DPS는 0.4달러에 불과했다. 1990년대 후반 닷컴 버블, 2008년 리먼 브러더스 사태, 2020년 팬데믹 충격 등 매크로 이슈가 수시로 발생했지만 코카콜라는 꾸준히 배당금을 늘리는 모습을 보여 왔다. 코카콜라 같은 주식이 주주환원에 진정성 있는 자세를 가진 친주주적 종목이라고 생각한다. 장기간 배당성장을 실천하면서 코카콜라의 주가도 상승세를 보였다. 특히 경기민감주의 특성상 하락장에서도 주가 방어력이 뛰어난 게 이 주식의 장점이다. 지난 2022년 고금리, 고물가로 인한 하락장 당시 S&P 500 지수는 약 19% 하락했는데 코카콜라는 7.36%만 내렸다.

장기투자 매력이 높은 펩시코

한편 코카콜라의 라이벌이라고 볼 수 있는 펩시코의 경우에도 장기투자 매력이 높은 종목이란 평가다. 2024년 6월을 기준으로 두 기업의 시가총액 차이는 약 500억 달러(약 69조 원)로 그리 크진 않다. 코카콜라가 1위 기업이긴 하지만 그만큼 시장에서는 펩시코에 대해 선두주자와 합당한 기업가치를 부여하고 있다는 얘기다. 아마도 콜라 시장의 성장세가 장기간 이어질 것이란 시장의 확신이 있어야 2위 업체에도 이런 밸류에이션이 주어질 것이다. 실제 펩시코의 실적 성장성도 뛰어난 편이다. 펩시코의 매출액은 2020년 703억 달러에서 2023년 914억 달러로 증가했다. 2025년 에는 1,000억 달러에 근접할 것이다. 다만 영업이익률은 15%로 코카콜라와 비교해서 좀 낮은 편이다. 펩시코의 매출은 코카콜라 대비 높은데 시가총액이 낮은 이유도 수익성 때문이다. 그래도 펩시코의 EPS는 2020년 5.52달러에서 2025년 8.81달러로 개선될 것으로 기대되고 있다. 같은 기간 DPS도 4달러에서 5.7달러로 상승 전망이다. 앞서 코카콜라는 지난 62년 동안 배당금을 늘려왔다고 강조한 바 있다. 펩시코도 52년 연속해서 DPS를 증액해온 우량 배당성장주다.

코카콜라와 펩시코의 DPS 추이

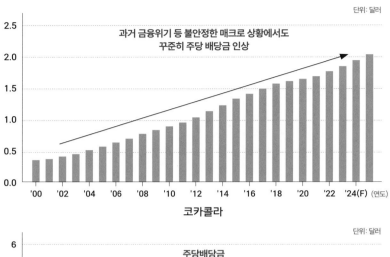

단위: 달러

과거 금융위기 등 불안정한 매크로 상황에서도
꾸준히 주당 배당금 인상

'00 '02 '04 '06 '08 '10 '12 '14 '16 '18 '20 '22 '24(F) (연도)

코카콜라

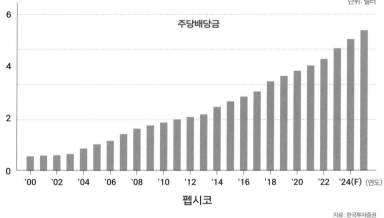

단위: 달러

주당배당금

'00 '02 '04 '06 '08 '10 '12 '14 '16 '18 '20 '22 '24(F) (연도)

펩시코

자료: 한국투자증권

혹자는 "코카콜라를 살까요? 펩시코를 살까요?"라고 질문하기도 한다. 코카콜라와 펩시코 두 가지 종목을 모두 담는 것을 추천한다. 보통은 1등주 위주로 투자할 것을 제안하는데 유독 콜라주의 경우에는 이 시장을 양분하는 두 업체를 모두 가져가는 게 나쁠 것 없어 보이기 때문이다. 과거 전설적인 가수 마이클 잭슨이 펩시코의 광고 모델을 맡았을 때 잠시나마 펩시코가 세계 시장 1위 자리에 오르기도 했다. 특히 최근엔 차茶 시장에서 펩시코가 코카콜라를 누르고 두각을 보이고 있다는 점에 주목할 만하다. 미국의 CNN에 따르면 차 음료 시장에서 펩시코의 점유율은 코카콜라의 7배에 달한다고 한다. 이처럼 펩시코 또한 저력이 있는 기업으로, 지속적인 배당투자 매력도 충분해 함께 포트폴리오에 편입하는 게 좋다는 판단이다.

우선주 삼형제

: 현대차우·현대차2우B·현대차3우B

　　이번에는 '형님보다 더 뛰는 아우'를 주제로 우선주에 대해 소개해보고자 한다. 보통 우리는 증시에서 투자를 할 때 우선주 말고 본주(보통주)에 투자한다. 우선주의 경우 종목명 뒤에 '우'가붙어 있는 게 특징이다. 삼성전자의 본주는 삼성전자이고, 우선주는 삼성전자우다. 우선주는 본주와 다르게 의결권이 없다. 따라서우선주를 보유하고 있다고 해서 주주총회 때 목소리를 낼 수 없다. 대신 우선주는 본주보다 배당 우선권을 가진다. 보통 상장사들은 이로 인해 우선주의 배당금을 본주보다 많이 배정하는 편이다. 예를 들어, 고배당주로 분류되는 NH투자증권은 2023년 결산배당으로 본주의 DPS는 800원, 우선주는 850원을 배정했다. 당시 우선주의 배당수익률은 7.3%로 본주(6.8%) 대비 0.5%포인트

높았다. 이 같은 배당 매력 때문에 상장사가 배당 확대 정책을 펼치거나 향후 배당금 증액이 예상될 때 우선주 주가는 상승하는 편이다. 최근 정부의 밸류업 정책 발표 이후 배당투자자들의 수요가 우선주로 몰리면서 우선주 투자 관심이 크게 높아진 바 있다. 국내 증시 우선주 20개를 편입한 코스피 우선주 지수는 2024년 1월부터 6월까지 12.7% 상승했는데, 같은 기간 코스피지수의 상승률은 5.37%에 그쳤다.

배당투자자에게 유망한 종목, 현대차 우선주

물론 국내 증시에 수많은 우선주가 상장되어 있지만, 가장 배당투자자에게 유망한 종목으로는 현대차 우선주 삼형제가 손꼽힌다. 우선주 중 배당성장과 고배당의 두 가지 매력을 동시에 보유한 종목은 현대차 우선주뿐이다. 왜 현대차 우선주를 증권가에서 '톱픽Top Pick'으로 꼽는지 한 번 살펴보자. 현대차는 우선주가 현대차우, 현대차2우B, 현대차3우B로 총 세 종목이 상장되어 있다. 현대차그룹은 배당 증액, 자사주 매입 등 주주환원에 적극적으로 나서고 있다고 강조한 바 있다. 배당성장 기대감에 현대차 우선주 삼형제의 최근 주가 상승률은 본주인 현대차를 크게 압도하고 있다. 보통 거래량이 몰리는 본주의 상승률이 높은 게 일반적인데 상당히 이례적인 경우다. 그만큼 현대차 우선주들의 고배당 매력이 풍부하다는 뜻으로 풀이된다.

2024년 들어 1월부터 6월까지 현대차우의 주가 상승률은 60%에 달하는 것으로 나타났다. 같은 기간 동안 또 다른 우선주인 현대차2우B, 현대차3우B의 상승률도 비슷했다. 그렇다면 본주인 현대차는 어땠을까? 현대차도 고배당, 배당성장 두 가지 매력을 동시에 가진 우량 배당주인데도 주가 상승률은 우선주에 못 미치는 45%만을 기록했다. 현대차 우선주는 증권가에서도 많이 추천하는 고배당 종목이기도 하다. 주가가 꽤 상승했음에도 기대 배당수익률이 7%로 여전히 상당히 높다. 지난 2023년에는 배당수익률이 10%를 웃돌기도 했다. 주가 상승 동력 측면에서나 고배당 측면에서나 현대차 우선주의 투자 매력은 상당히 뛰어난 편이다. 물론 향후 현대차가 주주환원 규모를 축소하거나, 재차 분배에서 성장으로 증시 트렌드가 바뀌면 우선주 삼형제는 힘을 잃을 수 있다. 하지만 현재로서는 배당투자자라면 현대차 우선주에 투자하지 않을 이유가 없어 보인다.

평균 거래량을 고려하면 현대차2우B, 현대차우, 현대차3우B 순으로 투자 매력이 높다고 본다. 키움증권에 따르면 2024년 초 60일 동안 현대차2우B의 평균 거래량은 16만 1,000주인 것으로 나타났다. 같은 기간 현대차우, 현대차3우B의 평균 거래량은 각각 11만 2,000주, 2만 7,000주다. 뒤에서 언급하겠지만 낮은 거래량은 매수에 부담이 된다. 향후 엑시트를 하고 싶어도 거래량이 받쳐주지 않으면 더 낮은 호가에 던져야 할 수도 있다. 굳이 동시

현대차우 주가 추이 단위

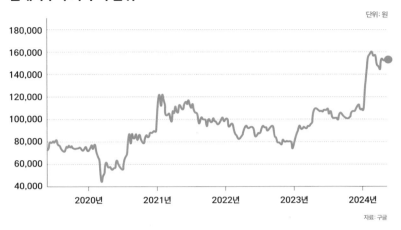

단위: 원

180,000
160,000
140,000
120,000
100,000
80,000
60,000
40,000

2020년   2021년   2022년   2023년   2024년

자료: 구글

에 동일한 우선주 세 종목에 투자할 필요는 없다. 우리는 한 번에 타점을 잡아 진입하는 차익 실현 투자자들이 아니기 때문에 거래량이 가장 많은 종목 하나에만 집중해 장기적으로 분할하여 포트폴리오에 편입하는 게 좋다.

특히 현대차 우선주의 경우 향후 자사주 소각에 따른 추가 주가 상승도 노려볼 수 있다. 현대차우는 1989년, 현대차2우B, 현대차3우B는 각각 1998년, 1999년에 발행됐다. 현대차 우선주는 당시 아산공장 건설과 경제 위기 발생 시 부채비율을 200%로 맞추기 위한 목적으로 탄생한 종목이다. 현재 현대차의 우선주는 세 종목으로 나뉜 상황인데, 증권가에서는 앞으로 현대차가 자사주 소각 정책을 활용해 우선주를 없애는 쪽으로 나아갈 것이란 전망이 나오고 있다. 외국인 투자자들을 중심으로 한 수급 분산 때문에 우선주의 주가가 본주 대비 50~60% 수준에 머물면서 우선주 전량 소각에 대한 주주요구도 늘고 있는 분위기다.

현대차 우선주의 투자 전략

현대차 우선주에 대한 외국인 투자자들의 지분율은 보통주의 2배를 넘어선다. 현대차 입장에서도 우선주 3곳에 대한 배당은 자금 여력 면에서도 부담일 수 있다. 따라서 우선주 소각 카드를 꺼낼 수 있는데, 정책이 현실화할 경우 주식 수 감소에 따라 우선주 주가는 급등세를 보일 것으로 전망된다. 만약 우선주가 전량 소각되어 없어지게 되면 투자자들은 어떻게 해야 할까? 그럴 때는 주가 상승에 따른 차익을 얻고 나온 후 다른 배당주에 투자하면 된다. 정리해보면 현재 현대차 우선주의 투자 전략은 크게 두 가지다. 첫째, 배당 우선권을 가진 우선주의 특성상 본주 대비 고배당 매력을 누린다. 둘째, 만약 현대차가 우선주를 전량 소각하겠다고 발표하면, 주가 상승에 따른 차익 실현을 본 후 또 다른 배당주 투자 기회를 노린다. 어떤 방향이든 우리 입장에서는 손해 볼 것 없는 장사다.

하지만 우선주의 경우 자칫 투기성으로 흐를 여지가 있어 조심스럽긴 하다. 본주 위주로 거래가 이뤄지는 국내 증시에서 우선주는 시장에서 거래가 많이 이뤄지는 종목이 아니다. 대체로 유통

주식 수도 적어 하루에도 거래량이 수백 주 정도만 발생하는 종목도 있다. 이 때문에 적은 매수세로도 상한가를 기록할 수 있고, 적은 매도세 하한가까지 끌어내릴 수 있다. 실제 이 같은 맹점을 이용해 시가총액이 낮은 일부 우선주의 경우 연속 상한가가 발생하는 등 과열 현상이 나타나기도 한다.

대표적으로 한화갤러리아가 2023년 3월 말 분할 상장했을 때. 밸류에이션 부담에 본주는 상장 후 주가가 내리막길을 탔지만 우선주인 한화갤러리아우는 주가가 4일 동안 무려 182.5% 급등한 바 있다. 거래량이 적은 우선주의 특징을 이용해 투기 세력이 붙어 단기간에 시세를 급등시킨 후 매물을 개미들한테 넘기고 빠져나간 것이다. 이후 한화갤러리아우 주가는 어떻게 됐을까? 줄곧 내리막길을 타 2024년 상반기 기준 주가는 최고점 대비 8분의 1토막이 나버렸다. 우선주 중 거래량이 많은 종목은 삼성전자우와 현대차우 삼형제뿐이다. 나머지 종목들은 투기성 매매가 발생하는 경우가 많으니 배당투자자들은 주의해야 한다.

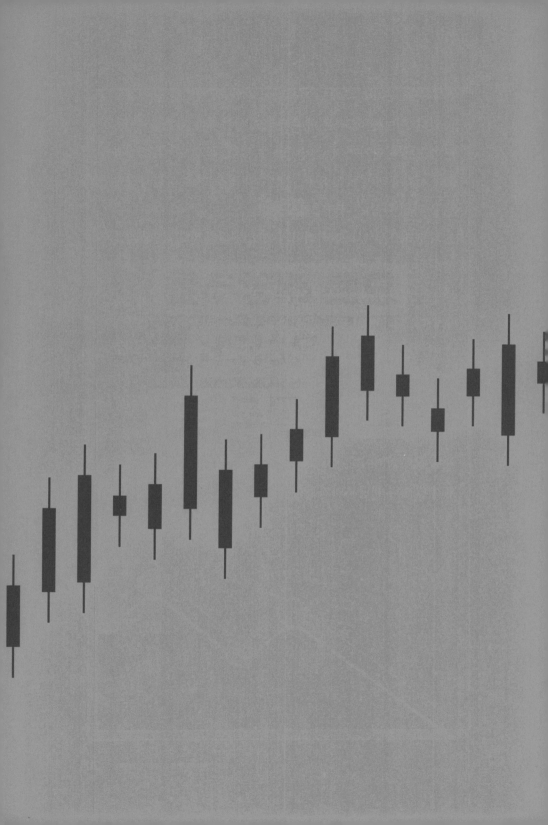

4부

모든 배당주를
소유하라:
ETF · 공모펀드

떠오르는 월배당
ETF

리스크 회피에 유리하다

앞선 파트에서 배당 황금주를 개별 종목 위주로 살펴봤다면, 이번엔 공모펀드, 상장지수펀드ETF를 통한 배당투자에 대해 알아보고자 한다. 사실 기술주든 배당주든 모든 주식이 똑같겠지만, 특정 종목에 몰빵하는 것보다는 여러 종목에 분산 투자하는 게 200%, 300%, 1,000% 안전하다. 만약 특정 배당 황금주를 선별하고, 지속적으로 기업에 관심을 갖는 게 부담스럽다면 한 번에 분산 투자할 수 있는 금융상품을 활용하는 것도 하나의 방법이다. 우리는 주식 시장의 신이 아니다. 향후 어떤 기업의 실적이 미끄러질지 갑작스럽게 주주환원 정책이 후퇴할지 전혀 알지 못한다.

특정 종목에만 배당투자를 위한 자금을 모두 넣었다가 해당 종목이 배당금 지급 중지를 선언하면 어떻게 대처할 것인가? 투자금을 모두 빼야 하는 상황인데, 그동안의 수익이 문제가 아니라 지금껏 쌓아왔던 복리 효과가 와르르 무너지게 된다는 점에서 상당히 치명적이라고 볼 수 있다.

개별주 투자 시에도 여러 배당 황금주들을 담아 자연스럽게 배당 포트폴리오를 형성해야 한다고 강조한 것도 이 같은 리스크 관리를 위해서다. 그렇다면 펀드 상품을 활용할 경우 우리는 보다 편하게 배당주 분산 투자에 나설 수 있다. 펀드 자체가 여러 주식들을 담아 안정성을 높이고, 장기적으로 스노우볼링 효과를 극대화시키기 위해 탄생한 상품이기 때문이다.

공모펀드·ETF vs 개별주

그렇다면 구체적으로 공모펀드, ETF에 투자하면 개별주 대비 어떠한 장점이 있을까? 꾸준히 강조하고 있는 '몰빵 투자 지양'을 자연스럽게 이룰 수 있다는 게 가장 큰 장점이다. 공모펀드는 적게는 수십 개의 종목, 많게는 수백 개의 종목을 편입하고 있다. 편입 종목 수만 따지면 시장 대표 지수와 견줄 정도로 많은 편이다. ETF는 최소 편입 종목 수가 10개로 공모펀드보다는 포트폴리오 내 주식 수가 확실히 적다. 따라서 정말 해당 상품의 콘셉트에 알맞은 종목만을 추려내 담는 경우가 대부분이다. 종목 수가 많을수록 리스크 분산에는 유리하지만, 시장이 활황기를 보일 때 소수의 종목만 담은 ETF보다는 수익률이 부진할 수 있다. 하지만 반대로 하락장 때는 공모펀드의 수익률 방어력이 ETF 대비 훨씬 뛰어날 것이다. 리스크 분산의 정도는 사실 명확한 답이 없다. 개인의 성향에 따라 선택할 뿐이며 중요한 핵심은 리스크 회피를 위한 분산투자는 무조건 병행해야 한다는 점이다.

우리는 배당투자에 대해 다루고 있으므로 배당 테마의 펀드들은 고배당, 배당성장 매력이 있는 종목들을 대거 담는다. 포트폴리오가 자연스럽게 분산되어 있기 때문에 만약 특정 한 종목에 악재가 발생해 배당 컷이나 주가가 급락하더라도 펀드의 주가수익률, 배당수익률은 끄떡없는 편이다. 다만 각 상품마다 콘셉트는 있다. 배당성장주만을 모은 금융상품이 있고, 고배당 주식만을 담거나 혹은 두 가지 유형을 모두 가져가는 경우도 있다. 어떤 경우에는 기술주와 배당주를 동시에 담을 수도 있다.

따라서 투자자들의 투자 성향에 따라 본인이 매수(가입)하고자 하는 상품의 특성을 먼저 파악하고, 이 상품이 어떤 주식들을 담고 있는지 포트폴리오를 살펴볼 필요가 있다. 이후에는 총보수도 확인해볼 필요가 있다. 개별주 투자와 동시에 펀드 투자는 상품마다 고유의 수수료가 책정되어 있다. 별도로 비용이 청구되는 것은 아니며 상품의 수익률에 이 수수료가 녹아 반영되는 식이다. 수수료 구조에 대해 뒤에서 보다 자세히 살펴보도록 하자.

분산 투자의 묘미

국내 ETF 시장의 대표적인 고배당 상품 중 한화자산운용의 PLUS 고배당주 ETF에 대해 언급해보고자 한다. 그 전에 ETF 상품명의 맨 앞부분에 각 자산운용사의 브랜드가 명시되어 있는데, 이를 통해 해당 ETF가 어떤 회사에서 만든 상품인지 알 수 있다. KODEX는 삼성자산운용, TIGER는 미래에셋자산운용, RISE는 KB자산운용, ACE는 한국투자신탁운용, SOL은 신한자산운용, KOSEF는 키움투자자산운용, HANARO는 NH아문디자산운용 등으로 각 자산운용사별로 브랜드가 다 있다. 자산운용사들은 리브랜딩 전략의 일환으로 브랜드를 변경하기도 한다. 실제 KB자산운용은 기존 KBSTAR에서 RISE로, 한화자산운용은 ARIRANG에서 PLUS로 변경했다. 포트폴리오나 수수료 측면에서 개인투자자가 마음에 드는 상품을 자유롭게 고르면 되는데, 대체로 규모가 큰 회사의 상품일수록 순자산액이 비용적 측면에서 더 유리하다는 걸 기억하면 될 것 같다.

PLUS 고배당주 ETF는 2024년 6월 기준으로 총 30개의 배당주를 담고 있다. 가장 비중이 큰 건 하나금융지주로 6.77%를 편입하고 있다. 그 뒤로 KB금융(5.88%), 기아(5.32%), 기업은행(5.2%), BNK금융지주(4.92%), 우리금융지주(4.84%), JB금융지주(4.7%) 순이다. 우리가 앞에서 살펴봤던 배당 황금주 후보군 대부분을 담고 있다는 걸 알 수 있다. 물론 포트폴리오 비중 1순위인 하나금융지주는 2024년 들어 1월부터 6월까지 40%나 올랐

PLUS 고배당주 ETF 주요 편입 종목

#	보유종목	비중(%)	#	보유종목	비중(%)
1	하나금융지주	6.77	6	우리금융지주	4.84
2	KB금융	5.88	7	JB금융지주	4.7
3	기아	5.32	8	한국가스공사	4.49
4	기업은행	5.2	9	삼성화재	4.34
5	BNK	4.92	10	삼성카드	4.24

자료: 한화자산운용

다. 얼핏 생각해보면 "그냥 좋은 배당주 하나 찍어서 몰빵하면 되는 거 아니야?"라는 판단이 들지도 모른다. 하지만 분산 투자의 묘미는 약세장에서 나타난다. 예를 들어, 포트폴리오에서 가장 큰 비중을 차지하고 있는 하나금융지주 주가가 극단적으로 하한가(-30%)를 기록했다고 가정해보자. 그리고 비교의 편리함을 위해 나머지 편입 종목들은 보합(0%)에 거래를 마감했다고 하자.

만약 하나금융지주에만 1,000만 원을 올인 투자했다면 하한가에 따른 평가금액은 700만 원이 된다. 하지만 PLUS 고배당주 ETF의 경우 나머지 29개의 종목들이 수익률 방어를 해주는 방파제 역할을 하기에 실질적인 주가 하락률은 1.95%에 불과하다. 1,000만 원을 투자했다면 약 980만 원의 평가금액이 계좌에 찍혀 있을 것이다. 사실상 실질적인 평가손실액이 20만 원에 불과한 셈인데, 300만 원과 비교해보면 어마어마한 차이다. 만약 투자금액이 1억 원, 10억 원이었다면 어땠을까?

한국의 국민연금의 연간 수익률이 왜 한 자릿수에 머물고 있는지 아는가? 일부 개인투자자들은 "그냥 연금 자산을 모두 기술주에 쏟아버리면 고갈을 막을 수 있을 텐데"라고 쉽게 얘기할지도 모른다. 하지만 굴리는 자산 규모가 늘어날수록 리스크 회피를 위한 분산 투자는 선택이 아닌 필수다. 전국에 연기금 소속 전문가들보다 투자를 잘하는 사람은 없다. 국민연금이 아니더라도 자산운용사에서 잔뼈가 굵은 펀드매니저들보다 투자를 잘하는 개미들은 손에 꼽을 정도라고 생각한다. 시장에서 살아남는 게 가장 중요한 투자자들의 미션이라고 끝없이 언급했다. 놓친 수익률을 아까워하지 말고, 막아낸 손실률에 집중해보자.

펀드 상품의 매력은 분산 투자 효과를 자연스럽게 누리면서도 배당수익도 알차게 챙겨갈 수 있다는 점이다. 금융정보업체인 ETF체크에 따르면 PLUS 고배당주 ETF의 연간 배당수익률은 5.5%에 달한다. 배당수익률이 상대적으로 고배당인데, 주가수익률도 나쁘지 않다. 2024년 1~6월 성과는 27.62%로 같은 기간 코스피지수의 수익률(5.37%)을 크게 압도한다. 특히 보다 액티브(적극적인 종목 발굴을 통한 포트폴리오 변경)한 전략으로 배당주 선별, 포트폴리오 리밸런싱에 나서는 상품들의 경우에는 고배당 매력과 함께 시장 평균을 웃도는 초과 수익까지 노려볼 수 있다.

액티브 펀드 투자의 장점

액티브 운용의 명가라고 불리는 타임폴리오자산운용이 내놓은 TIMEFOLIO Korea플러스배당액티브 ETF라는 상품이 있다.

이 상품은 타임폴리오자산운용의 운용역, 매니저들이 철저히 개별주를 분석해 투자 가치가 있다고 판단되는 종목을 주기적으로 선정한다. 이후 포트폴리오 리밸런싱을 통해 투자 매력이 떨어진 종목은 포트폴리오에서 제외하고, 신규 종목을 넣는 식으로 운용한다. 액티브 펀드 투자의 가장 큰 장점은 그때마다 시장에서 가장 핫한 종목들을 시의적절하게 발굴하고, 투자할 수 있다는 것이다. 해당 상품의 배당수익률은 5.42%로 기대되고 있는데, 2023년 주가도 23.59% 상승했다. 같은 기간 코스피지수의 성과(18.73%)보다도 약 5%포인트 웃돈 것이다. 타임폴리오자산운용의 한 운용역이 과거에 이렇게 얘기한 적이 있다. "보통 패시브(수동적 지수 추종 투자) 상품의 경우 한 번 포트폴리오 편입 종목이 정해지면 수익률이 부진하더라도 그대로 끌고 가는 수밖에 없어요. 하지만 타임폴리오식 액티브 운용은 시황에 맞춰 포트폴리오를 수시로 변경할 수 있다는 게 매력적입니다."

물론 액티브 투자는 수수료 측면에서 패시브 상품보다 비싸다. 자산운용사가 운용의 묘미를 살리는 대신 소정의 대가를 더 지불하는 식이다. 시장이 안 좋을 때는 액티브 상품의 수익률이 패시브 상품의 수익률을 밑돌기도 한다. 따라서 액티브와 패시브 상품 중 어느 쪽이 우월하냐는 걸 따지는 것은 의미가 없다. 배당 황금주에 투자할 때에는 다양한 종목들을 담아야 한다고 강조한 것처럼 ETF 투자도 마찬가지다. 공모펀드야 종목 수가 50개, 100개를 훌쩍 넘어가는 경우가 많아 한 상품에 집중 투자해도 나쁘지 않다. 하지만 ETF는 편입 종목 수가 적을뿐더러, 상품마다 전략도 다양하기 때문에 해당 상품 구성이 정말 좋고 매력적이라면 패시브 상품인지 액티브 상품인지 여부는 따지지 않고 투자하는 걸 추천한다.

혹자는 "배당 ETF의 경우 편입 종목들이 다 비슷비슷해서, 결국 중복 투자하는 꼴 아닌가요?"라고 얘기할지도 모른다. 물론 중복 투자가 맞다. 하지만 중복 투자한다고 해서 잘못된 투자 결과로 이어지지는 않는다. 만약 여러 배당 ETF들이 동시에 특정 종목을 편입하고 있다면 그건 그 종목의 배당 매력이 너무나도 뛰어나기 때문에 너도나도 해당 종목을 담은 것이다. 오히려 중복 투자할 가치가 있다고 본다. 우리가 미국 증시 투자를 할 때 S&P 500 지수를 추종하는 SPY ETF와 나스닥100지수를 추종하는 QQQ ETF에 동시에 투자하는 것과 같다. 하지만 두 지수 간에는 공통되는 종목이 수없이 많다. 이것도 사실상 중복 투자다. S&P 500 지수와 나스닥 100 지수에 동시 투자하는 투자자라면, 누구나 시장 평균을 SPY ETF로 맞추고 기술주 중심인 QQQ ETF로는 초과 수익을 내기 위해 자연스럽게 투자하는 것이라고 보면 된다. 배당 ETF도 이와 다르지 않다.

월배당으로 제2의 투자금 받기

최근 들어 국내 증시에서 월배당 열풍이 불고 있다. 대다수 자산운용사들도 이러한 투자 니즈에 주목해 대부분 배당 상품은 월배당으로 설계해 출시하고 있다. 월배당 ETF에 대한 투자 관심이 높아진 건 시장이 불확실할 때 배당 매력이 일종의 '보험' 역할을 할 수 있기 때문이다. 주가 하락에 따른 리스크를 배당수익으로 메우는 식이다. 배당 ETF는 고배당주들을 주로 편입하고 있기 때문에 주가의 하방 경직성도 높은 편이다. 자산을 증식하는 방식은 보유한 자산의 가치가 오를 때와 보유한 자산에서 지속적인 현금흐름, 즉 인컴이 나올 때 두 가지로 구분할 수 있다. 월배당에 집중하는 지금의 투자 트렌드는 후자에 대한 개인투자자들의 수요가 높다는 것을 의미한다. 이를 한국투자신탁운용은 "돈이 돈을 벌어주는 구조를 좋아하는 투자자들이 늘고 있다"고 평가했는데, 복리의 마법을 가장 잘 표현한 문구다.

최근에는 커버드콜 등 다양한 옵션 전략을 활용해 일드Yied(배당수익)를 극대화하는 다양한 상품도 나오면서 투자자들의 이목을 끌고 있다. 사실 장기적으로 커버드콜 상품을 추천하진 않는데 이는 뒤에서 다루도록 한다. 또 은퇴한 노년층을 중심으로 정기적인 노후 자금이 필요할 경우 현금 창출에 대한 수요가 높을 수 있다. 끝으로 복리 효과에 대한 관심도 늘면서 매월 받은 분배금을 재투자해 스노우볼링 효과를 보기가 용이하다는 장점도 있다. 퇴

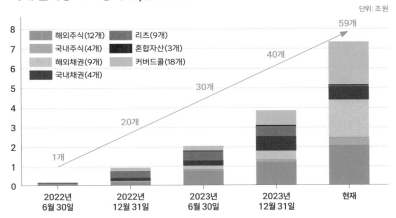

국내 월배당 ETF 종목 수, 순자산액 추이

단위: 조 원

범례:
- 해외주식(12개)
- 국내주식(4개)
- 해외채권(9개)
- 국내채권(4개)
- 리츠(9개)
- 혼합자산(3개)
- 커버드콜(18개)

2022년 6월 30일: 1개
2022년 12월 31일: 20개
2023년 6월 30일: 30개
2023년 12월 31일: 40개
현재: 59개

*기준일: 2024년 4월 30일
*월배당으로 전환한 ETF의 경우 전환 이후 일자에 통계에 적용함
*( ) 현재 각자산별 ETF 종목 수

자료: 한국투자신탁운용

직연금 계좌로 연금 투자를 하는 이들이 월배당 상품을 주로 활용하는 이유이기도 하다. 국내 주요 자산운용사들이 출시한 월배당 ETF 규모는 지난 2022년에만 해도 8,000억 원에 불과했다. 하지만 2024년 4월에는 7조 5,000억 원으로 무려 837%나 급증했다. 새로운 시장이 급속도로 형성되고 성장하고 있는 것이다. 미국 시장의 경우에도 지난 10년 동안 월배당 ETF 순자산액은 6배 이상 급증했다.

사실 분배금을 연말에 몰아서 받으나 매월 나눠서 받으나 별 차이가 없다고 생각할 수 있다. 오히려 세금 이슈가 발생해 고액 자산가를 비롯한 일부 투자자 입장에서는 안 좋을 수 있다. 제2의

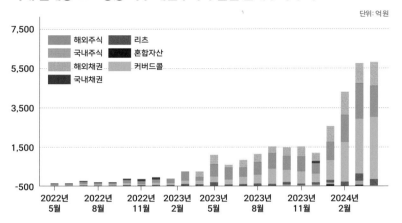

국내 월배당 ETF 상장 이후 개인투자자 월별 순매수액 추이

단위: 억원

해외주식 / 국내주식 / 해외채권 / 국내채권 / 리츠 / 혼합자산 / 커버드콜

*기준일: 2024년 4월 30일

자료: 한국투자신탁운용

월급이 아닌 제2의 투자금으로 명시한 이유는, 은퇴한 투자자를
제외하고 월 분배금은 무조건 재투자하는 게 좋다고 생각하기 때
문이다. 앞에서 우리는 배당금을 재투자한 경우와 재투자하지 않
은 경우의 장기 수익률 차이를 눈으로 확인했다. 성공적인 배당투
자란 결국 젊을 때 잘 굴려서 노후에 안정적으로 살기 위해서다.
한창 배당투자를 할 때 스노우볼링의 묘미를 살려서 나중에 은퇴
후 편안하게 즐기는 게 좋다는 판단이다.

　　퇴직연금 투자 시 확정기여DC형, 개인형퇴직연금IRP을 보유한
이들의 경우 자체적으로 배당 ETF를 투자하고 이를 재투자하고
있을 텐데, 일반 배당투자자들의 마인드도 '연금 투자식'으로 변
해야 한다. 이제 모든 ETF 상품은 연금 투자에 걸맞게 바뀌게 될

것이다. 사실 이미 미국은 그렇게 자금을 운용하는 투자자들이 많다. 우리도 이제 미국식으로 변해야 한다. 월배당은 제2의 월급이 아니라 제2의 투자금이다.

콘셉트·시가총액·거래량·분배금 수익률 확인

잘 굴리기 위해서는 그만큼 굴리기에 적합한 좋은 상품을 발굴해야 한다. 국내 증시에 상장된 월배당 ETF 중 전문가들의 의견을 종합해 가장 투자할 가치가 높다고 생각하는 상품은 뭘까? 2024년 6월을 기준으로, 한국 주식을 담은 ETF, 미국 주식을 담은 ETF를 가리지 않고 살펴보자. 이미 주주환원 정책에서 선진화된 미국 배당주는 필수로 담고, 이제 변화의 물결이 시작된 한국 배당주도 동시에 가져가는 게 좋다. 사실 증권사 MTS를 켜서 ETF 종목명에 '배당' 두 글자만 입력해도 무수히 많은 상품들이 나온다. 이름이 비슷한 종목도 많고, 어떤 차이점이 있는지 알기도 쉽지 않을 수 있다. 얼핏 보면 복잡해 보이지만 배당 ETF들은 비슷한 콘셉트를 유지하고 있는 경우가 많다. "그럼 아무 ETF나 찍어 투자하면 되는 것 아니냐"고 생각할 수 있겠지만, ETF 투자 시에는 고려해야 할 특정 요소들이 있다. 필수적으로 고려해야 할 사항은 '배당 콘셉트(포트폴리오)', '시가총액', '거래량', '분배금 수익률' 네 가지다.

ETF를 투자할 때 가장 먼저 고려해야 하는 건 바로 상품의 투자 콘셉트다. 어떤 콘셉트를 기반으로 어떤 배당주들을 편입했는지를 살펴봐야 한다. 구성 종목을 보고, 투자자 마음에 들지 않는다면 해당 상품은 매수 의사를 접어야 한다. 투자자 본인이 마음에 들지 않는 상품은 향후에 혹시라도 손실이 발생하면 장기투자에 대한 믿음이 부족해질 수 있기 때문이다. 또 ETF의 시가총액(순자산액)도 고려해야 한다. 시가총액이 지나치게 적을 경우 수익률, 자금 유입 부분에서 시장의 외면을 받고 있다는 뜻이다. 이는 곧 적은 거래량으로 이어진다. ETF는 유동성 공급자라고 불리는 LP들이 호가를 제공한다. 거래량이 적을 경우 유동성 공급이 원활하지 못해 원하는 호가에 매수, 매도를 하지 못하는 사태가 발생할 수 있다. 또 적은 거래만으로도 이상 거래가 발생해 ETF의 순자산가치NAV 대비 괴리율이 크게 뛸 가능성이 있다. 끝으로 ETF의 경우에도 분배금 수익률(배당수익률) 연 3% 이상 상품을 편입할 것을 추천한다. ETF가 분배금을 지급하는 원리는 편입 중인 종목들의 배당수익 총합이다. 전체 배당수익이 3% 수익률이 나오지 않는다는 건 편입 종목들의 절대적인 배당수익률이 크게 낮다는 뜻이다.

PLUS 고배당주 ETF

앞에서도 언급했지만, 이 모든 걸 고려했을 때 꺼낼 수 있는 가장 무난한 배당 ETF 카드로는 PLUS 고배당주 ETF를 빼놓을 수 없다. 해당 ETF는 유동 시가총액 상위 200개 종목 중 예상 배당수익률이 상위인 30개 종목을 선정해 포트폴리오에 담는다. 덩치가

PLUS 고배당주 ETF 벤치마크 대비 수익률 추이

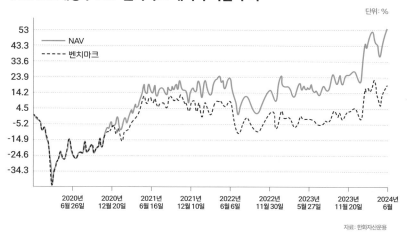

단위: %

자료: 한화자산운용

큰 우량한 종목들 중에서도 배당 매력이 풍부한 종목만을 담았다는 얘기다. 수익률 추이를 보면, 벤치마크 지수인 MKF 500 지수의 성과를 꾸준히 웃돌고 있다는 걸 알 수 있다. 국내 증시 상장된 ETF 중에는 PLUS 고배당주 ETF 외 고배당 테마의 상품들이 많다. 삼성자산운용, 미래에셋자산운용, 키움투자자산운용, NH아문디자산운용 등도 고배당 상품을 운용 중이다. 하지만 나머지 상품들은 시가총액이 100~300억 원대에 불과한 '미니 상품'이다. 2024년 초 PLUS 고배당주 ETF에 33억 원의 평균 거래대금이 찍혔는데, KODEX 고배당 ETF, KOSEF 고배당 ETF의 평균 거래대금은 1~2억 원에 불과했다. 이처럼 고배당 테마의 ETF를 즐기는 개인투자자, 기관투자자 자금은 PLUS 고배당주 ETF로 꾸준히 흘러들어오고 있다.

분배금 수익률도 연간 5.5%로 TIGER 코스피고배당(4.99%), KOSEF 고배당(4.52%)을 압도하고 있다. 원래 해당 ETF는 분기 배당을 실시했는데, 최근 월배당투자 열풍이 불면서 2024년 5월부터 월 분배로 분배 주기를 변경했다. 덩치도 크고, 수익률도 좋은데 굳이 PLUS 고배당주 ETF 외 다른 고배당 상품을 편입할 이유가 없어 보인다. PLUS 고배당주 ETF의 포트폴리오 절반 이상인 60%를 금융주가 채우고 있다. 사실상 국내 증시 대부분의 고배당주들이 금융주인 상황에서 적절한 포트폴리오인 것으로 보인다. 배당 황금주에 대해 살펴볼 때 우리는 국내 금융주들의 EPS와 DPS가 나란히 성장 중이란 점을 확인했다. 게다가 정부의 밸류업 정책으로 국내 금융주들은 주주환원 강화 드라이브를 걸고 있어 향후에도 꾸준한 배당 증액이 예상된다.

그 밖에 PLUS 고배당주 ETF에는 GS, 세아베스틸지주, 효성 등 지주사를 일부 담았고, LX인터내셔널, GS건설과 같은 배당성장 여력이 있는 상사주, 건설주도 편입하고 있다. 다만 앞에서 지주사의 주가 우상향에 대한 확신이 부족해 배당 황금주 후보군에서 제외한 바 있다. LX인터내셔널도 고려하지 않은 것은 아니지만, 상사업의 특성상 이익 추이가 널뛰기하는 경우가 많아 꾸준한 배당성장이 힘들 것이란 판단이다. 실제 LX인터내셔널의 2023년 DPS는 1,200원으로, 2021년(2,300원)과 2022년(3,000원) 대비 줄었다. GS건설은 '순살 자이'란 혹평이 쏟아졌듯이 사업 펀더멘털이 무너진 상태라 추천하지 않는다. 또 성숙기에 한참 진입한 건설업 특성상 EPS의 지속적 성장이 불가능하다는 점도 고려했다. 다만 PLUS 고배당주 ETF는 한 해의 예상 분배금 수익률이 높을 것으로 기대되는 종목들로 포트폴리오를 구성하고 있기 때문에 해당 종목들도 담은 것으로 풀이된다. 퍼포먼스가 부진한 종목들은 향후 기초지수 리밸런싱 과정을 통해 자연스럽게 빠질 것으로 보여 크게 우려할 사항은 아니다.

TIGER 은행고배당플러스TOP10 ETF

만약 금융주에만 초압축적으로 집중 투자하고 싶은 투자자라면 적합한 상품이 있다. 미래에셋자산운용에서 최근 선보인 TIGER 은행고배당플러스TOP10 ETF가 있는데, 7곳의 금융지주사와 2곳의 보험사 및 기업은행을 담았다. 국내 주요 은행주, 보험주 중에서도 3년 연속 현금 배당을 한 종목 중 예상 배당수익률이 높은 종목들로 구성됐다. 세부적으로 KB금융(17.33%), 하나금융지주(16.91%), 신한지주(14.13%), 기업은행(13.11%), 우리금융지주(12.15%), BNK금융지주(6.24%), 삼성화재(5.34%), 삼성생명(5.01%), JB금융지주(4.48%), DGB금융지주(2.47%) 순으로 비중이 높다.

배당 매력이 높은 주요 금융주만 편입하다 보니 ARIRANG 고배당주 ETF와 비교해서 분배금 수익률이 더 높다. 2024년 예상되는 연간 분배율은 6.1%로 ARIRANG 고배당주 ETF보다 살짝 높은 수준이다. 또 해당 ETF는 매월 동일한 분배금을 지급하는 월배

TIGER 은행고배당플러스TOP10 ETF 구성 종목

#	종목	비중(%)	#	종목	비중(%)
1	KB금융	17.33	6	BNK금융지주	6.24
2	하나금융지주	16.91	7	삼성화재	5.34
3	신한지주	14.13	8	삼성생명	5.01
4	기업은행	13.11	9	JB금융지주	4.48
5	우리금융지주	12.55	10	DGB금융지주	2.47

자료: 미래에셋자산운용

당형 상품이라 정기적인 현금흐름을 창출하기에 용이하다. 앞에서 배당 황금주를 다룰 때 금융주에 많은 분량을 할애한 바 있다. 그만큼 국내 증시에서 배당투자를 할 때 금융주를 빼놓을 수 없고, 복리 효과를 키우기에 가장 중요한 섹터라고 생각한다. 개인적으로 분산 투자 효과를 중요하게 생각하기 때문에 이 상품보다 ARIRANG 고배당주 ETF의 장기투자 매력이 더 크다고 보지만, 금융주에만 집중하고 싶은 투자자라면 TIGER 은행고배당플러스TOP10 ETF도 좋은 옵션이 될 것이다.

TIGER 은행고배당플러스TOP10 ETF는 배당투자 수요가 늘어 주가가 뛸 때 주가 상승 동력도 더 크다. 2024년 1~6월 동안 PLUS 고배당주 ETF는 27.62% 상승했는데, TIGER 은행고배당플러스TOP10 ETF는 33.43% 올랐다. 물론 TIGER 은행고배당플러스TOP10 ETF가 출시된 게 2023년 10월이기 때문에 당시 밸류업 기대감에 금융주 주가가 급등했다는 걸 고려할 필요가 있다. 신생 상품이기 때문에 아직 금융주 주가 흐름이 안 좋을 때의 퍼포먼스에 대해서는 알 수가 없다. 포트폴리오를 10개 종목으로 압축했기 때문에 약세장 때 수익률 방어가 어려울 수 있다는 걸 감안해야 할 것이다. 상장한 지 얼마 안 된 상품이지만 꾸준히 자금이 유입되면서 순자산액은 3,000억 원을 넘어섰다. 거래량도 매일 20만 주를 가볍게 넘길 정도라 충분하다는 판단이다. 거래가 터질 때는 100만 주를 넘기기도 한다.

TIGER 은행고배당플러스TOP10 ETF가 출시되기 전 국내 은행주 ETF에는 대부분 카카오뱅크가 포함되어 있었는데, 사실 인터넷은행인 카카오뱅크는 성장주에 포함되고 배당을 아주 약소하게 지급한다. 배당수익률이 0.3%에 불과한 현실이다. 따라서 은행 ETF 투자자를 중심으로 포트폴리오에 대한 불만이 컸고, 이를 반영해 '토종 고배당 금융주'만을 선별한 상품을 선보이게 되었다. 미래에셋자산운용은 "앞으로 정부의 정책 기조에 따라 금융주들이 배당을 계속 늘릴 가능성이 크다"고 강조했는데, 어찌 보면 밸류업의 시대적 흐름을 예견해 적절한 타이밍에 히트 상품을 출시한 셈이다. 일반 투자자라면 잘 모르는 게 당연한데 보통 ETF를 개발하고 출시하는 데 6개월 정도가 소요된다. 미래 시장을 주도할 만한 트렌드에 대해 예측하는 것도 쉽지 않아 안목이 필요한 부분이다.

KoAct 배당성장액티브 ETF와
TIMEFOLIO Korea플러스배당액티브 ETF

만약 배당성장과 액티브 운용의 묘미를 조금 더 살리고 싶은 투자자라면 이 두 상품이 눈에 들어올 수도 있다. 바로 삼성액티브자산운용이 선보인 KoAct 배당성장액티브 ETF와 앞에서도 소개한 적 있는 TIMEFOLIO Korea플러스배당액티브 ETF다. 삼성액티브자산운용은 국내 1위 자산운용사인 삼성자산운용과 같은 삼성그룹 계열사로, 액티브 전략을 주로 사용하는 곳이다. 기초지수를 추종하는 ETF의 특성상 패시브 상품이 대부분인데 삼성액티브자산운용은 시장 평균보다 초과 수익을 목표로 상품을 설계하고 관리한다. 타임폴리오자산운용에 대해서는 사전에 설명했으니 넘어가도록 한다. 쉽게 말해서 두 자산운용사가 내놓은 상품은 같은 콘셉트의 타 ETF의 성과를 웃도는 초과 수익을 거두는 걸 목표로 한다. 일반 배당 ETF가 기초지수에 편입된 종목을 기계적으로 담을 수밖에 없다면 액티브 ETF는 시황, 기업 펀더멘털 변화를 반영해 특정 종목을 빼거나 넣을 수 있다.

KoAct 배당성장액티브 ETF는 현재 배당 매력이 다소 낮더라도 미래의 배당 확대 가능성에 주목한 상품이다. 이 책에서 강조하는 고배당과 배당성장 중 후자에 집중하는 상품이라고 볼 수 있다. 금융, 화학, 전자 등 한국의 경제를 이끄는 주요 산업 전반의 우량 기업 중 주주환원이 증가하는 곳을 선별해 포트폴리오로 구성한다. 이 과정에서 펀드매니저들은 현금흐름과 ROE가 개선되는지 여부를 장기적인 시각에서 살핀다. 포트폴리오 비중이 가장 큰 건 현대차로 8.41%다. 그 밖에 HD현대, 신한지주, 삼성생명, 하나금융지주 등 대표 금융주들을 담는다. 이 ETF의 가장 큰 특징은 삼성전자와 삼성전자 우선주를 편입하고 있다는 점인데, 합산 비중이 10%를 넘어선다. 케이카나 신세계, LG생활건강, 파마리서치 등 다소 배당주로서는 생소한 종목들도 있다. 특히 LG생활건강은 최근 주가가 최고점에서 80% 급락하는 등 흐름도 상당히 좋지 않다.

삼성전자는 연간 2%의 배당수익률을 보이는 종목으로 배당주로서의 매력은 크지 않다고 언급한 바 있다. KoAct 배당성장액티브 ETF는 상장 시기가 2024년 2월 27일인 신생 상품이다. 상장한 지 얼마 안 돼 정확한 연간 분배금 수익률을 확인해보기는 어렵다. 하지만 2024년 4월 첫 분배금으로 47원을 지급(분기 배당 상품이다)한 점을 고려하면 연간 약 2% 초반의 수익률이 기대된다. 물론 장기적으로 배당을 늘려갈 가능성이 큰 종목들이라서 편입했겠지만, 지나치게 당장의 절대적인 배당수익률이 낮은 상품은 향후에도 '마의 3%' 벽을 넘기에는 시간이 오래 걸릴 것이라고 생각해 배당투자를 즐기는 이들에게는 추천하지 않는다.

타임폴리오자산운용의 TIMEFOLIO Korea플러스배당액티브 ETF도 삼성전자 비중이 10%가량으로 높다. 이 상품은 시장 평균인 코스피200지수의 성과도 추종하면서 배당금을 동시에 지급(월배당 상품)하는 콘셉트라 그렇다. 한국 증시의 성과를 따라가는 데 시가총액의 20%를 차지하는 삼성전자를 빼놓을 수는 없었을 것이다. 여기에 SK하이닉스, 한미반도체도 포함되어 있다. 물론 나머지 금융, 우선주 종목들의 배당 매력은 크지만 개인적으로 선호하지 않는 S-Oil, CJ제일제당, 기업은행, 한국전력 등 장기적인 배당 펀더멘털이 불안정한 종목들이 많아 스노우볼링과 주가 우상향을 우선시하는 투자 방식에는 맞지 않는다. 결정적으로 KoAct 배당성장 액티브 ETF와 TIMEFOLIO Korea플러스배당액티브 ETF의 경우 비용 부담도 있다. 보수율이 0.5~0.8%에 달하는데, 이는 보통의 패시브 ETF 대비 상당히 높은 편이다. 수수료는 매년 ETF 가격에 녹아 있는데 복리 효과를 깎아내리는 결과로 돌아온다. 차라리 소정의 배당수익도 누리면서 액티브한 운용으로 자본 차익을 우선시하는 투자자들에게는 안성맞춤인 상품이라고 생각한다.

슈드에 나스닥을 섞다

한국 배당주 ETF에 대해 살펴봤으니 이번엔 미국 배당주 ETF를 파헤쳐 보자. 사실 해외주식형 ETF의 경우 투자 유형이 두 가지로 갈린다. 국내 자산운용사가 출시한 한국 증시에 상장된 미국 주식을 담은 ETF가 있고, 미국 자산운용사가 출시한 미국 증시에 상장된 ETF가 있다. 국내 상장 미국 주식형 ETF는 간접 투자가 되고, 미국 증시의 ETF는 직접 투자가 된다. 국내 상장 미국 주식형 ETF가 대부분 이미 미국에 상장된 상품을 본떠 출시된 경우가 많아 직접 투자를 하든 간접 투자를 하든 크게 상관은 없다. 포트폴리오는 유사하므로 수수료를 비교해 장기투자에 유리한 상품을 선택하면 된다. 두 투자 유형의 가장 핵심적인 차이는 세금 문제인데 이는 뒤에서 다뤄보도록 하고, 지금은 투자 매력이 높은 상품에 대해 집중해보고자 한다.

미국의 배당 상품을 언급할 때 빼놓을 수 없는 게 바로 '슈와브 US 디비던드 에쿼티SCHD' ETF다. 다우존스 US 디비던드 100지수를 추종하는 상품으로 미국의 자산운용사인 찰스 슈와브에서 출시했다. 매년 배당금을 증액해온 배당성장주에 집중 투자한다. 지난 10년 동안 연평균 배당금 성장률이 12%로 상당히 높은 편이다. 대체로 재무구조, 사업 포트폴리오가 우량한, 한 번쯤은 이름을 들어봤을 법한 기업들이 많아 장기투자에 있어서 안정감도 준다. 한국 배당투자자들 사이에서는 '슈드SCHD'라는 애칭으로 더 잘 알려져 있다.

한국예탁결제원의 데이터에 따르면 지난 2023년 서학개미들의 미국 주식 순매수 순위 중 슈드 ETF는 2위(순매수액은 무려 5,360억 원에 달한다)를 기록하기도 했다. 포트폴리오를 보면 암젠(4.42%), 텍사스 인스트루먼트(4.32%), 록히드마틴(4.21%), 펩시코(4.15%), 쉐브론(4.14%), 코카콜라(4.05%), 화이자(4.05%), 시스코 시스템스(3.86%), 버라이즌 커뮤니케이션스(3.82%), 블랙록(3.72%), 애브비(3.62%), 홈디포(3.58%), 브리스톨 마이어 (3.4%), 알트리아그룹(3.24%) 등을 담고 있다.

　업종도 경기소비재, 바이오, 반도체, 정유 등으로 다채롭고, 장기적으로 배당성장에 나설 여력이 충분할 정도로 사업 모델이 우량한 기업들이다. 텍사스 인스트루먼트 정도를 제외하면 사실상 기술주 비중은 적어 증시가 활황기를 겪을 때 퍼포먼스가 부진하다는 평가가 있긴 하지만, 하락장에 강하다는 장점이 있다. 베어 마켓(증시 약세장)이 진행됐던 2022년 슈드 ETF의 하락률은 6.54%에 불과하다. 변동성이 낮다는 점에서 개인적으로 이 슈드 ETF를 상당히 좋아한다. 일부 투자자들은 기술주 비중이 적어 상승장 때 주가 상승의 이점을 온전히 누리지 못한다고 비판하기도 하지만, 낮은 변동성은 오히려 장기투자에 유리하다. 지난 2011년 상장 후 슈드 ETF가 최대의 하락기간을 가졌을 때의 낙폭은 -21.5%에 불과했다. SPY ETF와 QQQ ETF의 최대 낙폭은 각각 -23.93%, -32.58%다.

　슈드 ETF의 주당 배당금은 2016년 1.258달러에서 2023년 2.658달러로 2배 이상 성장했다. 연 환산 배당수익률은 3%대 중반이다. 주가도 꾸준히 우상향하면서 배당금도 장기적으로 증액된다는 점에서 투자 매력이 풍부한 배당 상품이다. 지난 2011년 슈드 ETF 상장 이후 배당금 재투자를 고려한 2024년 4월까지의 누적 수익률은 321.6%에 달한다. 3만 달러를 초기에 투자했다면, 자산은 12만 6,473달러로 불어나게 된다. 연평균 수익률은 13.82%

슈드 ETF의 주당배당금 성장률

단위: 달러

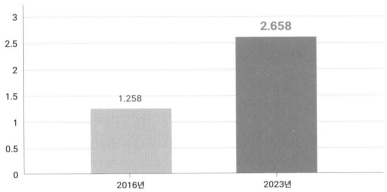

다. 만약 배당금을 재투자하지 않았다면 어떻게 됐을까? 배당금을 재투자하지 않은 슈드 ETF의 누적 수익률은 190.8%로 부쩍 줄어들었다. 3만 달러는 8만 7,238달러가 됐다. 연평균 수익률은 9.3%로 4%포인트 줄었다. 이 엄청난 투자 성과의 차이를 어떻게 설명할 것인가? 스노우볼링 효과를 위해 배당금은 무조건 재투자해야 한다.

QQQ ETF를 함께 투자하기

AI특수에 따른 기술주들의 주가가 나날이 급등하는 걸 보고 있자면, 잠잠한 배당주에만 투자하는 경우 상당한 포모FOMO(주로 소셜미디어의 게시물에 의하여 유발되는 자신만 뒤처지고, 놓치고, 제외되는 것 같은 불안감을 느끼는 증상) 현상이 올 수 있다. 그래서 슈드 ETF와 함께 나스닥100지수를 추종하는 QQQ ETF를 함께 투자하는 걸 추천한다. 이미 우량 배당주들의 모임인 슈드 ETF를 담았는데, 굳이 일부 기술주들이 섞인 또 다른 배당 테마 상품을 담을 필요는 없다. 차라리 아예 공격적인 기술주들로 구성된 나스닥 투자 비중을 섞는 것이 좋다.

배당투자자 입장에서 주목할 만한 점은 나스닥100지수의 상위 10개 종목 중 7개가 배당금을 지급하고 있다는 점이다. 기존 배당을 지급했던 마이크로소프트, 애플, 엔비디아, 브로드컴, 코스트코 홀세일 외 2024년부터 메타 플랫폼스, 알파벳이 새롭게 배당금 클럽에 합류하게 됐다. 물론 기술주들의 배당수익률이 배당주와 비교할 때 매력적이지는 않지만, 고성장에 따른 장기적인 배당성장이 기대된다. QQQ ETF의 2022년, 2023년 배당성장률은 각각 25.8%, 18.8%에 달하기 때문이다.

기술주 투자를 통해 자본 차익과 배당수익 두 가지를 동시에 노릴 수 있는 '꿩 먹고 알 먹기' 투자 전략이 가능해질 것이란 전망도 나온다. 우리의 목표는 시장 평균을 웃도는 배당투자를 하는 것이다. 따라서 미국 배당주 투자에 집중하고자 하는 투자자라면, SPY ETF를 섞기보다는 슈드 ETF와 QQQ ETF 조합을 활용하는 게 좋다고 본다. 실제 성과도 나쁘지 않다. 만약 2015년 이후 슈드 ETF와 QQQ ETF를 50대 50으로 섞어서 투자하고, 발생하는 배당금도 재투자했다면 연평균 수익률은 14.56%이다. 3만 달러의 초기 투자금은 10만 6,711달러가 됐을 것이다. 이는 슈드 ETF만

SCHD + QQQ ETF의 장기 성과

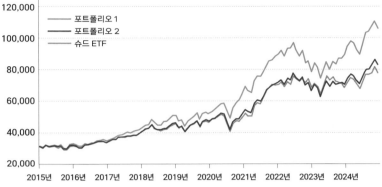

단위: 달러

포트폴리오 1
포트폴리오 2
슈드 ETF

*포트폴리오 1 : SCHD, QQQ ETF를 50대 50으로 섞고, 배당 재투자한 경우
*포트폴리오 2 : SCHD, SPY ETF를 50대 50으로 섞고, 배당 재투자한 경우

자료: portfoliovisualizer.com

단독으로 투자했을 때의 연평균 수익률(10.77%)보다도 높다. 슈드 ETF와 SPY ETF를 50대 50 비중으로 투자했을 경우의 수익률 (11.49%)보다도 뛰어나다.

한국판 슈드 ETF의 등장

한국 시장에도 '한국판 슈드' 타이틀을 노리는 수많은 유사 상품들이 상장되어 있다. 미국에서 슈드 ETF 인기가 높아지면서 이 투자 수요를 흡수하고자 국내 자산운용사들이 사실상 복제 상품을 만든 것이다. 슈드 ETF의 기초지수가 다우존스 배당 지수라는 점을 고려해 상품명에 모두 '다우존스'가 붙어 있는 게 특징이다. 2024년 상반기 기준으로 ACE 미국배당다우존스 ETF, SOL 미국 배당다우존스 ETF, TIGER 미국배당다우존스 총 3개 종목이 상장되어 있다. 추종하는 기초지수나 편입 종목이나 모두 같다. 차별점은 두기 위해 국내 자산운용사들이 생각한 묘수는 바로 낮은 보수와 월배당이다.

슈드 ETF의 수수료율은 0.06%다. 이 자체도 SPY ETF(0.09%)와 비교하면 낮은 편인데 한국판 슈드의 수수료율은 훨씬 더 낮다. 아무래도 오리지널 상품인 슈드 ETF와 더불어 국내에서도 이름이 같은 종목들끼리 경쟁을 해야 하다 보니 자산운용사들은 경쟁적으로 보수율을 낮췄다. 업계 관계자 입장에서는 수익성을 갉아먹는 슬픈 일이지만, 우리 같은 배당투자자 입장에서는 이보다 좋은 소식이 없다. 한국판 슈드 ETF의 보수율은 글로벌 최저 수준인 0.01%다. 장기투자를 할 때 수수료 차이가 성과에 미치는 영향이 크기 때문이다. 배당금 재투자도 복리로 쌓이지만 수수료 부담도 복리로 쌓인다. 사실상 비용이 없는 수준인데 이 정도 보수율이라면, 굳이 슈드 ETF에 직접 투자할 필요가 없다. 또 국내 자산운용사들은 모두 한국판 슈드의 분배금 지급 주기를 매월로 설정했다. 참고로 오리지널 미국 슈드 ETF는 3월, 6월, 9월, 12월 분기 배당이다.

분배금 수익률도 슈드 ETF와 동일하게 연간 3%대다. 매월 소정의 분배금을 재투자할 수 있다는 점과 비용이 낮다는 점에서 오리지널 상품보다 장기투자 매력이 높다. 세 개의 상품 중 순자산액이 가장 높은 것은 미래에셋자산운용의 TIGER 미국배당다우존스다. 나머지 상품들도 순자산액이 수천 억 원대는 되므로 투자자들의 취향(?)에 맞게 원하는 상품을 선택하면 될 것이다. 슈드 ETF는 QQQ ETF와 함께 투자하는 게 낫다고 밝혔는데, 한국판 슈드를 고를 때도 마찬가지다. 국내 증시에도 나스닥100지수를 추종하는 ETF들이 다수 상장되어 있어 함께 포트폴리오에 편입하면 좋을 것이다. 혹은 한국 배당주와 미국 배당주를 동시에 투자하고 싶다면 미국 배당주 투자는 한국판 슈드로 하고, 한국 배당주는 마음에 드는 개별주나 배당 ETF를 택하면 된다. 모든 건 개인의 선택이지만, 일부 종목 몰빵만은 피해야 한다.

가치투자 명가의 고배당펀드

ETF 외 공모펀드를 통해서도 다양한 고배당주식에 분산 투자할 수 있다. 사실상 '대 ETF 시대'가 도래하면서 공모펀드는 많은 투자자들에게 잊힌 바 있다. ETF는 주식처럼 투자자가 직접 거래하고, 실시간으로 계좌 현황을 볼 수 있는 반면 공모펀드는 전적으로 펀드매니저에게 운용을 맡기고 한 달에 한 번 운용보고서만을 통해 펀드운용 현황을 공유받기 때문이다. 하지만 오히려 초장기투자자들은 ETF보다 공모펀드가 투자하기 훨씬 좋다고 생각한다. 하루하루의 시황에 신경 쓸 필요도 없고, 매일 리서치에 힘쓰는 전문가들이 일반 투자자들보다 돈을 훨씬 잘 굴려줄 것이라 믿기 때문이다.

국내 공모펀드 중에는 20년 이상 경험 많은 전문가들이 관리해주는 가치투자 명가의 고배당펀드들이 있다. 대표적으로 외국계인 베어링자산운용, 국내 토종인 신영자산운용이 있는데, 이들이 운용하는 고배당펀드는 오랫동안 시장의 인정을 받아 공모펀드 중에서도 순자산액이 1조 원을 훌쩍 넘어 '공룡펀드'라고도 불린다. ETF로만 투심이 쏠리는 요즘에도 이 전통 있는 고배당 펀드들에는 꾸준히 자금이 들어오고 있다. 특히 해당 공모펀드들은 배당금을 투자자들에게 분배하기보다 자동으로 재투자해 복리 효과를 높이는 데도 주력하고 있다. 배당투자의 꽃, 복리 효과를 투자자가 일일이 신경 쓰지 않아도 자연스럽게 누릴 수 있다는 게 가장 큰 장점이다. 간판 배당 공모펀드들 중 소개하고 싶은 상품은 베어링자산운용의 베어링고배당펀드다. 정확한 펀드 명칭은 '베어링고배당증권투자회사(주식)'이지만 편의상 베어링고배당펀드라 부르기로 하자.

베어링고배당펀드는 지난 2002년 4월 출시된 상품으로 무려 22년이란 세월을 버텨온 터줏대감 상품이다. 국내 최초의 고배당펀드이기도 하다. 해당 펀드는 재무안정성이 건전하고 배당을 확대해나가는 저평가 배당주를 주로 편입하고 있다. 친주주 정책을 펼치는 기업과 ROE, PBR 재평가 여력이 충분한 기업에 투자한다. 베어링고배당펀드의 설정 이후 2024년 4월까지 누적 수익률은 무려 713%에 달한다. 베어링자산운용의 전체 수탁고는 2024년

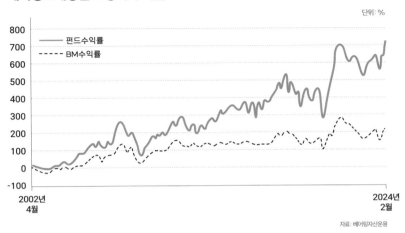

베어링고배당펀드 장기 수익률

단위: %

- —— 펀드수익률
- ---- BM수익률

2002년
4월

2024년
2월

자료: 베어링자산운용

초 17조 원을 돌파했을 정도로 자금이 유입되고 있는데 대부분 장기투자, 리스크 관리에 힘쓰는 기관투자자 몫이라는 점에서 주목할 만하다.

　베어링자산운용은 배당주 펀드 운용에 대한 자부심과 자신감을 가지고 베어링만의 치밀한 리서치와 운용 전략으로 우량 배당주를 선별하고, 포트폴리오에 담는다. 그 모습에 주요 기관투자자들이 돈을 믿고 맡긴다는 느낌이 든다. 또한 우량 배당주의 경우 배당 펀더멘털이나 주주환원 정책이 오랫동안 유지되는 경우가 많고 시황과 관계없이 장기투자를 할 수 있다는 것이 큰 장점이다. 특히 배당금 재투자로 인한 복리 효과로 장기 수익률을 높일 수 있다.

　사실 베어링고배당펀드의 가장 큰 장점은 펀드가 편입한 배당주에게서 발생하는 배당금을 투자자들에게 지급하지 않고, 자동으로 재투자한다는 점이다. 개인투자자들이 배당 ETF에 투자하는 경우 지급되는 배당금을 일일이 매수해야 하는 번거로움이 있다. 막상 소정의 배당금을 손에 쥐면 꺼내 쓰고 싶은 생각이 들기도 한다. 베어링고배당펀드는 그럴 걱정이 없다. 또 공모펀드인 만큼 이 펀드에 투자한 이들은 하루하루의 수익률에 일희일비할 필요도 없다. 매월 발간되는 월간운용보고서를 보고 잘 운용되고 있는지 확인만 하면 된다.

2024년 상반기 기준 코스피지수는 3,000포인트도 넘지 못하고 빌빌대고 있다. 하지만 베어링고배당펀드의 수익률은 2024년 최고점을 경신했다. 이것이 배당금 재투자에 따른 복리 효과의 묘미다. 개별주 분석이 귀찮은 투자자라면, 매일 증권사 MTS를 켰을 때 ETF의 시세 변동이 신경 쓰이는 투자자라면, 전통 있는 고배당펀드에 투자해보는 것도 방법이다. 개인투자자들의 투자가 성공하느냐 실패하느냐 여부는 얼마나 시황에 신경을 '덜' 쓰는지에 달려 있다.

월배당의
영역 확장

리츠를 비추천하는 이유

최근엔 상장 리츠REITs 종목들을 담은 ETF에 투자하는 사람들도 많아졌다. 리츠란 자산운용사가 오피스, 물류센터, 상업시설 등 다양한 부동산에 투자해 해당 투자자산에서 얻을 수 있는 임대수익을 투자자들에게 배당으로 돌려주는 상품이다. 만약 편입한 건물을 매각하게 되면 매각 차익을 특별 배당으로 지급하기도 한다. 물가 상승을 가장 확실하게 헷징할 수 있는 대체 투자 자산인 부동산을 기초자산으로 한 리츠는 얼핏 보면 상당히 매력적으로 느껴지기도 한다. 한때 리츠 상품에 대해 "단 돈 만 원으로 강남 부동산에 투자할 수 있다"는 말로 홍보하기도 했다. 하지만 리츠라는 상품의 특성과 과거 주가 흐름을 하나하나 따져보면 장기투자 대상으로 선정하기에는 어려움이 있다. 바로 리츠란 상품이 본질적으로는 지속적인 유상증자를 통해 성장 자금을 충원해야 하는 숙명을 지니고 있기 때문이다.

리츠가 덩치를 키우기 위해서는 새로운 신규 자산을 끊임없이 편입해야 한다. 부동산은 주식과 달라서 빌딩 한 채를 사려고 할 때 수천억 원에서 많게는 수조 원이 필요하다. 리츠 운용사는 외부 자금을 얻어와 이 자금을 조달하기도 하지만, 정기적으로 기존 주주들에게 손을 뻗는다. 바로 유상증자를 통해서다. 보통 유상증자가 공시되면 주가는 폭락한다. 지금껏 단 한 번도 주주 배정 유상증자가 발표되고 단기간에 주가가 우상향한 적은 없다. 주식 수가 늘어 기존 주주들의 주주가치가 희석되기 때문이다. 그렇게 증자 이벤트가 있으면, 그로부터 한 몇 개월 후에 사업 펀더멘털이 우수한 일부 리츠에 한해서만 주가가 재차 상승한다.

하지만 아쉽게도 한국 증시에는 아직 주가가 우상향 중인 상장 리츠가 단 한 곳도 없다. 일부 투자자들은 맥쿼리인프라를 리츠로 오해하기도 하지만, 맥쿼리인프라는 인프라스트럭처 투자를 하는 뮤추얼펀드이지 리츠는 아니다. 또 2022~2024년에 들어서 고금리 환경이 오랫동안 지속되면서 리츠들의 차입금에 대한 이자 부담도 덩달아 늘어난 상태다. 부채가 늘게 되면 리츠들은 배당을 축소할 수밖에 없다. 현재 자금을 차입한 수준보다 낮은 금리에 리파이낸싱(차환 발행)에 나서야 하지만 끈끈한 물가에

SK리츠 주가 추이

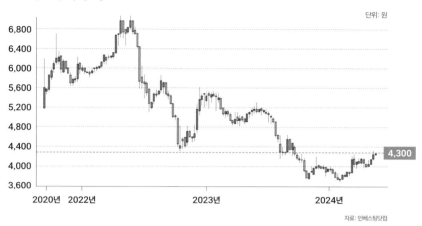

단위: 원

자료: 인베스팅닷컴

시중 금리가 좀처럼 내려갈 기미가 보이지 않아 아직까지는 리츠 운용사들이 운용에 큰 어려움을 토하고 있는 게 냉정한 현실이다.

한국리츠협회라는 곳이 있다. 해당 협회의 사이트에 접속하면 투자자 누구나 현재 상장 리츠의 주가 현황, 기대 배당수익률, 순자산액 등 정보를 확인할 수 있다. 2024년 상반기 기준으로 상장 리츠들의 배당수익률이 적게는 7%, 많게는 10%를 웃도는 경우도 확인할 수 있다. 왜 이렇게 배당 매력이 큰 것일까? 그동안 주가가 급락해서 과거에 지급했던 DPS가 그대로 유지될 시 기대 배당수익률이 높게 나오는 것이다. 또 리츠들의 주가에 주목할 필요가 있는데, 리츠의 최초 상장가(공모가)는 5,000원이다. 5,000원보다 현재 주가가 낮다는 건 상장 후 주가가 전혀 상승하지 못했다는 얘기다. 아쉽게도 2024년 상반기 기준 상장 리츠 23곳 중 주가가 공모가를 웃도는 건 신한알파리츠, 이지스밸류리츠, 삼성FN 리츠, 한화리츠 4곳뿐이다. 사실 국내 상장 리츠 중 '대장주'로 평가받는 건 SK그룹의 부동산 자산을 편입한 SK리츠다. 국내 최초 분기 배당을 선언하며 상장 초기 주가가 7,200원까지 급등한 적이 있는데 2024년 초 주가가 40%가량 폭락한 바 있다. 2024년 상반기 기준으로 주가도 여전히 공모가 이하에 머물고 있다. 주가가 우상향이 아닌 우하향하는 종목에 굳이 투자할 이유가 있을까?

국내 대표적인 리츠 ETF가 있다. 미래에셋자산운용의 TIGER 리츠부동산인프라 ETF로 월배당 상품이다. 당초 이 ETF는 국내 상장 리츠와 더불어 고배당 종목들을 담았다. 이후 리츠 수가 늘면서 리츠 위주로 포트폴리오를 편입하다가, 최근에는 맥쿼리인프라 비중을 최대치로 늘렸다. 사실상 편입 종목 중 주가 흐름이 괜찮은 게 맥쿼리인프라뿐이기 때문이라는 판단이다. 차라리 이 TIGER 리츠부동산인프라 ETF에 투자할 바에야 대장주인 맥쿼리인프라 하나에 집중 투자하는 게 더 낫다. 유상증자에 따른 주주가치 희석 리스크와 그동안 상장 리츠의 주가 흐름을 고려하면 국내 시장은 기대감보다는 의심을 가질 수밖에 없다. 분산 투자를 아무리 강조한다 해도 주가가 우상향하지 못하는 자산에 투자하는 걸 권유하긴 어렵다. 앞에서도 강조했지만 배당투자에 있어 중요한 건 지속가능성이다. 주가가 하락해 배당수익률이 높아지는 종목은 원금이 배당을 깎아먹는 구조로 장기투자하기 어렵다.

채권 개미의 등장

2023년 들어서 개인투자자들을 중심으로 배당투자의 저변을 확 넓히는 하나의 인기 트렌드가 탄생하게 된다. 바로 채권 개미의 등장이다. ETF를 통해 채권 투자에 나서는 개인투자자들이 갑자기 늘어난 것인데, 2023년부터 기준금리가 급격하게 인상되면서 이에 따라 채권 가격이 급락하자 개인투자자들이 저가 매수에 나서던 게 배경이 됐다. 채권은 가격이 결정되는 과정이 주식보다 다소 복잡하다. 채권은 발행 당시에 표기되는 발행금리가 있는데 해당 채권을 사면 매년 이 금리에 따른 이자를 받는다. 그래서 채권 금리를 채권 수익률이라고도 부른다. 공식처럼 외워야 하는 건 채권 가격은 금리와 반대로 움직인다는 것이다. 금리가 오르면 기대되는 이자 수익이 증가하겠지만 그만큼 채권 가격은 내려 손실을 볼 수 있다.

과거 2020~2021년 제로 금리 시대를 거쳐 기준금리가 오르면서 이에 기반한 시중금리가 급등하고, 한국의 경우 10년물 국채 금리가 2022년 말 4%까지 상승한 바 있다. 미국의 10년물 국채 금리도 2024년 상반기 중 최대 4.7%까지 올라갔다. 과거엔 1% 대에 불과했다. 이에 따라 채권 가격이 급락하자 향후 기준 금리 인하 시 채권의 가격 상승을 기대하고 채권 ETF 매수에 나선 이들이 많았다. 실물 채권 시장이 훨씬 규모가 크고, 기관투자자 자금이 몰려 있지만 주식처럼 편하게 증권사 MTS로 거래하기 용이한

미국 10년물 국채금리 추이

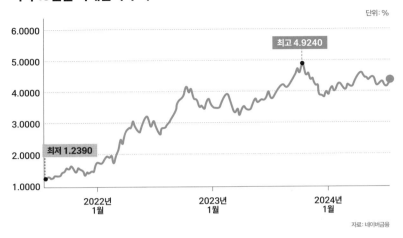

단위: %

최고 4.9240

최저 1.2390

2022년
1월

2023년
1월

2024년
1월

자료: 네이버금융

채권형 ETF로 개인투자자 매수세가 쏠린 것이다. 이후 수많은 국내 자산운용사들이 채권의 이자 수익과 자본 차익을 동시에 노릴 수 있는 채권형 ETF를 앞다퉈 출시했다. 사실 실물 채권과 채권형 ETF는 아예 다른 상품이라고 할 정도로 투자 전략이 상반된다. 이 책에서는 최근 국내 투자자들 사이에서 인기인 채권형 ETF를 중심으로 배당투자 매력에 대해 얘기해보고자 한다.

시작은 자본 차익이었지만 최근 들어선 배당 매력도 부각되고 있다. 마치 한국판 슈드처럼 채권 개미들의 투자 수요를 높이기 위해 국내 자산운용사들이 미국의 대표 장기채 ETF인 '아이셰어즈 만기 20년 이상 국채 ETFTLT'의 복제판을 출시하면서 월배당 매력을 홍보했기 때문이다. TLT ETF는 미국 장기채를 다수 편입해 이자 수익을 분배금으로 지급하고, 채권 금리 변동에 따라 주가 상승과 하락이 나타나는 상품이다.

한때 향후 금리 인하를 기대한 글로벌 투자자들이 이 TLT ETF를 대거 사들인 바 있다. 특히 한국판 TLT 상품들은 오리지널 상품보다 저렴한 수수료를 장점으로 내걸었다. TLT ETF의 보수율은 0.15%인데, 국내 대표 미국 장기채 상품인 ACE 미국30년국채액티브(H) ETF의 보수율은 3분의 1인 0.05%에 불과하다. 국내 증시에서 미국 채권 투자 열풍이 시작된 상품도 바로 한국투자신탁운용의 이 ACE 미국30년국채액티브(H) ETF다. 지난 2023년 초 출시됐는데 이후 개인투자자들이 수천 억 원을 순매수할 정도로 인기를 끌고 있다.

연간 기대되는 분배금 수익률은 3% 중반 정도로 미국의 TLT ETF와 사실상 같은 수준이다. 이미 기존에 삼성자산운용의 KODEX 미국30년국채울트라선물(H) ETF가 국내 증시에 상장되어 있었는데 결정적으로 이 상품은 분배금을 지급하지 않았고 자본 차익에만 집중하는 상품이었다. 결국 월배당 매력 때문에 KODEX란 시장 1위 브랜드 파워에도 불구하고 후발주자인 ACE 미국30년국채액티브(H) ETF에 시장 지배자 지위를 넘겨주게 된 것이다. 따지고 보면 채권 투자 열풍의 시작은 저가 매수에 따른 자본 차익에 있었던 셈이지만 월배당 매력에 따른 꿩 먹고 알 먹고 투자전략이 가능해지자 본격 유명세를 탄 것이다.

정리하자면, 채권형 ETF 투자의 매력은 '향후 금리 인하 시 자본 차익 기대', '월배당 매력' 두 가지라고 할 수 있다. 장기채 기

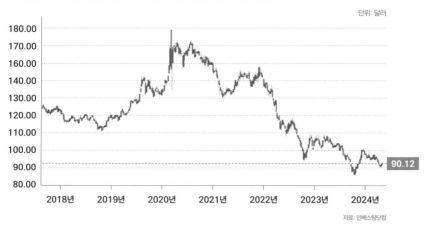

국채금리 급등에 반대로 가격이 급락한 장기채 편입 TLT ETF

단위: 달러

（그래프 내 y축: 180.00, 170.00, 160.00, 150.00, 140.00, 130.00, 120.00, 110.00, 100.00, 90.00, 80.00）

90.12

（x축: 2018년, 2019년, 2020년, 2021년, 2022년, 2023년, 2024년）

자료: 인베스팅닷컴

준 배당수익률도 3%를 넘는 정도라 투자 매력이 있다. 미국 연준이 언젠가는 기준 금리를 인하할 것이기 때문에 현재 인하 시기가 지속적으로 뒤로 미뤄진다고 하더라도 문제는 없다고 본다. 대부분의 채권 개미들이 장기채 상품을 중심으로 사들이고 있는데 사실 만기가 긴 장기채는 주식만큼 가격 변동성이 큰 편이다. 듀레이션이라고 부르는 잔존만기, 즉 발행 당시 결정되는 존속기간을 3년으로 잡느냐, 10년으로 잡느냐, 30년으로 잡느냐에 따라 금리 변화에 의한 채권의 가격 변동 폭은 다르다.

보통 듀레이션이 길수록 금리에 따른 가격 변동성이 크다. TLT ETF와 ACE 미국30년국채액티브(H) ETF 등 대부분의 미국 장기채 ETF들은 만기가 긴 채권을 편입하는데, 총 듀레이션의 합은 17년 정도다. 사실상 미국 국채 20년물과 동일한 가격 흐름을 보이는 것이다. 향후 금리 인하를 현실화하면 장기채의 가격 상승이 물론 크겠지만, 그만큼 현재 상황에서는 리스크가 있기 때문에 일부 개인투자자들은 상대적으로 초안전자산인 단기채 상품으로 눈을 돌리기도 한다.

하지만 채권형 ETF에 2~3배 레버리지 효과를 더한 상품을 매수하지 않는 한 장기채 ETF는 현재 시점에서 가져가볼 만한 옵션이다. 단기채 ETF의 이자 수익 매력은 장기채보다 크겠지만 듀레이션이 짧아 금리가 내려도 자본 차익 매력은 크지 않다. 즉, 단기채 상품의 경우 채권형 ETF 투자 전략 중 중요한 한 가지가 사라지게 되는 것인데, 그럴 경우 굳이 채권형 ETF에 투자해야 할 이유가 없다고 본다. 차라리 단기채보다는 5% 이상의 이자 수익을 보장하는 초안전자산인 은행 예·적금이나 MMF가 낫다. 기준금리 인하는 어찌 보면 '확정된 미래'로 채권의 가격은 지금보다 미래에 상승할 것이다. 여기에 더해 3% 이상의 분배금 수익을 거머쥘 수 있는 가격대에 미리 매수를 해둔다면 자본 차익과 배당수익 두 가지 수익원을 동시에 가져갈 수 있다고 본다.

만약 향후에도 원달러 환율이 장기적으로 1,400원대 이상의 높은 수준을 유지할 것으로 생각한다면 미국 시장에서 TLT ETF를 매수하는 것을 추천한다. 하지만 과거의 평균 원달러 환율이 1,100~1,200원대였다는 걸 고려하면 현재의 환율 수준은 확실히 부담스럽다. 미국 증시에 직접 투자했을 때 환율이 상승하면 환차익을 보지만 반대로 환율이 내리면 환차손이 발생한다. 2024년

6월 기준 환율은 1,300원대인데, 만약 과거 평균인 1,200원까지 회귀한다면 이미 환율로만 10% 이상을 까먹고 들어가는 것이다. 굳이 이런 리스크를 져야 할 필요가 있나 싶다.

따라서 미국 장기채 중에선 한국 시장 1위 상품인 ACE 미국30년국채액티브(H) ETF를 추천한다. 우선 순자산액이 1조 1,000억 원을 넘는 공룡 상품으로 거래량도 풍부하다는 게 장점이다. 3% 이상의 분배금 수익과 향후 자본 차익까지 기대 가능하다. 한국의 장기채 중에서 KB자산운용의 RISE KIS국고채30년Enhanced ETF가 좋은 옵션이 될 수 있다. 듀레이션을 20년 이상으로 늘려 자본 차익 매력을 우선시하는 종목이긴 하지만 분배금도 지급한다. 나머지 한국의 장기채를 편입한 국고채 상품도 많지만 아쉽게도 분배금을 주지 않아 제외한다.

채권 ETF를 초장기 배당투자의 옵션으로 가져가는 게 적절한가에 대한 근본적인 의문은 있다. 현재와 같은 고금리 환경에서 향후 자본 차익 기대감이 더해졌지만, 금리 인하가 현실화된다면 장기적으로 채권 가격이 우상향할 수 있는 여건이 되겠느냐는 아쉬움이 생긴다. 실물 채권이야 만기가 도래하면 자동으로 원금이 상환되지만 ETF는 그렇지 않다. 채권형 ETF는 사실상 주식이라고 보면 된다. 포트폴리오에 편입한 채권에서 나오는 이자 수익으로 분배금은 꾸준히 나오겠지만, 과거의 제로 금리 시절로 돌아갈 수 있을지 혹은 제로 금리로 돌아간다면 이후 채권 가격의 상승 모멘텀은 끝난 것 아니냐는 의문이 머릿속에서 떠나지 않는다. 중기 스윙 느낌으로, 포트폴리오 관리 차원에서 채권형 ETF를 편입하는 건 괜찮다고 본다.

하지만 주식형 배당 상품은 제외하고 채권만으로 배당 포트폴리오를 구성하는 건 절대 추천하지 않는다. 안타깝게도 이렇게 포트폴리오를 구성하는 투자자들이 일부 있다. 주식처럼 실적 성장이나 주주환원에 대한 모멘텀이 있는 것도 아니기 때문에 채권형 상품을 통한 배당투자의 경우 지속가능성에 한계가 있다. 환율과 금리의 방향성을 예측하는 건 신이 와도 불가능하다는 말이 있다. 반드시 주식을 섞어 분산 투자해야 한다.

커버드콜의 명과 암

2024년 들어 국내 배당투자자들에게 가장 핫한 이슈가 바로 커버드콜일 것이다. 갑자기 자산운용사들이 배당수익률을 극도로 높이기 위해 커버드콜 옵션 전략을 활용한 상품을 선보이기 시작했고, 주요 경제 언론들도 이를 기사로 다루기 시작했다. 국내 일부 언론사의 경우 자체 지수사업을 통해 자산운용사와 협업으로 커버드콜 ETF를 출시하고 있는데, 자사가 내놓은 상품에 대한 홍보성 기사를 내기도 한다. 커버드콜이 투자자들의 이목을 끌기 시작한 배경에는 바로 압도적으로 높은 배당수익률이 있다. 배당 ETF의 분배금 수익률이 보통 3~5%인 데 반해 커버드콜의 분배금 수익률은 10%도 우습게 넘는다. 1억 원을 투자하면 세금 제외하고 1년에 약 850만 원을 얻는 셈인데 상당히 매력적이라고 생각되기도 한다. 더군다나 국내 증시에 상장된 커버드콜 ETF 대부분은 월배당 상품으로 월배당 개미들의 투심을 사로잡는 데 제격인 셈이다.

커버드콜은 기초자산 추종과 동시에 주식을 사전에 정한 가격에 살 수 있는 권리인 콜옵션을 매도해 수익률에 합산하는 전략을 활용한다. 어려운 개념이라 쉽게 풀어서 설명하자면 주가가 상승할 수 있는 힘을 일부 떼어내 배당금으로 지급한다고 보면 된다. 주가 변동 폭이 커지면 그만큼 옵션 거래가 활발해져 분배금 수익이 늘어난다. 높은 변동성 국면에서 배당 프리미엄 전략을 활용하는 것이 주된 목표인 투자 상품이다.

문제는 콜옵션을 매도하기 때문에 증시가 꾸준히 상승할 때 커버드콜 ETF의 주가는 상방이 막혀 기초지수의 수익률을 못 따라간다는 점이다. 물론 기초지수가 하락할 때는 수익률 방어가 가능하다. 하지만 장기적으로는 증시가 꾸준히 우상향 가도를 그린다는 걸 고려하면 결국 커버드콜 ETF를 투자했을 시 수익률 측면에서 손해를 보는 부분이 너무나도 많아진다. 삼성증권의 리서치센터 ETP전략팀도 보고서를 통해 "장기투자 시 대세 상승을 지속했던 S&P 500 지수 기반의 커버드콜 ETF는 실제 S&P 500 지수보다 부진했다"고 분석했다. 즉, 커버드콜 ETF는 자본 차익보다는 안정적인 현금 수입을 선호하는 투자자에게 유리하다. 일각에서는 커버드콜 ETF의 투자 적기는 증시가 상승할 때가 아니라 횡보할 때, 박스권을 그릴 때라고 말하기까지 한다. 증시가 오를 때 수혜를 받지 못하는 상품을 굳이 투자해야 하는지는 의문이다. 왜냐하면 우리는 지금 20~30년 장기투자를 염두에 두고 이야기하고 있기 때문이다.

커버드콜 ETF는 콜옵션을 매도한 수익분으로 분배금을 지급하기 때문에 투자자가 손에 거머쥘 수 있는 배당수익 하나는 어마어마하다. 미국 증시에 상장된 커버드콜 ETF 중에는 분배금 수익률이 10%를 웃도는 종목도 많고, 특정 종목은 20%가 넘기도 한다. 블룸버그통신, 삼성증권에 따르면 미국 증시에 상장된 커버드콜 ETF의 평균 분배금 수익률은 13.4%에 달하는 것으로 조사됐다. 한국의 커버드콜 ETF 평균 분배금 수익률도 7.3%로 고배당주를 편입한 주식형 ETF와 비교해서도 2%포인트가량 높다. 한국 시장에도 코스피 200 지수나 나스닥 100 지수, S&P 500 지수 등을 기초자산으로 커버드콜 전략을 수행하는 배당 프리미엄 ETF가 있다. 이들의 분배금 수익률도 8~15% 수준으로 상당한 고배당 매력을 자랑한다. 대표적으로 미래에셋자산운용의 TIGER 미국나스닥100커버드콜(합성) ETF는 연 환산 12%의 분배금 수익률을 보이고 있다. KB자산운용의 RISE200고배당커버드콜ATM ETF도 8.4%로 높다.

일부 서학개미 사이에서도 인기를 끈 화제의 커버드콜 상품도 있다(투자하기 좋다는 의미는 아니다). 바로 미국의 전기차 기업인

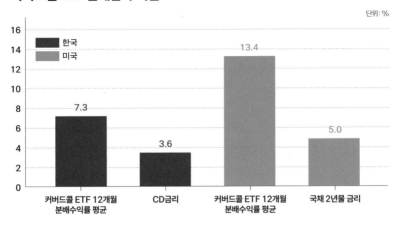

커버드콜 ETF 분배금 수익률

단위: %

- 한국
- 미국

- 커버드콜 ETF 12개월 분배수익률 평균: 7.3
- CD금리: 3.6
- 커버드콜 ETF 12개월 분배수익률 평균: 13.4
- 국채 2년물 금리: 5.0

미국과 한국의 커버드콜 ETF 분배 수익률 Top 3

구분	순위	티커	종목명	12개월 분배수익률(%)
국내	1	441680	TIGER미국나스닥100커버드콜(합성)	12
	2	290080	RISE200고배당커버드콜ATM	8.4
	3	289480	TIGER200커버드콜ATM	8.4
해외	1	TSLY	YieldMax TSLA Option Income Strategy ETF	76.5
	2	KLIP	KraneShares China InternetAndCovCllSt ETF	61.2
	3	OARK	YieldMax Innovation Option Income Strategy ETF	45

*기준일: 4월 18일
*최근 1년 이내 상장된 ETF는 제외, 커버드콜의 분배수익률은 연환산 기준

자료: 삼성증권

테슬라에 커버드콜 전략을 가미한 상품인 '일드맥스 테슬라 옵션 인컴 전략TSLY' ETF다. 놀라지 마라. 이 ETF의 2024년 4월 기준 연간 분배금 수익률은 무려 76%에 달한다. 테슬라는 미국의 대형 주 중 옵션 프리미엄이 가장 비싼 주식 중 하나다. 이 특징을 활용

해 커버드콜 전략을 더해 높은 분배금 창출이 가능해진 것이다.

투자금으로 1억 원을 넣으면, 세금을 제외하고 한 해에만 분배금으로 6,460만 원을 얻을 수 있다는 해석이 가능하다(물론 옵션 변동성이 큰 특정시기의 기준으로, 이 정도 배당의 지속 가능성은 없다). 얼핏 보면 "이걸 왜 투자 안 해?"라고 생각하는 투자자들이 많을 것이다. 하지만 앞에서 커버드콜 ETF의 가장 큰, 치명적인 단점으로 주가의 상방이 막혀 있다고 얘기했다. 그나마 한 국가를 대표하는 대표지수의 경우 장기적으로 우상향하는 경우가 있지만 이 상품처럼 특정 개별주를 기초자산으로 할 경우 주가는 영원히 회복할 수 없는 수준까지 떨어질 수 있다.

TSLY ETF를 보면 상장 초기인 2022년 12월 기록한 최고점은 43.52달러다. 그런데 2024년 상반기 주가는 14달러대에 머물렀다. 이미 주가 측면에서만 원금의 59.4%가 증발됐다. 그리고 76%의 분배금 수익률은 상장 후 최저점 수준인 14달러대에 TSLY ETF를 매수한 투자자들에게만 유효한 숫자다. 고점에서 TSLY ETF를 매수한 이들은 이 정도의 고배당을 받을 수 없다. 주가가 낮아질수록 배당수익률이 높아지는 건 당연한 일이다.

또 커버드콜 ETF 특성상 만약 향후에 테슬라 주가가 재차 상승한다고 해도 기초자산만큼 상승폭을 따라갈 수 없다. 하락한 손실분을 장기적으로 메우기 힘들다는 얘기다. 솔직히 말하면 현재 한국과 미국 증시에 상장된 커버드콜 ETF 중 주가가 장기적으로 우상향하는 모습을 그리는 상품은 전무하다. 물론 기초자산의 몇

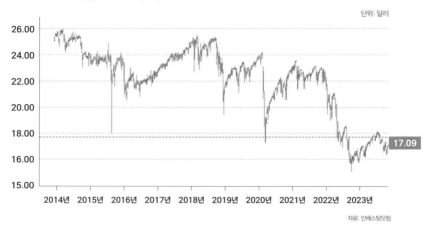

QYLD ETF의 장기 주가 추이

단위: 달러

17.09

2014년 2015년 2016년 2017년 2018년 2019년 2020년 2021년 2022년 2023년

자료: 인베스팅닷컴

%를 콜옵션으로 매도하느냐에 따라 조금씩 차이는 있겠지만 전반적으로 그렇다. 미래에셋자산운용의 자회사인 미국의 금융회사 글로벌X라는 곳이 있다. 이 회사는 미국 증시에 커버드콜 ETF를 직접 상장해 투자금을 꽤 모았는데, 대표적으로 나스닥100지수를 추종하는 '글로벌X 나스닥100 커버드콜 ETF(QYLD)'를 운용하고 있다. 분배금 수익률이 10%를 웃돌 정도로 고배당 상품인데 주가 추이는 처참하다. AI 특수로 인해 엔비디아를 필두로 나스닥100지수의 상위권을 차지하는 대표 기술주들의 주가가 폭등했음에도 QYLD ETF 주가는 10년 전인 2014년 대비 31%나 빠진 상태다.

참고로 같은 기간 기초자산인 나스닥100지수는 364% 상승했다. 아무리 분배금 수익률이 기가 막히게 높아도, 주가가 기본적으로 우상향하지 못하면 장기 배당투자의 의미가 없다. 배당투자의 가장 큰 지향점 중 하나인 복리 효과를 누릴 수가 없다. 이것이 커버드콜 ETF의 투자를 비추천하는 이유다. 만약 은퇴를 한 상태이고, 원금을 깎아먹는 한이 있더라고 매월 높은 현금흐름을 창출하고 싶은 경우라면 커버드콜 ETF 투자를 해도 괜찮다고 생각한다. 복리 효과를 누릴 필요 없이 그냥 매달 꼬박꼬박 나오는 거액의 분배금이 필요한 경우이기 때문이다.

숨은 비용·
수익 찾기

운용사들이 말하지 않는 진실

우리가 개별주 투자를 할 때와 달리 ETF 등 금융 상품을 투자에 활용할 때는 소정의 수수료 비용이 발생한다. 개별 주식은 증권사 애플리케이션을 통해 주식을 매수, 매도할 때 거래를 중개한 증권사에 수수료가 발생하는 구조지만 ETF는 이를 개발한 자산운용사에도 지불해야 하는 일종의 '이용비'가 있기 때문이다. 사실 대부분의 자산운용사들은 투자자들에게 "우리 상품은 비용이 저렴해요"라고 홍보할 때 운용보수(운용사 입장에서는 총보수라고도 부른다)를 기준으로 얘기한다. 물론 운용보수가 ETF 투자에 따라 발생하는 비용 중 메인이긴 하지만 결코 전부는 아니다. ETF의 비용 구조는 운용보수와 기타비용, 매매·중개수수료율 크게 세 가지 항목으로 이뤄져 있다.

> **ETF 비용 구조 = 운용보수(자산운용사 몫) + 기타비용(외부 비용)**
> **= 총비용비율(TER, Total Expense Ratio) + 매매·중개수수료율**

운용보수는 ETF 운용과 판매, 관리에 따른 내부 비용이고 기타비용은 지수 사용, 한국예탁결제원 결제보수 등 외부 비용이다. 운용보수와 기타비용을 합해서 업계에서는 총비용비율Total Expense Ratio이라고 부르는데, 줄여서 TER이라고 표현한다. 대부분 ETF 상품 기사를 검색할 때 나오는 비용은 TER 중 일부인 운용보수에 불과한 것이다. 운용보수는 상품을 개발한 자산운용사가 가져가는 것이고, 기타비용은 외부 요인으로 발생한다. 따라서 운용보수는 자산운용사가 조절할 수 있고 대체로 매번 고정되어 있지만 기타비용은 매번 바뀌는 특성을 가진다.

ETF를 통해 배당투자에 나설 투자자라면 투자하기로 마음먹은 상품의 정확한 현재의 TER과 과거 TER 증감 추이에 대해 파악해놓을 필요가 있다. 동일한 콘셉트, 포트폴리오를 유지하는 상품을 비교할 때 이 TER 지표를 활용하는 것이 무조건 좋다. 앞에서 투자하기 좋은 ETF의 조건으로 시가총액(순자산액)을 언급한 적 있는데, ETF의 규모가 커지면 단위당 기타비용이 줄어드는 효과가 발생해 TER이 자연스럽게 낮아지는 긍정적 효과가 있다.

운용회사	펀드명	펀드유형	설정일	보수율(%)						기타비용(B)	TER (A+B)
				운용	판매	수탁	사무관리	합계(A)	유사유형 평균보수율		
삼성자산운용	삼성KODEX 200ES···	주식형	2019/11/···	0.069	0.001	0.010	0.010	0.090	0.647	0.04	0.13
삼성자산운용	삼성KODEX 200ex···	주식형	2019/11/···	0.259	0.001	0.020	0.020	0.300	0.647	0.03	0.33
삼성자산운용	삼성KODEX 200미···	혼합채권파···	2017/11/···	0.309	0.001	0.020	0.020	0.350	0.272	0.05	0.40
삼성자산운용	삼성KODEX200ITT···	주식형	2020/09/···	0.109	0.001	0.020	0.020	0.150	0.647	0.03	0.18
삼성자산운용	삼성KODEX200Tot···	주식형	2017/11/···	0.029	0.001	0.010	0.010	0.050	0.647	0.03	0.08
삼성자산운용	삼성KODEX200가···	주식형	2015/06/···	0.259	0.001	0.020	0.020	0.300	0.647	0.05	0.35
삼성자산운용	삼성KODEX200동···	주식형	2016/09/···	0.209	0.001	0.020	0.020	0.250	0.647	0.04	0.29
삼성자산운용	삼성KODEX200통···	주식파생형	2020/08/···	0.599	0.001	0.020	0.020	0.640	0.272	0.04	0.68
삼성자산운용	삼성KODEX200선···	주식파생형	2016/09/···	0.599	0.001	0.020	0.020	0.640	0.272	0.02	0.66
삼성자산운용	삼성KODEX200중···	주식형	2015/08/···	0.259	0.001	0.020	0.020	0.300	0.647	0.04	0.34

(단위 : %) 다운로드 되돌리기

자료: 금융투자협회

금융투자협회 전자공시시스템 내 보수비용비교 서비스

상품별 TER은 금융투자협회 홈페이지를 통해 확인할 수 있다. 공시 주기는 매월이다. 금융투자협회 전자공시서비스를 검색해 사이트에 들어간 후 '펀드 공시' → '펀드 보수 및 비용' → '펀드별 보수비용비교' 항목을 선택한 후 ETF명을 입력하면 된다. 세부적인 상품명을 기입한 후 검색란을 누르면 해당 상품의 운용보수(A), 기타비용(B)과 이를 더한 TER(A+B) 및 매매·중개수수료율(D)이 표시된다. TER와 매매·중개수수료율을 더한 것이 우리가 ETF를 매수, 보유함으로써 부담해야 하는 종합적인 비용이다. 조금 더 편리하게 확인할 수 있는 방법도 있다. ETF체크(etfcheck.co.kr)라는 금융정보업체 사이트로 접속한 후 상품명을 입력해 '기본정보' 탭에서 아래로 내리면 TER과 매매·중개수수료율이 자동적으로 더해진 실부담비용율 데이터를 확인할 수 있다. ETF

배당투자를 선호하는 투자자라면 반드시 이 비용 구조에 대해 확인한 후 투자에 나서야 한다.

투자자 입장에서 요즘 들어 긍정적인 소식은, 최근 국내 자산운용사들이 보수 인하 경쟁에 나서고 있다는 점이다. 아무래도 비슷한 투자 콘셉트의 ETF가 동시에 쏟아져 나오다보니 저렴한 비용을 무기로 투자자들에게 어필하려는 경우가 많기 때문이다. 실제 AI 투자 붐이 발생한 후로 AI 반도체, 미국 빅테크 관련 ETF가 무수히 쏟아져 나온 게 현실이다. 상품명도 비슷하고, 포트폴리오도 유사해 운용전략에 별 차이가 없는 상품들이 많다. 이런 상황에서 ETF 업계 1위, 2위인 삼성자산운용과 미래에셋자산운용이 수수료 인하 경쟁을 벌이고 있어 귀추가 주목된다.

2024년 들어 삼성자산운용, 미래에셋자산운용은 ETF 수수료를 0.01% 이하로 대거 낮췄다. 삼성자산운용이 KODEX 미국 S&P500(H) ETF, KODEX 미국나스닥100(H) ETF 등 미국 대표지수를 추종하는 ETF 4종의 총보수를 종전 연간 0.05%에서 0.0099%로 낮춘 게 신호탄이었다. 이후 미래에셋자산운용도 순자산액이 6,000억 원이 넘는 TIGER 1년은행양도성예금증서액티브(합성) ETF 총보수를 연 0.0098%로 인하했다. 미래에셋자산운용이 삼성자산운용보다 수수료를 0.0001%포인트 더 낮춘 것인데, 수수료 전쟁에 대한 대형 자산운용사들의 눈치싸움이 본격화된 셈이다. 만약 1억 원의 투자금이 ETF에 유입되면, 남는 수수료는 만 원도 채 되지 않는다. 자산운용사 입장에서는 사실상 적자다. 제 살 깎아먹기 경쟁에 돌입한 것이란 비판이 나오는 이유이기도 하다.

시장을 주도하는 간판 업체들 간의 출혈 경쟁은 수익성 악화로 이어질 전망이다. 자산운용사 입장에서는 보수를 인하하게 되면 그만큼 수수료 수익이 줄어들어 실적에 악영향이다. 그럼에도 이들이 비용을 낮추는 건 ETF 시장 점유율 확보를 통한 '규모의 경제' 달성을 최우선 목표로 하기 때문이다. 점유율이 낮은 후발 주자일수록 더욱 그렇다. 당장의 수수료 수익보다는 점유율을 높여 장기 사업 기반을 확보하고자 하는 의도다. 공룡 업체들의 수수료 인하 경쟁에 후발 주자인 KB자산운용, 한국투자신탁운용, 키움투자자산운용 등은 울며 겨자 먹기로 덩달아 수수료를 낮출 수밖에 없는 상황이 됐다.

일련의 사태는 자산운용사 입장에서야 미치고 팔짝 뛸 노릇이지만 사실 투자자 입장에서 나쁠 게 없다. 비용이 줄어들면 당연히 ETF를 통한 장기투자에 나설 때 복리 효과를 드높일 수 있어 상당한 이득이다. 앞에서 언급한 한국판 슈드 ETF들의 수수료율도 0.01%에 불과하다. 출시 초반에는 이보다 높았지만 가장 늦게 관련 상품을 출시한 미래에셋자산운용이 시장 파이를 키우기 위해 선제적으로 낮추면서 규모가 작은 한국투자신탁운용, 신한자산운용도 함께 보수를 인하했다. 배당투자자들은 투자하려고 하는 콘셉트, 포트폴리오의 ETF가 미국, 한국 시장에 중복 상장되어 있는지 여부를 확인하고 수수료를 비교하는 게 좋다. 이때 운용보수가 아닌 기타비용 등을 포함한 TER를 반드시 확인해야 한다. 사실 수수료를 고려할 때 비용 부담이 한국판 슈드의 6배에 달하는 오리지널 슈드 ETF(수수료율은 연간 0.06%다)에 투자할 이유가 있을까?

금융소득종합과세는 핵폭탄?

"배당수익률 5%라고 들었는데, 왜 내 배당금은 이것만 입금이 됐죠?" 처음으로 배당투자를 통해 배당금을 수령해봤던 투자자라면 의아함을 느꼈을 것이다. 사전에 알고 있던 배당수익률보다 적은 금액의 배당금이 지급됐을 것이기 때문이다. 예를 들어, 나는 배당주를 1,000만 원을 투자했는데 배당수익률이 5%면 50만 원을 받아야 한다. 하지만 실제 입금된 배당 규모는 42만 3,000원에 불과했다. 내 소중한 7만 7,000원은 어디로 사라진 것일까? 배당소득에는 세금이 발생한다는 점을 간과한 오해다. 한국의 세법상 주식투자로 인한 배당금을 받을 때는 배당소득세 명목으로 세금을 내야 한다. 기업들이 주주들에게 배당금을 지급하기 전 원천징수해 국세청에 납부한다. 배당소득세 세율은 14%다. 여기에 지방소득세 명목으로 별도로 10%가 추가 부과된다. 지방소득세까지 포함하면 15.4%다. 따라서 기대 배당수익을 계산할 때 우리는 이 배당소득세에 따른 세금 부담을 반드시 고려할 필요가 있다.

ETF의 경우 조금 더 복잡해진다. ETF는 가격과 배당의 재원에 따라 과세 금액이 달라진다. ETF의 배당소득세는 ①받은 분배금 ②(과세표준 기준가격 - 최초발행가) 중 낮은 금액을 기준으로 15.4%를 곱해 계산한다. 예를 들어, 과세표준 기준가가 9,800원이고 최초발행가가 1만 원인 ETF가 있고 분배금은 500원을 받았다면, 받은 분배금보다 과세표준 기준가격에서 최초발행가를 뺀 값(-200원)이 더 낮다. 이 경우 과세 대상 분배금은 0원이다. 최종금액이 0보다 작을 경우 세금이 발생하지 않기 때문이다. 한편 과세표준 기준가가 1만 300원이고, 최초발행가가 1만 원이면 이 경우 과세가 되는 분배금은 300원이 되는 것이다.

사실 개별 주식의 연평균 배당수익률은 구하기 쉬운 데 반해 ETF는 조금 더 복잡하기도 하다. ETF의 연평균 분배수익률은 1년 동안 받은 ETF의 총분배금의 합을 1년간 ETF의 평균 순자산가치 NAV로 나눠 구할 수 있다. ETF는 매수한 가격이 기준이 아닌, 편입한 자산의 NAV(순자산가치)와 비교해봐야 하기 때문이다. 만약 최초 투자한 시점보다 ETF의 NAV가 올랐다면, 투자원금 기준으로 배당수익률이 높아지는 효과가 나타난다. 개별 주식을 미리 사놓았는데, 주가가 오르면 배당수익률이 오르는 것과 동일하다.

굴리는 자금 규모가 어마어마한 '큰 손' 투자자들의 경우에는 세금 측면에서 추가로 확인해봐야 할 요소가 있다. 바로 내가 받는 배당금이 한 해 동안 2,000만 원을 넘는지 여부다. 만약 연간 배당수익이 2,000만 원을 넘으면 '금융소득종합과세' 대상자로 분류되어 무시무시한 세금 폭탄을 안게 될 위기에 처한다. 연간 금융소득이 2,000만 원 이하일 때는 분리과세(종합소득 과세표준을 계산할 때 소득으로 합산하지 않겠다는 의미)되어 14% 세율로 원천징수되지만, 2,000만 원이 초과되면 근로소득, 사업소득, 연금소득 등을 모두 포함한 종합소득세 규모에 따라 종합소득 과세표준별 고세율이 적용된다. 세금 부담이 기하급수적으로 커지는 리스크가 발생하는 것이다.

금융소득종합과세는 말 그대로 배당수익뿐만 아니라 은행의 예금, 적금, 채권의 이자 수익 등 또 다른 금융상품에서 나오는 수익을 모두 금융소득으로 뭉뚱그려 추가 과세 여부를 판단한다. 내가 받는 배당금 규모가 연간 1,900만 원에 불과했더라도 은행 금융상품 이자로 200만 원을 받았다면 합산 2,100만 원으로 금융소득종합과세 대상자로 분류된다. 적용되는 최대 누진세율은 과세표준 10억 원 초과 시 45%다. 지방소득세 10%를 포함하면 49.5%다.

다만 우리가 세금 부담 계산 시 반드시 고려해야 할 점은 2,000만 원을 초과하는 금융소득에 대해서만 다른 소득과 합산해 누진세율을 적용한다는 점이다. 극단적으로 금융소득만 3,000만 원이 있고, 그 밖에 일체의 소득이 없는 투자자 A씨가 있다고 해보자. 분리과세되는 금융소득 2,000만 원까지는 14%의 세율을 적용해 280만 원의 세금이 발생한다. 2,000만 원을 초과한 1,000만

종합소득세 과세표준 구간별 세율

과세표준 기간	세율(%)	누진공제
1,400만 원 이하	6%	-
1,400만 원 초과~5,000만 원 이하	15%	126만 원
5,000만 원 초과~8,800만 원 이하	24%	576만 원
8,800만 원 초과~1억 5,000만 원 이하	35%	1,544만 원
1억 5,000만 원 초과~3억 원 이하	38%	1,994만 원
3억 원 초과~5억 원 이하	40%	2,594만 원
5억 원 초과'10억 원 이하	42%	3,594만 원
10억 원 초과	45%	6,594만 원

*지방세 제외 기준, 연간 금융소득 2,000만 원 초과 시 다른 종합소득과 합산해 누진세 적용

원분에 대해서는 과세표준상 15%의 누진세율이 적용된다. 여기에 누진공제액인 126만 원을 빼면 사실상 24만 원의 추가 세금 부담만 발생하게 된다. 분리과세액과 누진세액을 합하면 총 304만 원이 되는 셈이다. 추가로 확인해봐야 하는 건 전체 금융소득인 3,000만 원을 단순 분리과세로 계산했을 때의 세액이다. 3,000만 원의 14%는 420만 원이다. 이미 A씨는 배당금을 수령받았을 때 420만 원을 납부한 상태다. 그렇다면 이때 A씨는 금융소득종합과세 대상자이니 최종 세금 부담액은 당연히 304만 원일까?

우리가 반드시 기억해야 할 점은 세법상 분리과세 적용 시 세금 부담과 금융소득종합과세 적용 시 세금 부담 중 더 '큰 금액'을 기준으로 적용한다는 점이다. A씨의 최종 세금 부담은 304만 원

이 아닌 분리과세를 적용한 420만 원에 지방소득세 10%를 더한 462만 원이다. 금융소득종합과세를 적용할 때보다 분리과세를 적용할 때의 세 부담이 더 크기 때문이다. 이처럼 공제액과 2,000만 원 초과분에 대해서만 누진세율이 적용되기 때문에 금융소득종합과세 대상자로 분류됐더라도 반드시 세금 폭탄이 발생하는 것은 아니다. 증권가에선 단순 금융소득만 있다는 가정하에 금융소득종합과세 부담이 생기는 구간은 금융소득 8,000만 원부터라는 지적이다.

한 번 생각을 해보자. 배당 포트폴리오의 배당수익률을 5%로 가정하고 연간 배당수익으로만 8,000만 원을 얻으려면 배당투자금이 16억 원쯤은 돼야 한다. 어느 정도 거액을 굴리는 투자자가 아니라면, 금융소득종합과세를 크게 신경 쓸 필요는 없다는 얘기다. 다만 개개인의 근로소득 등을 포함해 계산해야 하는 복잡성이 있기 때문에 단순 배당소득만을 생각할 게 아니라 다른 소득의 자세한 내역을 반드시 고려할 필요가 있다. 만약 근로소득이 5,000만 원이 있고, 금융소득이 3,000만 원이라면 어떻게 계산할까? 금융소득 3,000만 원 중 2,000만 원은 분리과세로 처리되고, 나머지 1,000만 원만 근로소득 5,000만 원에 더해 총 6,000만 원이 종합소득세 신고 대상이 된다. 과세표준상 6,000만 원에 대한 세율은 24%로 1,440만 원이다. 여기에 누진공제액 576만 원을 빼면 864만 원, 지방소득세 10%를 더하면 총 950만 원 정도의 세금 부담이 발생한다.

억만장자의 경우 이 금융소득종합과세로 인한 세 부담을 결코 무시할 수 없다. 따라서 매년 연말이 되면 이 금융소득종합과세 대상자로 분류되는 걸 피하기 위한 배당주 매도 행진이 발생되기도 한다. 코리아 디스카운트의 한 요인으로 이 같은 세금 부담을 언급하는 전문가들도 적지 않다. 이에 밸류업 정책의 일환으로 배당소득을 분리과세하겠다는 개편안이 나오기도 했다. 배당 확대 기업에 투자한 주주에 대해서는 배당소득을 분리과세해 개인투자자들의 세 부담을 줄여주겠다는 정책이다.

사실 배당투자자 입장에서 가장 주목해야 하는 것도 이 대목이다. 배당투자를 할 때 세금 문제는 반드시 짚고 넘어가야 할 부분으로 장기 수익성에 큰 영향을 미치기 때문이다. 정부의 밸류업을 위한 세제 혜택을 현실화해 배당소득 분리과세가 시행되면 앞으로 받는 배당수익은 금융소득종합과세에 합산되지 않고, 저율로 별도 과세된다. 이 경우 배당소득이 많은 개인투자자들의 절세 효과가 크게 늘어날 것으로 기대된다. 매년 말 세금 부담에 고배당주에 대한 매도세도 점차 잦아들 것이다.

예를 들어, 채권을 통한 연간 이자 수익이 1,900만 원이고, 배당투자를 통한 배당수익이 200만 원인 투자자가 있다고 해보자. 종전엔 이자와 배당수익을 합한 금융소득이 2,100만 원으로 2,000만 원을 넘어가 금융소득종합과세 대상자에 포함된다. 하지만 배당소득 분리과세 정책이 도입되면 배당수익 200만 원은 별도 분리된다. 이 경우 총 금융소득은 1,900만 원이 되며 금융소득종합과세 대상자로 포함되지 않아 15.4% 분리과세 되는 배당소득세 외에 배당투자 관련해서는 별도의 세금 부담이 발생하지 않는 것이다. 물론 2024년 상반기 기준으로 아직까지 정부의 배당소득 분리과세의 세부적인 정책 내용은 확정되지 않았다. 입법 사항이기 때문에 국회 논의 과정에서 법안이 폐기되거나 내용이 변경될 수도 있다. 앞으로 우리 배당투자자들이 반드시 체크해봐야 할 중요한 입법적, 정책적 이슈다.

그렇다면 미국 배당주에 투자했을 때 내야 하는 세금은 얼마일까? 원천징수로 떼는 배당소득세는 15%다. 미국의 세율이 한국보다 더 높기 때문에, 추가로 세금을 부과하진 않는다. 증권사들이 공통적으로 배당소득세를 제외한 배당금을 투자자들의 계좌로 입금해주기 때문에 별도로 투자자가 해야 할 일은 없다. 여기에 국내 주식투자와 동일하게 금융소득종합과세 대상자에 포함되는지 여부를 확인해야 한다. 금융소득종합과세 기준에 미국 주식투자에 따른 배당소득도 포함된다는 걸 기억하길 바란다. 문제는 국내 증시에 상장된 미국 주식을 편입한 ETF로 범위를 넓혔을 때다. 자칫 헷갈릴 수도 있는데, 국내 증시의 해외주식형 ETF에는 자본 차익, 분배금 모두 15.4%의 배당소득세가 부과된다. 배당소득세 명목으로 과세되는 만큼 자본 차익과 분배금이 모두 금융소득종합과세에 포함된다. 차익 실현까지 고려하면 일반 개별주 투자 대비 세금 부담이 더 커지는 셈이다.

반면 해외 증시에 직접 상장된 주식형 ETF의 분배금은 15.4%

의 배당소득세가 원천징수되고, 자본 차익의 경우 연간 250만 원 기본공제 후 초과분에 대해서는 양도소득세 22%를 내야 한다. 특히 해외 증시의 주식형 ETF에서 나온 분배금 수익은 양도소득세로 분류되는 만큼 금융소득종합과세에 포함되지 않는다. 이 점에 주목해 고액 자산가들은 본인의 금융소득 수준을 고려하여 해외 주식 ETF에 직접투자를 결정하기도 한다. 끝으로 국내 채권형, 해외 채권형, 원자재형 ETF의 경우에는 자본 차익과 분배금으로 15.4%의 배당소득세를 부과한다. 국내에 상장된 해외주식형 ETF와 동일하게 금융소득종합과세 대상이라 주의가 요구된다.

환헷지 VS 환노출

국내 증시에 상장된 ETF의 상품명 중 끝에 (H)가 붙어 있는 경우가 있다. 이는 '헷지Hedge'란 단어의 첫 글자인 알파벳 H를 표기한 것으로 환율 헷지를 뜻한다. 헷지란 특정 위험으로부터 해당 자산을 지킨다는 의미를 내포한다. 환율과 헷지를 합한 환헷지란 뜻은 환율의 변동으로부터 기초자산의 가격 변동을 막는다는 뜻이다. 반대로 미국 주식을 담은 ETF인데 상품명 뒤에 (H) 표시가 없다면 환율 변동에 따라 수익률이 영향을 받는 환노출 상품이라고 보면 된다. 예를 들어, 같은 S&P 500 지수를 추종하는 상품이지만 KODEX 미국 S&P 500(H) ETF는 환헷지 상품이고, ACE 미국S&P500 ETF는 환노출 상품이다.

보통 우리가 미국 주식에 직접 투자했을 때는 주가의 변동뿐만 아니라 하루하루의 환율 변동이 더해져 평가손익이 결정된다. 미국 증시에 투자할 때는 원화를 달러로 환전해 투자해야 한다. 대부분 증권사들이 통합증거금이란 제도로 별도의 환전 절차 없이 원화로 편리하게 미국 주식에 투자할 수 있도록 시스템을 마련해놨다. 하지만 통합증거금 제도도 투자자의 편의성을 제고한 것이지, 사실 가환율 적용 후 익일 고시환율 기준으로 적용해 달러 자산으로 바꿔 투자가 이뤄지는 것은 매한가지다. 만약 내가 투자한 미국 주식 A라는 종목의 주가가 그날 2% 상승했는데, 환율이 3% 떨어져 그만큼 원화가치가 상승했다면 결과적으로는 −1% 손실을 보게 되는 것이다. 이는 미국형 ETF뿐만 아니라 유럽, 일본, 중국 투자자산을 담은 상품에 투자했을 때에도 마찬가지로 각국의 통화가치 변동에 수익률이 영향을 받는다.

이 환율이라는 게 경우에 따라 상당히 골치 아픈 요인이 될 수 있다. 과거 원달러 환율의 평균 밴드는 1,100~1,200원이다. 그런데 2024년 상반기 중 환율은 1,450원을 넘어서기도 했다. 평균 밴드의 최하단인 1,100원을 기준으로 볼 때 1,450원이 됐다면 상승률은 무려 31.8%에 달한다. 당시 미국 주식에 투자하지 않고, 단순히 달러로 환전만 해놨어도 1,000만 원이 1,320만 원이 됐다는 소리다. 만약 미국 주식에 투자해 꾸준히 가져갔다면, 해당 주식의 상승률과 더불어 환율 상승분이 더해져 수익률은 더욱 크게 뛰

원달러 환율 장기적 추이

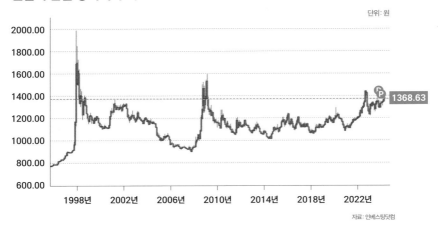

단위: 원

자료: 인베스팅닷컴

었을 것이다. 환율 상승에 따른 환차익의 좋은 예다.

만약 환율이 역사적 고점대에 도달했을 때 미국 주식을 매수했다면 어떨까? 향후 환율이 재차 과거의 밴드 범위로 돌아갈 경우 뒤늦게 투자한 이들은 가만히 앉아서 환율로만 -10% 이상의 손실을 보게 된다. 이를 환차익과 반대되는 개념으로 환차손이라고 부른다. 실제 한국은행도 지난 2022년 10월 환율이 1,400원을 넘었을 때 "환율 정상화를 생각하지 않고 투자하는 건 '상투'를 잡을 가능성이 크다"고 환리스크를 강조하기도 했다.

그렇다면 해외 투자 자산을 편입한 ETF에 투자할 때 환헷지형이 좋을까? 환노출형이 좋을까? 투자를 단행할 당시의 환율을 꼼꼼히 따져봐야 할 필요가 있다. 원달러 환율이 과거 평균 범위를 크게 웃돌고 있는 최근과 같은 상황에서는 환헷지 상품을 매수하는 게 좋다고 생각한다. 과거 1997년 외환위기 사태, 2008년 리먼 브러더스 사태 때 원달러 환율은 크게 치솟았지만, 결국은 위기가 수습되면서 이내 환율은 급락한 바 있다. 한국이란 나라가 디폴트에 빠지지 않는 이상, 현재의 경제적 체력과 성장력이 유지되는 한 결국 고금리, 고물가 사태가 해결되면 원화가치는 다시 제자리로 돌아갈 것이기 때문이다. 환율이 과거 10년 동안의 평균 밴드를 웃돌 때는 환헷지 상품을, 과거 밴드로 회귀하면 환노출 상품을 매수하는 걸 추천한다.

포트폴리오 내 사실상 같은 상품 환헷지형, 환노출형 2개가 함께 유지되는 것 아니냐는 질문이 있을 수 있는데, 종합적으로 보면 사실 아무 상관이 없다. 오히려 환율이 고점일 때 환노출 상품을 매수했다가 환차손을 크게 당해 투자 손실을 입게 되는 경우가 문제다. 환율 밴드별로 환노출형과 환헷지형을 골고루 매수해서 포트폴리오를 운용한다면, 해외 투자 자산을 관리할 때 환율의 영향력을 안정적이고 긍정적으로 끌어올 수 있다. 환차손 리스크는 줄이고, 환차익 기대감은 늘리는 쪽으로 장기 수익률에 긍정적인 영향을 줄 수 있는 것이다. 일부 투자자들은 "무조건 환노출 상품이 좋다", "똥휴지(?) 원화를 믿지 마라" 등의 주장을 펼치지만 장기적인 투자 시각에서 결코 옳지 못하다는 것은 역사적으로 증명된 일이다. 자본시장에서 '이번엔 다르다This time is different'는 생각은 항상 위험하다.

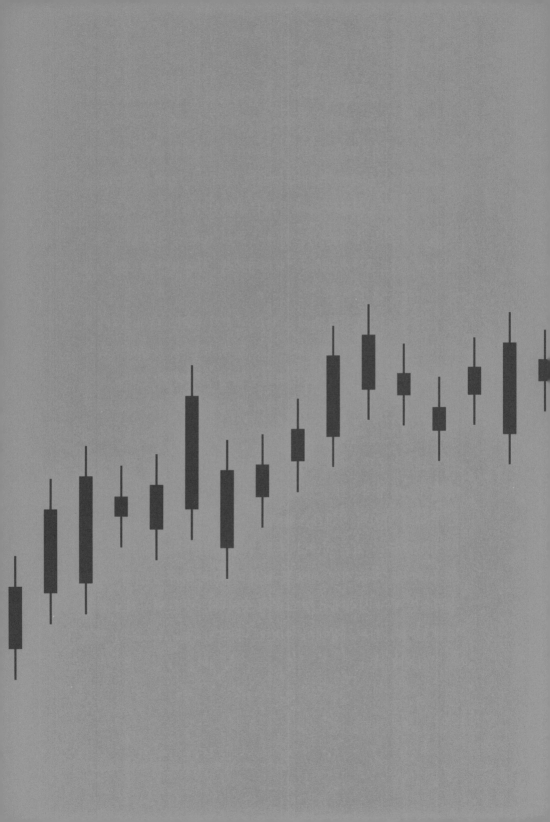

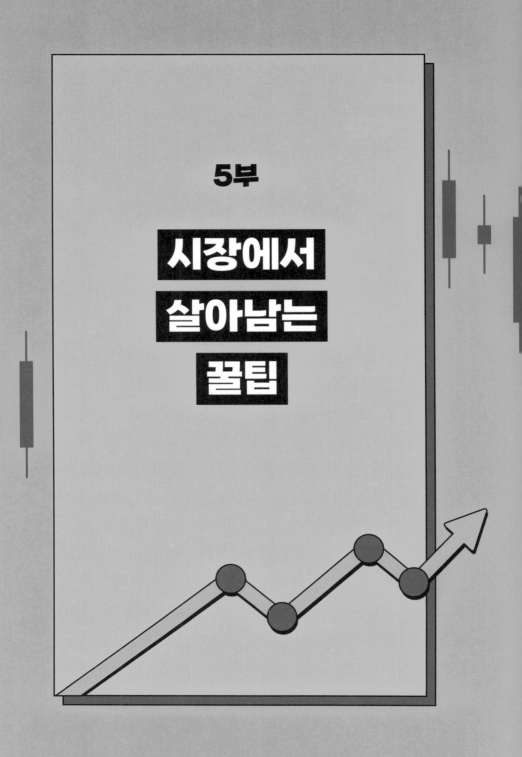

5부

시장에서
살아남는
꿀팁

반대로
생각하라

개미 VS 외국인 VS 기관

우리가 시장에서 장기적으로 생존할 수 있는 여러 노하우를 소개하고자 한다. 이미 배당투자를 즐겨해왔거나 앞으로 할 생각이 있는 독자들이 많겠지만 장기투자와 단기 차익 실현 위주 투자를 동시에 병행하는 이들도 많을 것이다. 또 시장과 관련된 수많은 뉴스 기사, 증권사 리서치 보고서, 주식 관련 커뮤니티의 소식 등 우리의 의사결정에 영향을 미치는 수많은 노이즈Noise가 존재하는데, 이를 어떻게 받아들이고, 현명하게 소화하는지에 대해 다뤄보고자 한다. 언론사에 몸담고 있는 입장이지만 하고 싶은 얘기를 한 문장으로 정리한다면 '기사(뉴스)를 너무 믿지 말라'고 강조하고 싶다.

 가장 먼저 얘기하고 싶은 건 수급 주체에 관한 것이다. 우리가 뉴스를 보다 보면 "개미 수익률 -20%", "외국인이 쓸어 담은 주식", "기관투자자 이탈" 등의 뉴스 제목을 종종 볼 수 있을 것이다. 투자 규모가 상대적으로 적은 개인보다는 외국인, 기관투자자의 매수, 매도 현황이 뭔가 더 신뢰가 가고, 추종하고 싶은 느낌이 들기도 한다. 하지만 중요한 건 수급 주체의 매동 현황은 주가와 아무 상관이 없다는 점이다. 수급은 상대적인 것이다. 만약 개인이 A라는 주식을 매수했다면, 외국인이나 기관투자자 중 일부는 반대로 A주식을 팔았을 것이다. 거래가 이뤄지면서 매수자와 매도자가 동시에 존재해야 하기 때문이다. 보통 주식투자자들은 개인투자자가 몰리는 종목의 경우 외국인, 기관투자자들이 물량을 떠넘겼다고 해석하는 경향이 있다. 반은 맞고 반은 틀리다. 개인투자자가 높은 매수세를 보인다고 해서 그 종목의 주가가 무조건 내리는 건 아니다.

 지난 2023년 2차전지 투자 열풍을 기억하는 이들이 많을 것이다. 당시 2차전지 종목들이 대대적으로 주가가 오를 때 상승장을 이끈 건 단연코 개인투자자들이었다. 전국의 개인투자자들에게 대장주로 여겨지던 에코프로 얘기로 떠들썩했다. 당시 몇 개월 동안 에코프로 주가는 단기간에 무려 1,146% 급등한 바 있다. 1억 원을 넣었으면, 12억 원 근사치가 됐다는 소리다. 이제 데이터로 한 번 이때의 광기장을 들여다보자. 개인투자자들은 2023년 2~7월

개인투자자들이 이끈 에코프로 주가 상승 랠리

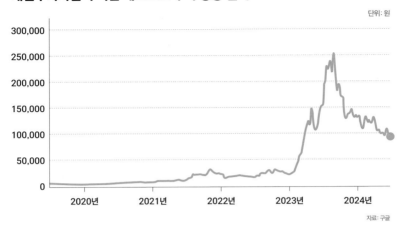

단위: 원

자료: 구글

동안 에코프로 주식을 8,000억 원 이상 순매수했다. 같은 해 6월에는 개인투자자 순매수액이 2조 원에 달하기도 했다. 같은 기간에 외국인, 기관투자자들은 각각 310억 원, 7,500억 원을 팔아치웠다. 당시 2차전지 주식을 대거 매입한 건 외국인, 기관투자자가 아닌 바로 동학개미를 선두로 한 개인투자자임에도, 주가는 급등한 것이다. 작년 한 해 동안 개인투자자가 가장 많이 순매수한 종목은 POSCO홀딩스였는데, 매수 규모가 무려 11조 원에 달했다. 이때 POSCO홀딩스 주가는 최대 176% 상승했고, 종가로도 80% 오른 바 있다.

　장기간 자본시장을 취재하면서 느낀 건 이처럼 어떤 수급 주체가 주식을 사고 팔았다고 해서 해당 종목의 상승세와 하락세에 큰 영향을 미치진 않는다는 점이다. 보통 뉴스는 개미가 몰린 주식에 대해 비관적으로 묘사하곤 한다. 하지만 수급 주체와 주가 흐름에 상관관계는 없으므로 이 같은 헤드라인을 그렇게 신경 쓸 필요는 없다. 앞에서 말한 것처럼 개미가 몰리는 주식의 주가 흐름이 부진하다는 주장의 경우 반은 맞고 반은 틀리다. 개인투자자가 샀다고 그 주식이 무조건 내리는 건 아니지만, 중요한 사실은 개인투자자의 특성상 주가가 하락하는 종목에만 매수 버튼을 누른다는 사실이다. 한국의 개인투자자들은 저가 매수, 소위 '하따(하한가 따라잡기)'에 심각하게 매료되어 있다.

따라서 특정 이슈가 발생해 주가가 급락하는 특징주에 반등을 노리고 거액을 투자하는 경우가 많다. 이는 통계적으로 증명되는데, 보통 하루에 주가가 10% 이상 하락할 때는 순매수 주체가 대부분 개인투자자다. 낮은 평균단가에 주식을 싸게 매입해, 향후 주가가 반등할 때 차익 실현을 하겠다는 수요가 강력하게 작용한 것이다. 하지만 매도세가 몰려 주가가 급락하는 종목은 향후에도 추가적인 하락이 진행될 가능성이 높아 이 같은 개인투자자의 투자 행태는 상당히 바람직하지 못하다. 즉, 다수의 개인투자자가 산 종목의 주가가 무조건 상승하지 않는 것은 아니지만, 만약 주가가 급락하는 종목에 매수세가 발생한다면 이는 피해야 한다. 이 점을 반드시 기억했으면 좋겠다.

이와는 반대로 외국인, 기관투자자들은 추세 추종 매매를 할 줄 아는 주체다. 외국인, 기관투자자들은 주가가 하락하는 종목보다 상승하는 종목을 사들이는 경향이 있다. 달리는 말에 올라타는 투자 전략을 잘 활용하는 것인데, '갈 놈만 가는' 장세에서 특히 수익을 내기에 유리하다. 실제 2024년 상반기 동안 외국인 투자자들은 현대차, SK하이닉스 주식을 각각 3조 2,200억 원, 2조 6,500억 원 순매수했다. 밸류업 효과와 AI 반도체 열풍에 현대차, SK하이닉스 주가는 각각 20~30% 상승한 바 있다. 그 밖에 외국인 투자자들의 쇼핑바구니 목록에는 삼성물산, HD현대일렉트릭, 기아, KB금융 등 밸류업, AI 반도체 수혜주가 있다. 기관투자자들도 같은 기간 신한지주, 하나금융지주, 현대차를 많이 샀다.

그렇다면 같은 기간 개인투자자는 어떨까? 2024년 상반기 가장 많이 순매수한 종목은 네이버로 무려 1조 7,600억 원에 달한다. 안타깝게도 네이버 주가는 생성형 AI 경쟁 심화와 일본과의 라인 사태로 상반기에만 25%가량 하락했다. 순매수 2위는 어떨까. 역시 주가가 급락한 삼성SDI로 1조 1,100억 원을 사들였다. 40% 하락한 JYP엔터테인먼트도 6,100억 원 순매수하기도 했다. 같은 기간 개인투자자들이 가장 많이 판 종목은? 밸류업 대표적 수혜주 현대차로 3조 5,100억 원을 팔아치운 것으로 나타났다. 이처럼 개인투자자들은 상승하는 종목은 팔고, 하락하는 종목은 사들이는 습성이 있다. 개인적으로 하루빨리 버려야 할 투자 습관이다.

정리하자면, 누가 샀느냐는 사실 주가 흐름에 중요하지 않다. 다만 개인투자자들이 하따에만 집중하면서 좋은 투자 성과를 기록하지 못하고 있는데, 이를 인지하고 하락하는 종목보다는 상승

모멘텀이 발생한 종목에 집중하는 게 훨씬 낫다는 판단이다.

애널리스트 말 걸러듣기

솔직히 주식투자자 중 증권사 애널리스트를 좋아하는 이들은 많지 않을 것이다. 애널리스트가 특정 종목의 실적 추정치를 하향하거나, 목표주가를 낮추는 리서치 보고서를 발간하면 주가가 급락하는 경우가 종종 있기 때문이다. 소제목을 '애널리스트 말 걸러듣기'로 다소 자극적으로 달았지만, 사실 애널리스트가 하는 역할은 상당히 중요하다. 향후 국내 증시 주요 상장사들의 이익 추정치를 가늠해보고, 이는 PER, PBR 등 다양한 투자지표의 산출로 이어지기 때문이다. 외국인, 기관투자자들은 이 같은 애널리스트가 산출한 이익 추정치의 흐름을 보고 패시브 자금을 투입하기도 한다. 만약 특정 종목의 실적 하향이 불가피하면, 해당 종목에서 자금을 빼기도 한다. 그렇다고 우리가 모든 애널리스트의 말에 주목할 필요는 없다. 애널리스트는 그 직업적 특성상 자유롭게 의견을 개진할 수 없다는 한계가 있기 때문이다. 국내 언론에서도 종종 다루던 이슈인데, 바로 애널리스트는 쉽사리 매도 의견을 내지 못한다는 치명적 약점을 가지고 있다.

금융투자협회에 따르면 국내 증권사 애널리스트들의 매수 의견 보고서 비율은 82% 이상이다. 이것도 과거보다는 나아졌다고 하지만, 여전히 애널리스트들이 커버하는 종목 중 대부분은 매수BUY 의견 딱지가 붙는다. 때문에 국내 증권사가 중립HOLD 의견을 내면 실질적으로 매도 의견이나 마찬가지라는 볼멘소리도 나오는 게 사실이다. 심지어 주가가 끊임없이 하락하는 종목에도 애널리스트들은 매수를 외친다. 그 이유는 무엇일까? 바로 '안방'인 증권사의 눈치를 봐야 하기 때문이다.

애널리스트는 결코 조직의 논리로부터 자유로울 수 없는 직업이다. 증권사들은 주요 상장사를 포함한 기업 고객을 대상으로 기업금융IB 사업 부문의 다양한 영업활동에 동원된다. 국내 증권사들은 자료 협조 및 IB 비즈니스 차원에서 평가 기업과의 우호적인 관계 유지가 필요하다. 손쉽게 매도 의견을 낼 수 없는 이유다.

만약 애널리스트가 A라는 기업에 대해 안 좋은 투자의견을 책정한다면 A기업 IR팀에서 가만히 있겠는가? 아마 A기업은 향후 M&A나 자금 조달, 채권 발행 등 증권사를 통해 업무를 진행할 일이 있을 때 해당 애널리스트가 속한 증권사에는 업무를 의뢰하지 않을 가능성이 높다. 주식 시장을 통해 유입된 자금은 해당 기업에 대한 투자로 이어지는데, 매도 의견은 자금 유출을 유발할 수 있기 때문이다. 이러한 문화가 바로 국내 증권업계에서 매도 의견을 찾아볼 수 없는 배경이 됐다.

필자와 친분이 있는 국내 한 애널리스트는 "기업 분석을 위해 탐방을 가야 할 경우도 있는데, 매도 보고서를 내는 건 분위기상 쉽지 않다"고 언급하기도 했다. 해당 애널리스트는 익명을 보장했음에도 불구하고 업계 분위기를 전하는 데 상당히 조심스러워했다. 이러한 현상으로 지난 2021년 이후 주가가 70% 이상 하락한 엔씨소프트와 LG생활건강의 사례에서도 애널리스트들은 꾸준히 저평가 매력을 언급하며 투자의견 매수를 유지한 경우가 많았다. 반면 외국계 증권사들은 이러한 눈치로부터 국내 증권사에 비해 상대적으로 자유롭다. 글로벌 IB 역량도 뛰어날뿐더러, 애초에 국내 비즈니스를 하지 않는 곳도 있기 때문이다.

특히 개인적으로 생각하는 가장 걸러야 할 애널리스트의 분석 방법에 대해 얘기하고 싶은 게 있다면 자회사 중복 상장에 따른 기업가치에 대한 부분이다. 국내 증시의 경우 다른 나라와는 다르게 물적분할 이후 자회사, 계열사 쪼개기 상장이 잦다. 대표적인 기업이 SK그룹, 카카오그룹으로 특히 종목명 앞에 'SK'가 붙은 상장사들이 너무 많다. 보통 애널리스트들은 자회사가 증시에 상장할 때, 해당 자회사의 지분을 보유한 지주사의 기업가치가 뛸 것이라고(주가가 오를 것이라고) 분석한다. 향후 성장 기대감이 큰 자회사가 증시에 데뷔하면 시장의 좋은 평가를 얻을 것이고, 이는 지분을 보유한 지주사의 기업가치가 오르는 결과로 이어질 것이라는 논리다.

하지만 실상은 그 반대인 경우가 많다. LG에너지솔루션을 분할 상장했다고 LG화학의 주가가 오르지는 않았다. 오히려 주당 100만 원이 넘는 황제주에서 30~40만 원대까지 추락했다. LG화학은 LG에너지솔루션 지분 81.84%(2023년 말 기준)를 보유한 최

물적분할 후 황제주 자리에서 내려온 LG화학

단위: 원

자료: 구글

대 주주다. 카카오뱅크, 카카오페이가 증시에 등장한 이후 지주사인 카카오 주가가 올랐을까? 카카오는 2021년 기록한 고점 대비 주가가 70% 이상 급락한 종목이다.

　　장기적인 배당투자자라면 물론 단발성 애널리스트의 평가를 귀담아 들을 필요는 없을 것이다. 하지만 만약 단기투자에 나선다면 그 안에서도 나름의 팁이 있다. 바로 애널리스트가 목표주가를 내리는 종목보다는 눈높이를 높이는 종목에 주목하는 게 옳다. 앞에서도 언급했지만, 목표주가가 하향된다면 그만큼 해당 기업의 영업 환경이 어려워져 실적 추정치가 과거보다 줄고 있다는 뜻이다. 주가는 실적을 추종한다. 당연히 외국인, 기관투자자 중심으로 투자 심리가 위축되고, 패시브 자금이 유출되어 주가는 위보다는 아래로 움직일 가능성이 크다.

반면 복수의 애널리스트들이 목표주가를 꾸준히 상향하는 종목은 이익 추정치가 쭉 늘고 있다는 뜻이다. 대표적인 사례가 엔비디아다. 2023년 1월 기준 월가에서의 평균 엔비디아 목표주가는 195달러(액면분할 전 가격)다. 이후 2023년 5월 288달러, 8월 541달러, 2024년 1월 674달러, 4월 972달러, 6월 1,217달러로 꾸준히 상향되어 왔다. 애널리스트는 목표주가를 단순히 개인의 의사에 따라 올릴 수는 없다. 그에 합당한 이익 상향의 근거가 있어야 한다. 월가의 목표주가 상향에 힘입어 엔비디아 주가는 10배 이상 올랐다.

정리하자면, 우리는 조직 논리에서 벗어날 수 없는 애널리스트의 특성을 고려해 이들이 내는 투자의견에 큰 의미를 부여할 필요가 없다. 어차피 매도 의견이 나오기 힘든 구조이기 때문이다. 국내 기관투자자들도 목표주가, 투자의견보다는 실적 추이에 집중한다. 우리 개인투자자들도 투자의견, 목표주가보다는 증권가에서 추정하는 이익 추정치의 추이를 찾아보고, 향후 해당 주식의 주가 방향에 대해 고민하는 게 오히려 좋다. 목표주가는 구체적 수치가 나와 자극적이고 직관적이지만, 그 산출의 근거는 결국 실적이다. 또 목표주가가 하향되는 종목보다는 상향되는 종목에 집중해보자. 주식은 모멘텀 싸움이다.

칵테일 파티 이론

월가의 전설인 피터 린치가 강조했던 말이 있다. 바로 '칵테일 파티 이론'이다. 쉽게 설명해보기 위해 당신이 한 칵테일 파티에 참석했다고 가정해보자. 평소 일면식이 없던 참석자들이 모두 주식 얘기를 하고 있다면 주식 시장이 '고점'이라고 해석해도 좋다. 2차전지 투자 열풍 당시 여의도 식당가의 점심, 저녁자리에서 에코프로 얘기가 심심찮게 나오던 현상과 일맥상통한다. 반대로 대부분 파티 참석자들이 주식투자에 관심이 없고, 투자가 대화 소재로 나왔을 때 지루해한다면 그것은 바로 주식 시장이 '저점'이라는 뜻이다.

피터 린치는 이 칵테일 파티 이론을 통한 시장의 순환주기를 4단계로 표현했다. 이 책을 읽는 독자들이 펀드매니저, 애널리스트, 증권부 기자가 되어 칵테일 파티에 참석한 상황을 가정해보자. 파티원 누군가가 "당신의 직업은 무엇인가요?"라고 물으며 아이스 브레이킹을 시도한다. 직업을 공개했을 때 사람들의 반응이 시큰둥하거나, 술을 마시러 돌아선다면 주식 시장이 저점이라고 피터 린치는 해석한다. 아무도 주식투자와 연관된 직업군에 관심이 없다는 건 시장이 상승장으로 진입하기 전의 첫 번째 단계라는 것이다. 두 번째 단계에서는 직업을 공개했을 때 파티원 중 일부가 "주식투자는 위험하지 않나요?"라는 질문을 남긴다. 세 번째 단계부터 상황은 드라마틱하게 바뀐다. 바로 당신이 파티의 주인공이 된다. 모든 사람들이 당신을 둘러싸고, "종목 추천을 해주세요"라고 조르기 시작한다. 마지막 네 번째 단계에서는 파티원들이 펀드매니저, 애널리스트, 기자인 당신에게 오히려 종목을 추천하고, 주식투자에 대한 대원칙을 설명하기 시작한다. 자신만 아는 고급 정보를 주겠다는 이들도 나타난다. 이 경우가 시장의 상승이 정점에 도달해서 버블(거품)이 형성될 때라는 것이 피터 린치의 설명이다.

이 칵테일 파티 이론을 우리 현실에 적용해보자. 전국의 모든 국민들이 2명 이상 모일 때마다 주식투자 얘기를 하고, 평소 주식에 관심이 없던 부모님들이 "주식투자를 시작해볼까"라고 말한다면, 틀림없이 고점 신호의 일부일 수 있다. 반면 "이런 고금리 시기에 투자를 하다니", "곧 부동산 프로젝트파이낸싱PF 부실이 터질 거야" 등 다양한 비관론이 자리 잡기 시작할 때는 시장이 저점이라는 해석이 가능하다. 실제 지난 2022년 10월, 레고랜드 사태로 국내 자금시장 조달금리가 훌쩍 뛰면서 증시가 폭락했을 때가 저점이었다. 개별 종목 투자와 관련해서도 이 칵테일 파티 이론을 적용해볼 수 있다.

모두가 같은 종목에 대해 "유망하다"고 말한다면, 설령 해당 종목의 미래가 진짜 좋다고 해도 조정장이 찾아올 수 있다. 2차전지가 그랬고 테슬라가 그랬다. 조정 없이 늘 상승하는 종목은 없다. 주가가 30% 상승하면, 10%는 하락하며 열기를 식혀가며 장기적으로 우상향하는 게 주식 시장이다. 엔비디아도 2023~2024년 상

칵테일 파티 이론: 파티에서 주식 얘기를 많이 할수록 고점이다

반기 기록적인 상승세를 보이기 이전인 2022년 주가가 고점 대비 40%가량 하락하며 충분한 조정을 준 바 있다. 사실 주가가 100달러에서 1,100달러까지 파죽지세로 상승한 엔비디아도 영원히 이렇게 오를 순 없다. 한 번쯤 주가가 쉬어가며 조정기를 겪을 것이다. 다만 그 시기를 아무도 모를 뿐이다. 현재는 AI빅뱅으로 인한 메가 트렌드가 형성되고 있는 시기라 아직 찾아오지 않았을 뿐이다.

물론 칵테일 파티 이론을 모든 상황에 적용할 수는 없을 것이다. 엔비디아처럼 가는 종목이 계속 가는 현상도 분명히 있기 때문이다. 미국 증시처럼 장기 우상향에 대한 믿음이 꾸준히 유지되는 시장도 있다. 개인적인 경험상, 칵테일 파티 이론을 활용해보기 가장 좋은 사례는 종목과 사랑에 빠지는 투자자들이 나오기 시작할 때였다. 이는 주식투자뿐만 아니라 코인투자에도 동일하게 적용된다. 주식 커뮤니티에 "A종목아 사랑해"라는 글이 가끔 올라올 때가 있다. 주식 종목을 의인화하며, 사랑을 고백하는 투자자들이 급증할 때 해당 주식은 귀신 같이 조정기를 거치거나 주가가 급락했다.

　　주가가 꾸준히 오르더라도 사람들이 크게 관심을 가지지 않아서 조용히 상승하는 종목이 있는 반면, 주가 흐름 하나하나가 언론, 주식 커뮤니티에서 주요 이슈로 다뤄지는 종목이 있다. 대표적으로 전자는 마이크로소프트, 아마존닷컴, 브로드컴, 월마트, 코스트코라면 후자는 테슬라, 에코프로다. 오죽하면 극단적인 테슬라 투자자들을 뭉뚱그려 비하하는 '테슬람(테슬라+이슬람)'이라는 말도 인터넷상에서 생겼다. 특정 종목이나 종교 비하를 옹호할 생각은 추호도 없지만, 이 같은 현상이 칵테일 파티 이론의 전형적 현실 사례라고 본다. 주식 커뮤니티에 들어가지 않는 투자자라면 한 번 가입해 종종 분위기를 살펴보길 바란다.

떨어지는 칼날을
잡지마라

황제의 몰락

투자의 대가들이 주로 하는 조언 중엔 '떨어지는 칼날을 잡지 마라'를 빼놓을 수 없다. 한 번 하락으로 방향성을 정한 주가는 드라마틱한 반전의 계기가 마련되지 않는 한 수급이 한쪽으로 당분간 지속될 수밖에 없다는 것이다. 이는 시장 참여자들의 심리를 정확히 반영한 아주 주옥같은 조언이라고 생각한다. 과거 국내 증시에는 소위 '황제주'들이 많았다. 황제주란 주당 가격이 100만원을 넘는 주식을 꼽는 말이다. 상대적으로 낮은 액면가였던 최초 거래 가격에서 주당 가격이 100만 원까지 올랐다는 것은 그동안 기업이 성장해 가치를 꾸준히 키워왔다는 뜻이다. 그래서 황제주를 대형 우량주로 평가하기도 한다. 왕년의 대표적인 황제주로는 태광산업, LG생활건강, 영풍, 에코프로, 남양유업, LG화학, 엔씨소프트, 삼성바이오로직스 등이 있다. 2024년 상반기 기준으로, 해당 주식 중 황제주 지위를 아직까지 유지하고 있는 종목은 없다.

사유는 업황 둔화에 따른, 혹은 펀더멘털 위축에 따른 실적 악화다. 2차전지 대장주였던 에코프로는 전기차 산업 고성장 기대감에 황제주 자리에 올랐지만, 밸류에이션 부담과 전기차 공급과잉, 양극재 판가 하락 여파에 주가가 급락했다. 리니지로 유명한 엔씨소프트는 어떨까? 2024년 상반기 기준 엔씨소프트 주가는 2021년 2월 기록한 고점 대비 무려 80% 급락했다. 그동안 매출을 책임지던 '린저씨(리니지+아저씨)'들의 구매력이 약화되고, 젊은 게임 유저들을 사로잡을 만한 매력적인 킬러 콘텐츠를 생성하는 데 실패하면서 주가가 급락한 것이다. 엔씨소프트의 2023년 연간 영업이익은 1,373억 원인데, 이는 2022년 대비 무려 75%나 급감한 것이다. 주가는 실적을 추종한다는 논리를 명확히 보여준 것이 엔씨소프트 사례다.

황제주 몰락의 사례 중 LG생활건강도 빼놓을 수는 없다. 사실 LG생활건강은 과거에는 대표적인 국내 증시의 성장주 중 하나였다. 구매력이 높던 중국의 화장품 시장에서 수익성을 꾸준히 늘려나가며 시장은 LG생활건강 주가에 프리미엄을 부여했다. 하지만 중국의 경기침체로 현지 화장품 수요가 줄고, 한국 콘텐츠와 제품에 대한 통제가 지속되던 한한령과 함께 경쟁이 심화되면서 LG생

처참한 엔씨소프트 주가: 2021년 고점 대비 80% 하락

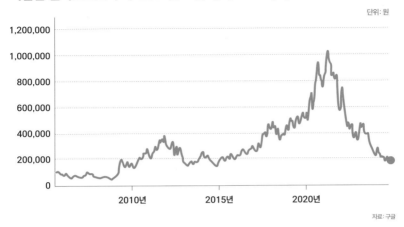

단위: 원

자료: 구글

활건강의 실적은 급격히 악화됐다. 주가도 한때 고점 대비 80%
이상 급락하기도 했다.

　"아, 옛날이여"를 얘기하기 위해 황제주들을 짚어본 게 아니
다. 이 황제주들의 주가가 고점에서 급격히 하락으로 꺾이기 시작
했을 때, 저가 매수에 나선 개인투자자들이 많았다는 게 핵심이
다. 기업의 펀더멘털이 무너져 주가가 내리기 시작하면 하락세는
1~2년 동안 지속될 수 있다. 특히 차트상 거래량이 터진 장대 음
봉을 보이는 종목은 절대로 매수해서는 안 된다. 주가가 하락한
날 거래량이 많다는 것은 그만큼 주식을 매도하려는 수요가 높았
다는 뜻으로, 향후에도 주가가 추가로 내릴 가능성이 크다는 의미
다. 우리는 시장에서 살아남기 위한 확률이 높은 방향에 베팅해야
한다. 주가가 하락하는 종목에 투자할 때보다 오히려 상승하는 종

목에 투자할 때 수익을 보는 경우가 많다. 불의의 악재로 인해 기업의 실적이 흔들릴 때 외국인, 기관투자자들이 우선적으로 지분을 줄이면서 리스크를 관리하는 것도 이 때문이다. 향후 주가가 내릴 가능성이 높아질 때는 한 발짝 물러서서 관망하는 모습을 보이는 것이다.

외국인, 기관투자자들은 시스템적으로나 경험적으로나 이런 훈련이 잘 되어 있는 수급 주체다. 하지만 개인투자자들은 그 반대의 매동 형태를 보이는데, 주가가 내리면 대박을 노리고 저가 매수에 적극 들어간다. 매도하려는 시장의 참여자가 늘어나는 종목은 당분간 관심 종목에서 삭제하는 것이 좋다. 설령 매수를 하더라도 투자금을 나눠 분할 매수를 반드시 해야 한다. 한 번에 바닥을 잡을 수 있다는 건 아주 위험한 생각으로, 9번 성공해도 최후에 1번 실패하면 실패한 투자자가 된다.

달리는 말에 올라타라

떨어지는 칼날보다는 차라리 달리는 말에 올라타는 게 훨씬 낫다. 주가가 오르는 이유를 생각해보자. 애널리스트가 긍정적인 분석 의견을 내놓아서, 실제 실적이 개선되는 데이터가 나와서, 시장 점유율이 상승해서, 판가 상승으로 수익성이 개선되어서, 고성장이 예상되는 사업 부문 M&A에 성공해서, 배당금 증액, 자사주 매입·소각 등 주주환원을 강화해서 등 다양한 호재 요인이 있을 것이다. 시장은 생각만큼 단순하지 않다. 돈과 관련된 일에 대해선 수많은 투자 주체들이 치열하게 분석하고, 판단해서 실제 자금을 집행한다. 그 수많은 상호작용의 최종적인 결과로 현재의 주가가 형성된다. "돈은 거짓말을 하지 않는다"는 말이 그래서 나온 것이다.

실적이 개선되는 경우를 생각해보면, 최소 이러한 트렌드는 6개월~1년 이상 지속될 가능성이 크다. 실적 데이터가 분기 기준으로 3개월마다 나오기 때문이기도 하고, 한 번 수익성이 개선되어 실적이 증가하는 추이를 보이면 장기적인 상승세를 기대해볼 수 있다. 고성장 사업 부문 M&A에 성공한 경우도 마찬가지다. 해당 사업 부문을 1년만 쓰고 갖다 버릴 건 아니지 않는가? 계속해서 해당 기업에게 많은 돈을 벌어다주는 알짜배기 사업부로 활약할 가능성이 더 크다. 주주환원도 한 번 확대한 건 되돌리기 힘들다. 애초에 기업의 주주환원 계획이 보통 3년치의 중기 전략으로 발표된다. 주주환원 확대에 나서는 기업들은 배당, 자사주 매입과 소각 등 재원을 충분히 확보할 수 있을 것으로 예상할 때 이러한 주주환원 강화에 나선다. 한 분기 반짝 배당을 늘렸다가 다음 분기 철회하는 기업은 시장에서 문제아로 낙인 찍혀 살아남기 힘들다.

물론 조심해야 하는 경우도 있다. 국내 증시에서는 유독 테마성 투자가 기승을 부리는데, 기업의 펀더멘털에 영향을 미치지 않는 이슈나 확정되지 않은 미래에 주가가 급등하는 경우는 조심해야 한다. 주요 정치인들과 연관된 정치 테마주도 기업의 펀더멘털과는 아무런 상관이 없는 경우다. 선거 시즌 때마다 사이버보안 업체인 안랩 주식이 급등하는 것도 도박성 투자다. 최근 재밌는 사례가 나왔는데, 2024년 6월 정부는 경북 포항 영일만 앞바다에 석유, 가스 시추 탐사를 추진하겠다고 밝혔다. 이때 석유와 가스 관련주들이 상한가를 기록하는 등 주가가 급등했다가, 이내 급락한 바 있다. 소위 '영일만 테마주' 열풍이 분 것인데 황당한 것은 실제 사업 관련 여부와 관계없이 주가가 치솟는 경우가 많았다는 점이다. 한국석유라는 종목의 주가는 정부의 시추 탐사 계획 발표 날 29.81% 상승하며 상한가를 찍었다. 다만 한국석유는 아스팔트와 합성수지 등을 제조·판매하는 기업으로 석유·가스 채굴과는 연관성이 없다. 데이터로 확인되지 않거나, 확정되지 않은 미래로 인해 나타나는 상승세는 굳이 따라 올라탈 필요도 없고, 그래서는 안 된다.

정리하면 주가가 상승하는 종목의 경우 대부분 상승세가 당분간은 지속된다. 떨어지는 칼날을 잡다가 손이 베이는 것처럼 달리는 말에 올라타면 더 높이 올라갈 수 있다. 우리는 2023~2024년의 엔비디아 상승 랠리를 기억할 것이다. AI는 과거 애플을 필두로 한 스마트폰 테마 이후 산업계를 뒤흔들 메가 트렌드로 손꼽힌다. 실제 월가에서는 AI칩에 대한 수요가 폭발적으로 늘어 엔비디아의 순이익이 급성장할 것으로 전망하기도 했다. 이처럼 데이터로 증명되는 호재에 주가가 상승할 때는 묻지도 따지지도 않고 올라타는 게 맞다. "이 종목은 주가가 너무 올랐어"라고 얘기하는 사람들은 엔비디아 같은 주식을 발견해도 절대로 매수하지 못한다. 기업의 밸류에이션은 현재 실적이 아닌 향후 6개월 이후 실적을 기반으로 한 포워드 PER에 영향을 받는다. 향후 실적이 고성장할 것으로 기대되면 주가가 상승한다는 건 당연하다.

그렇다면 달리는 말에 올라탄 후 내리는 시기는 언제로 잡으면 될까? 증권가에선 실적 성장세가 둔화될 때를 노리는 게 맞다고 분석한다. 예를 들어, A라는 기업의 영업이익이 1억 원, 10억 원, 50억 원, 100억 원으로 매년 늘어난다고 가정해보자. 첫 해의 영업이익 증가율은 900%에 달한다. 이후 10억 원에서 50억 원이 되면 400%다. 50억 원에서 100억 원이 되면 성장률이 100%로 줄어든다. 비록 벌어들이는 수익 규모는 훨씬 커지게 되지만, 시장이 기업가치를 평가할 때는 YoY(전년 동기 대비)를 기준으로 성장률과 증가율을 본다. 주식 시장은 이렇게 실적 성장률이 점차 둔화되는 과정을 시장이 '성숙기'에 진입한다고 정의하고, 성장주에서 가치주로 서서히 인식 변화가 생기게 된다. 물론 가치주도 장기적으로 실적 성장을 이룰 수 있다. 보통 가치주는 사내 재원을 배당 확대, 자사주 매입 등 주주가치를 끌어올리는 데 활용해 주가 상승을 유도한다. 한편, 가치주라도 또 다른 고성장 기업을 M&A해 재차 성장기업으로 변모할 수 있다.

빠른 퇴학 원하면 숏쳐라

빅쇼트가 여럿 버려 났다

할리우드의 슈퍼스타인 라이언 고슬링, 크리스찬 베일, 브래드 피트 등이 출연한, 〈빅쇼트The Big Short〉라는 미국 영화를 본 주식투자자들이 적지 않을 것이다. 지난 2008년 투자은행 리먼 브러더스가 파산한 계기가 된 미국의 금융위기가 배경인 영화다. 2008년 금융위기를 사전에 예상하고, 미국 주택 모기지 채권 시장의 붕괴에 베팅해 막대한 이익을 얻은 마이클 버리(크리스찬 베일)가 주요 인물 중 한 명이다. 사실 마이클 버리는 버블 붕괴를 예측한 입지전적인 인물이지만, 수많은 개인투자자에게는 안 좋은 영향을 끼쳤다.

지난 2023년부터 최근까지 미국 증시가 전고점을 돌파해 승 승장구할 때, 국내 주식 커뮤니티에선 마이클 버리의 사례를 언급 하면서, 증시의 하락에 베팅하는 개인투자자들이 적지 않았다. 미 국 증시를 통해서는 엔비디아의 주가 하락에 베팅할 수 있는 인버 스 상품에 투자할 수 있다. 여기에 특정 자산운용사의 ETF, ETN 을 통하면 2~3배의 레버리지 효과를 덧붙일 수도 있다. 문제는 대부분의 국내 주식투자자들이 인버스 상품을 살 때 고배율의 레 버리지를 활용한다는 점이다. 서학개미의 순매수 상위 10개 종목 에 늘 꾸준히 포함되는 게 바로 미국 나스닥100지수와 필라델피 아 반도체지수의 일일수익률을 역으로 3배 추종하는 인버스 상품 이다. 쉽게 말해서, 특정 거래일에 나스닥100지수, 필라델피아 반 도체지수가 1% 내리면 3%의 수익을 얻는다. 소위 '스큐'와 '속 스'라는 애칭으로 불리는 숏 베팅 상품 '프로셰어스 울트라프로 숏 QQQsQQQ' ETF, '디렉시온 데일리 반도체 베어 3배soxs' ETF 는 서학개미의 쇼핑 목록에서 빠지지 않는다.

최근 미국 증시에서는 다양한 투자자의 수요에 주목해 개별 종목의 하락에 베팅할 수 있는 ETF를 만들어 출시하기도 했다. 과 거에는 옵션, 선물을 통해 할 수 있었던 하락 베팅이 이제는 ETF 투자를 통해서도 가능한 것이다. 숏 베팅 접근성이 대폭 개선되면 서 투자자들의 투자 과감성은 더욱 커졌다. 그도 그럴 것이 개별 주의 주가 움직임은 대표 지수와는 비교도 안 될 정도로 위아래 진폭이 크다. 예를 들어, 코스피지수가 1% 하락했다고 하더라도,

SQQQ ETF 장기 주가 추이

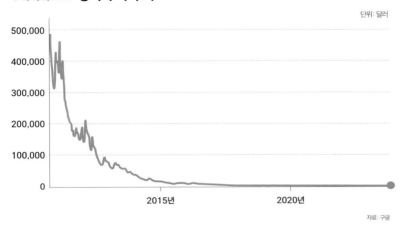

단위: 달러

자료: 구글

이 지수의 약 20%를 구성하는 삼성전자 주가는 3% 하락했을 수도 있다. 여기에 2배 레버리지 배율을 씌운다고 치면 6%의 수익 혹은 손실이 하루 만에 발생하는 셈이다. 3배면 무려 9%다.

지난 2023년, 챗GPT 공개 이후 엔비디아가 AI 열풍에 힘입어 주가가 액면분할 전 100달러에서 200달러로 상승했을 때 숏 포지션에 들어간 개인투자자들이 적지 않았다. 아직 한국 증시에는 엔비디아 숏 베팅 상품이 없지만, 미국 증시에는 1.25배 역으로 추종하는 '1.25배 엔비디아 베어 데일리NVDS' ETF, 2배를 역으로 추종하는 '티렉스 2배 인버스 엔비디아 데일리 타겟NVDQ' ETF, '그래닛셰어즈 2배 숏 엔비디아 데일리NVD' ETF 등 다양한 인버스 상품이 상장되어 있다. 엔비디아가 승승장구했으니, 이 숏 상품들의 주가는 어떻게 됐을까? 2024년 6월 기준 NVD ETF 주가는 6개월 만에 무려 90%가 급락해버렸다. 이 상품에 투자한 개인 투자자들도 막대한 손실을 입었을 것이다.

2배에 불과하지만, 베팅한 방향과 주가가 반대로 움직이면 '음의 복리' 효과에 따라 손실이 순식간에 크게 불어난다. 2배 레버리지 인버스 상품에 1억 원을 투자했는데, 매일 주가가 3%씩 하락한다고 생각해보자. 이 경우 첫날은 6%의 손실이 발생해 9,400만 원의 원금이 남는다. 다음 날에도 3%의 손실이 발생하면 원금은 다시 8,836만 원으로, 그 다음날에는 8,305만 원으로 급감하게 된다. 첫날엔 손실액이 600만 원에 불과했지만, 3일 만에 1,694만 원으로 크게 불어나게 되는 것이다. 향후 원하는 방향으로 주가가 움직여도, 레버리지 상품은 원금을 확보하는 것도 어렵다. 1배수 상품의 경우 1억 원을 투자했는데, 1%가 하락했다가 다시 1%가 상승하면 평가수익은 9,999만 원으로 사실상 동일하다. 하지만 3배 레버리지 배율을 썼다면 3% 하락했다가 3% 상승하는 효과가 되는데, 이때 평가수익은 9,991만 원으로 1배수 적용할 때마다 8만 원 손실을 보게 된다. 만약 그날 하루의 주가 변동폭이 1%가 아니라 3%, 5%라면 이처럼 음의 복리 효과에 따라 원금이 녹는 속도는 더욱 빨라지게 된다.

"물려도 숏보다는 롱(상승)에 물려라"는 주식 시장의 격언이 있다. 기본적으로 시장에 어떠한 역경이 와도, 이겨내고 우상향을 지속해온 것이 100년 이상의 자본시장 역사라고 지루하도록 강조해왔다. 그렇다면 인버스 상품은 소위 버티는 투자 방식인 '존버'가 불가능하고, 장기적으로 손실을 볼 수밖에 없는 상품이라는 걸 깨달아야 한다. 우리는 신이 아니다. 정확하게 시장의 고점을 파악해, 단기간에 숏을 치고, 수익 실현하겠다는 건 허망한 꿈에 불과하다. 마이클 버리가 2008년 빅 쇼트에 베팅해 큰돈을 벌었지만, 이는 특수한 사례로 일반 개인투자자들이 따라하면 소중한 돈을 모두 잃게 되는 길이라는 걸 명심하길 바란다.

도파민의 유혹

하락에 베팅하는 습관은 참 무섭다. 한 번 익숙해지기 시작하고, 이 방법으로 돈을 벌게 되면 이후에도 꾸준히 인버스 ETF의 매수 버튼을 만지작거리는 본인을 보게 될지도 모른다. 왜 우리는 한 번 하락 베팅으로 돈을 벌게 되면 마치 도박처럼 끊을 수 없게 되는 것일까? 인버스 투자로 돈을 버는 건 신경전달물질인 도파민이 빵빵 터지는 투자 방법이기 때문이다. 쉽게 말해서 정상적이지 않은 자극적인 투자 방법을 통해 뇌가 큰 자극을 느끼고, 이것이 중독으로 이어진다는 것이다. 최근엔 1분 이내의 짧은 영상인 '숏폼'이 대세가 되면서 이 도파민 중독이 이슈가 되고 있다. 도파민에 중독되면 뇌는 점점 더 강한 자극만을 원하게 되고 이는 급등주, 급락주 투자로 이어지는 불행한 결과로 나타난다. 이 책에서 강조해온 안정적인 장기 배당투자는 뇌가 "재미가 없네"라고 인식하게 만든다는 것이다.

　사실 승리하는 투자자가 되기 위해서는 늘 시장에 잔존하는 도박성 투자의 위험성에서 벗어날 줄 알아야 한다. 신규 상장한 새내기주의 주가가 100% 이상 급등하는 걸 보고 있자면, 누구라도 매수 버튼에 손이 올라갈 것이다. 이미 뇌를 강한 자극에 절여버린 투자자들은 실제로 이를 행동에 옮길지도 모른다. 최근 주식 시장에 입문한 투자자들의 대다수가 인버스 투자를 경험하는 것 같아 안타깝다. 국내 증시에서도 소위 '곱버스'라 불리는 코스피200지수의 일일수익률을 2배 역으로 추종하는 인버스 상품인 KODEX 200선물인버스2X ETF를 꾸준히 동학개미가 매수하고 있다. 투자는 확률 싸움이다. 돈을 벌 수 있는 확률이 높은 곳에 소중한, 피 같은 돈을 투자하는 게 맞지 않을까? 인버스가 장기적으로 승리한 경우는 단 한 번도 없다. 돈을 벌 확률이 0%다. 달리는 말에만 올라타도 충분히 우리는 수익을 거둘 수 있다. 시장의 하락에 투자하는 방식은 반드시 지양해야 한다.

남들 차트 볼 때 나는
따박따박 배당 월급 받는다

초판 1쇄 2024년 9월 25일

지은이 차창희
펴낸이 허연
편집장 유승현 **편집2팀장** 정혜재

책임편집 정혜재
마케팅 김성현 한동우 구민지
경영지원 김민화 오나리
디자인 이은설

펴낸곳 매경출판㈜
등록 2003년 4월 24일(No. 2-3759)
주소 (04557) 서울시 중구 충무로 2 (필동1가) 매일경제 별관 2층 매경출판㈜
홈페이지 www.mkbook.co.kr
전화 02)2000-2630(기획편집) 02)2000-2646(마케팅) 02)2000-2606(구입 문의)
팩스 02)2000-2609 **이메일** publish@mk.co.kr
인쇄·제본 ㈜M-print 031)8071-0961
ISBN 979-11-6484-712-9 (03320)